최신 개정된 의료법 및 판례에 의한

나홀로
의료소송, 의료분쟁
해결하는 방법

편저 : 김 만 기

- 수록 내용 -
의료소송 준비절차
의료소송 서류 작성례
한국의료분쟁조정중재원을 통한 조정 중재
의료소송 판례
의료법
의료법 위반에 대한 처벌 규정

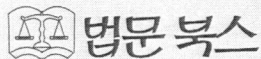
법문 북스

최신 개정된 의료법 및 판례에 의한

나홀로
의료소송, 의료분쟁
해결하는 방법

편저 : 김 만 기

- 수록 내용 -
의료소송 준비절차
의료소송 서류 작성례
한국의료분쟁조정중재원을 통한 조정 중재
의료소송 판례
의료법
의료법 위반에 대한 처벌 규정

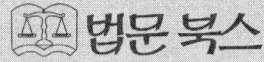 법문 북스

머 리 말

1963년도부터 시행되던 의료보험제도가 정착되면서 질병의 예방 및 치료를 위해 누구나 쉽게 병원을 찾는 것이 이제는 일상화 되어 가고 있습니다. 특히 고령화 사회로 접어들면서 여러 가지 질병에 시달리고 이에 따라 의료기술도 무궁한 발전을 거듭하게 되어 이제는 거의 모든 질병을 고치게 되어 100세 시대에 접어들게 되었습니다.

그러나 의료기술의 발전에도 불구하고 질병을 치료하다가 일어나는 의료사고는 날이 갈수록 다양하게 발생하여 이로 인한 분쟁이 수없이 쏟아지고 있으나 이를 당사자 간에 원만히 해결치 못하고, 법원에 소송을 제기하여 소송 기간의 장기화 및 소송비용 과다로 인한 환자의 부담도 날로 증가하고 있고, 의료진의 방어진료 등에 따른 의료비 상승 및 의료자원 낭비를 초래하고 있는 것이 현실정입니다.

이 책은 이러한 다양한 의료사고에 대하여 제1편에는 의료 소송 준비절차를, 제2편은 의료소송 서류 작성사례를 분야별로 자세히 설명하였고, 제3편에는 한국의료분쟁조정원을 통한 조정 및 중재 절차를 서식과 함께 수록하였으며, 제4편에는 의료소송에 대한 대법원 판례를 진료과목별로 진단 및 검사단계에서 일어난 사고에 대한 판례, 치료 및 처치단계에서 일어

난 사고에 대한 판례, 간호 및 관리단계에서 일어난 사고에
대한 판례를 정리하여 수록하였습니다.

  이러한 자료들은 대법원, 법제처, 보건복지부, 한국의료분쟁
조정중재원에 나타난 해설과 사례 및 판례들을 취합하고 체계
적으로 정리, 분리하여 누구나 이해하기 쉽게 편집하였습니다,

  이 책이 여러 가지 의료사고를 당하여 해결하는 방법을 모
르고 있는 분들에게 조그마한 도움이 되리라 믿으며, 열악한
출판시장임에도 불구하고 흔쾌히 출간에 응해 주신 법문북스
김현호 대표님에게 감사를 드립니다.

2016. 10.
편저자

목 차

제1편 의료소송 준비절차

고소·고발에 관한 질의응답

제2편 의료소송 서류 작성례

제3편 한국의료분쟁조정중재원을 통한 조정 및 중재

제4편 의료소송 판례

부 록

[의료법]

제1편

의료소송 준비절차

제1장 의료소송(민사) 절차 및 준비사항

　의료소송이란 주로 의료인으로부터 의료행위를 시행받은 환자측이 그 의료행위상의 고의 또는 과실을 주장하여 의료인측에게 손해배상을 구하는 소송을 가리키지만, 의사의 업무상 과실치상이나 과실치사를 다투는 형사소송이나 의료법 위반을 다투는 행정소송도 이에 포함될 수 있습니다. 하지만 의료사고라고 해서 모든 경우 의료인이 책임을 지는 것은 아니므로 의료소송을 제기하기 이전에 단순한 의료사고인지, 아니면 의료과실인지에 대한 의학적·법률적 검토를 선행하는 것이 좋습니다. 의료사고로 손해를 입은 환자가 의료인에게 손해배상 청구를 하기 위해서는 민사소송을 제기해야 합니다. 민사소송을 제기할 때에는 채무불이행으로 인한 민사소송과 불법행위로 인한 민사소송으로 나눌 수 있습니다.

　의료사고로 인한 소송 제기 시 환자가 절대적으로 불리하다는 것이 일반적인 생각이지만, 실제 소송 통계를 보면 환자의 주장이 받아들여지는 비율(인용율)이 59퍼센트에 이르는 것을 알 수 있습니다.

　의료사고를 당한 환자가 소장을 제출하면 담당 법원에서는 소장을 심사하여 의료인에게 소장부본을 전달합니다. 의료인이 이에 대한 답변서를 법원에 제출하면 사건을 맡은 재판장이 기록을 검토하고 사건을 분류합니다. 재판장이 변론기일을 지정하면 그 이후부터 양측의 공방이 시작되고, 모든 절차가 끝나면 재판장은 판결을 내립니다.

1심 재판 결과에 수긍할 수 없을 경우 항소(2심 재판 신청)할 수 있고, 2심 재판 결과에 수긍할 수 없을 경우에는 상고(3심 재판 신청)할 수 있습니다. 항소 및 상고를 할 때에는 양측의 소송비용을 패소한 당사자가 부담하는 점에 유의해야 합니다. 의료소송(민사)은 다음과 같은 순서로 진행됩니다.

1. 원고(환자)의 소장접수

소송을 제기하려면 '소장'이라는 서류를 관할 지방법원에 제출하여야 합니다(민사소송법 제248조).

접 수 인	소 장		
	사 건 번 호		
	배당순위번호		
	담 당	제	단독

사 건 명
원고　(이름)　　　　　　(주민등록번호　　　-　　　)
　　　(주소)　　　　　　　(연락처)
1. 피고　(이름)　　　　　　(주민등록번호　　　-　　　)
　　　(주소)　　　　　　　(연락처)
2. 피고　(이름)　　　　　　(주민등록번호　　　-　　　)
　　　(주소)　　　　　　　(연락처)

소송목적의 값		원	인지	원
(인지첩부란)				

청 구 취 지

1. (예시)피고는 원고에게 55,000,000원 및 이에 대하여 소장 부
   본 송달 다음날부터 다 갚는 날까지 연 15%의 비율로 계산
   한 돈을 지급하라.
2. 소송비용은 피고가 부담한다.
3. 제1항은 가집행할 수 있다.
   라는 판결을 구함.

청 구 원 인

1.
2.
3.

입 증 방 법

1. 계약서
2.

첨 부 서 류

1. 위 입증서류   각 1통
1. 소장부본   1부
1. 송달료납부서   1부

20   .   .   .

위 원고   ○○○   (서명 또는 날인)

휴대전화를 통한 정보수신 신청

위 사건에 관한 재판기일의 지정.변경.취소 및 문건접수 사실을 예납의무자가 납부한 송달료 잔액 범위 내에서 아래 휴대전화를 통하여 알려주실 것을 신청합니다.

▣ 휴대전화 번호 :

20   .   .   .

신청인 원고   (서명 또는 날인)

※ 종이기록사건에서 위에서 신청한 정보가 법원재판사무시스템에 입력되는 당일 문자메시지로 발송됩니다(전자기록사건은 전자소송홈페이지에서 전자소송 동의 후 알림서비스를 신청할 수 있음).

※ 문자메시지 서비스 이용금액은 메시지 1건당 17원씩 납부된 송달료에서 지급됩니다(송달료가 부족하면 문자메시지가 발송되지 않습니다.).

※ 추후 서비스 대상 정보, 이용금액 등이 변동될 수 있습니다.

※ 휴대전화를 통한 문자메시지는 원칙적으로 법적인 효력이 없으니 참고자료로만 활용하시기 바랍니다.

○○ 지방법원   귀중

◇유의사항◇

1. 연락처란에는 언제든지 연락 가능한 전화번호나 휴대전화번호, 그 밖에 팩스번호.이메일 주소 등이 있으면 함께 기재하여 주시기 바랍니다. 피고의 연락처는 확인이 가능한 경우에 기재하면 됩니다.

2. 첨부할 인지가 많은 경우에는 뒷면을 활용하시기 바랍니다.

---

2. 소장 제출 법원

① 자연인 : 환자(피고)의 주소지 관할법원, 주소를 알 수 없는 때에는 현재 사실상 거주하는 곳(거소), 거소가 없거나 알 수 없는 때에는 최후의 주소지 관할 법원에 제출하면

됩니다(민사소송법 제3조).

② 법인이나 단체 : 주된 사무소 또는 본점의 소재지, 주된 영업소가 없는 때에는 주된 업무담당자의 주소지 관할법원에 제출하면 됩니다(민사소송법 제5조).

③ 당사자의 합의에 의하여 인정되는 소장 제출법원 : 법률상의 전속관할로 지정된 경우를 제외하고는 당사자가 일정한 법률관계에 기인한 소에 관하여 서면으로써 합의에 의하여 제1심 관할법원을 정할 수도 있습니다.

3. 소장 기재 내용

소장에는 소를 통하여 손해배상 등의 청구를 하는 사람인 원고(환자)가 청구의 상대방인 피고(의료인)에게 무엇을 청구하며 어떤 이유로 청구하는가에 관한 내용이 담겨있어야 합니다. 소장에 기재되어야 할 내용은 다음과 같습니다(민사소송법 제249조).

① 소송의 당사자: 원고와 피고
  1. 성명(법인일 경우 상호), 주소, 주민등록번호
  2. 대리인이 있는 경우 대리인의 성명과 주소
② 연락처: 전화번호, 팩스번호, E-Mail 주소
③ 청구취지: 소송을 통해 상대방에게 청구하는 것이 무엇인지를 간결하고 명확하게 표현되어야 합니다.
  예를 들어 "피고는 원고에게 금 1억원 및 이에 대한 이 사건 소장 부본 송달일 다음날로부터 연 20퍼센트의 비율에 대한 금원을 지급하라"라고 표현할 수 있습니다.

④ 청구원인: 청구하는 이유가 무엇인지 즉, 권리 또는 법률
관계의 성립원인 사실을 기재합니다.
⑤ 부속서류의 표시 : 소장에 첨부하는 증거서류 등
⑥ 작성 연월일
⑦ 법원의 표시
⑧ 작성자의 기명날인 및 간인(간인이란 앞장의 서류를 반 접
어 도장이 앞장과 뒷장 모두 찍히도록 하는 것입니다)

4. 소송구조

① 소송구조는 소송비용을 지출할 자금능력이 부족한 사람에
대하여 법원이 신청 또는 직권으로 재판에 필요한 일정한
비용의 납입을 유예 또는 면제시킴으로써 그 비용을 내지
않고 재판을 받을 수 있도록 하는 제도입니다.
② 소송구조의 대상 : 소송구조는 민사소송, 행정소송, 가사소
송의 본안사건은 물론이고, 독촉사건, 가압류·가처분신청사
건도 그 대상이 됩니다.
③ 소송구조 신청절차 : 소송을 제기하려는 사람과 소송계속
중의 당사자가 신청할 수 있으며, 외국인은 물론 법인도
신청할 수 있습니다. 소 제기 전에는 소를 제기하려는 법
원, 소 제기 후에는 소송기록을 보관하고 있는 법원에 신
청하여야 합니다.
④ 소송구조 요건 : 소송구조를 하기 위해서는 신청인의 무자
력과 승소가능성이라는 두 가지 요건이 필요합니다.
무자력은 자연인의 경우에는 경제적으로 빈곤하여 자기 및

가족에게 필요한 생활을 해하지 않으면 소송비용을 지출할 수 없는 상태에 있는 사람을 의미하며, 소명자료로 '소송구조 재산관계진술서'를 작성해서 제출하여야 합니다. 승소가능성은 신청인이 그 소송에서 패소할 것이 분명하지 아니할 경우 인정되며, 법원이 재판절차에서 나온 자료를 기초로 판단합니다.

[전산양식 A1330]

소송구조신청서

| 수입인지1,000원 |
| 송달료 2회분 |

구조대상사건 : 20○○가합○○○ 손해배상(자)
신청인(원고, 피고) ○○○
　　　　　　주소 :
　　　　　　전화, 휴대폰, 팩스번호 :
상대방(원고, 피고) ○○○
　　　　　　주소 :

　신청인은 위 사건에 관하여 아래와 같은 사유로 소송구조를 신청합니다.

1. 구조를 신청하는 범위
　□ 인지대　　[□ 소장　□ 상소장　□ 기타(　　　　　)]
　□ 변호사비용
　□ 기타 (　　　　　　　　　　　　)
　□ 위 각 사항 등을 포함한 소송비용 전부

2. 구조가 필요한 사유
　가. 사건 내용 : 별첨 기재와 같다(소장 사본의 첨부로 갈음가능).
　나. 신청인의 자력 :

□ 「국민기초생활보장법」에 따른 수급자(수급자 증명서)
□ 「한부모가족지원법」에 따른 지원대상자(한부모가족증명서)
□ 「기초연금법」에 따른 수급자(기초연금수급자 증명서 또는
   기초노령연금 지급내역이 나오는 거래은행통장 사본)
□ 「장애인연금법」에 따른 수급자(장애인연금수급자 증명서 또
   는 장애인연금 지급내역이 나오는 거래은행통장 사본)
□ 「북한이탈주민의 보호 및 정착지원에 관한 법률」에 따른 보
호대상자(북한이탈주민등록확인서)
□ 위 대상자 외의 자 : 재산관계진술서 및 그 밖의 소명자료
첨부

  신청인은 소송진행 중이나 완결 후에 신청인의 직업이나 재산
에 중대한 변동이 생긴 때, 소송의 결과 상대방으로부터 이행을
받게 된 때에는 법원에 즉시 그 내용을 신고하겠습니다.

                    20 .   .   .

      신청인 ○○○ _____(서명 또는 날인)

                       ○○지방법원 제○부(단독) 귀중

소송구조 재산관계진술서

<table>
<tr><td rowspan="2">신 청 인</td><td>이 름</td><td colspan="2">주민등록번호</td><td colspan="3"></td></tr>
<tr><td>직 업</td><td colspan="2">주 소</td><td colspan="3"></td></tr>
</table>

<table>
<tr><td rowspan="6">가족관계</td><td>이 름</td><td>신청인과 관계</td><td>나이</td><td>직 업</td><td>월수입</td><td>동거여부</td></tr>
<tr><td></td><td></td><td></td><td></td><td></td><td></td></tr>
<tr><td></td><td></td><td></td><td></td><td></td><td></td></tr>
<tr><td></td><td></td><td></td><td></td><td></td><td></td></tr>
<tr><td></td><td></td><td></td><td></td><td></td><td></td></tr>
</table>

<table>
<tr><td rowspan="2">신청인의 월 수 입</td><td>금 액</td><td></td></tr>
<tr><td>내 역</td><td></td></tr>
</table>

<table>
<tr><td rowspan="5">수급권자 여 부</td><td>□ 국민기초생활보장법상의 수급권자임　□ 한부모가족지원법상의 지원대상자임</td></tr>
<tr><td>□ 기초연금법상의 수급권자임　　　　□ 장애인연금법상의 수급권자임</td></tr>
<tr><td>□ 북한이탈주민의 보호 및 정착지원에 관한 법률상의 보호대상자임</td></tr>
<tr><td>□ 수급권자·지원대상자·보호대상자 아님</td></tr>
</table>

<table>
<tr><td rowspan="2">신청인의 주 거</td><td>형 태</td><td>아파트, 단독주택, 다가구주택,
연립주택, 다세대주택
기타(　　　　　　　　　　　　　　)</td></tr>
<tr><td>소유관계</td><td>신청인 또는 가족 소유 (소유자 :　　　　)
임대차(전세, 월세 : 보증금　　　원, 월세　　원)
기타(　　　　　　　　　　　　　　)</td></tr>
</table>

<table>
<tr><td rowspan="5">신청인과 가족들이 보유한 재산내역</td><td>부동산</td><td></td></tr>
<tr><td>예금</td><td></td></tr>
<tr><td>자동차</td><td></td></tr>
<tr><td>연금</td><td></td></tr>
<tr><td>기타</td><td></td></tr>
</table>

신청인은 이상의 기재사항이 모두 사실과 다름이 없음을 확약하며 만일 다른 사실이 밝혀지는 때에는 구조결정이 취소되더라도 이의가 없습니다.

20 . . .

신청인   ○○○ (서명 또는 날인)

○ ○ 지방법원 제○부(단독) 귀중

※ **작성시 유의사항**

1. **가족관계** : 배우자, 부모, 동거 중인 형제자매
2. **재산내역**
   ① **부동산** : 등기 여부에 관계없이 권리의 종류, 부동산의 소재지, 지목, 면적(m^2), 실거래가액을 기재
   (예시) 임차권, 서울 서초구 서초동 ○○번지 ○○아파트 ○동 ○호 50m^2, 임대차보증금 ○○○만원
   ② **예금** : 50만원 이상인 예금의 예금주, 예탁기관, 계좌번호, 예금의 종류를 기재
   (예시) 예금주 ○○○, △△은행 서초지점 계좌번호 00-00-00, 보통예금, ○○○만원
   ③ **자동차** : 차종, 제작연도, 배기량, 차량등록번호, 거래가액을 기재
   (예시) 캐피탈 1993년식, 1500cc, 서울○○두1234, ○○○만원
   ④ **연금** : 액수 관계없이 연금의 종류, 정기적으로 받는 연금 액수, 기간을 기재
   (예시) 유족연금 매월 30만원, 20○○. . .부터 20○○. . .까지
   ⑤ **기타** : 소유하고 있는 건설기계, 선박 또는 50만원 이상의 유가증권, 회원권, 귀금속 등을 기재

※ **첨부서면**
 1. 가족관계를 알 수 있는 주민등록등본 또는 가족관계증명서, 재산내역을 알 수 있는 등기부등본, 자동차 등록원부등본,

예금통장사본, 위탁잔고현황, 각종 회원증 사본
2. 다음에 해당하는 서류가 있는 경우에는 이를 제출하시기 바랍니다.
   - 법률구조공단의 구조결정서 사본
   - 근로자 및 상업 종사자 : 근로소득원천징수영수증 또는 보수지급명세서, 국민건강보험료부과내역서, 국민연금이력요약/가입증명서, 소득금액증명서
   - 공무원 : 재직증명서 또는 공무원증 사본
   - 국가보훈대상자 : 국가유공자임을 증명하는 서면
   - 국민기초생활보장법상 기초생활 수급권자 : 기초생활수급권자 증명서
   - 한부모가족지원법상의 지원대상자 : 한부모가족 증명서
   - 기초연금법상의 수급권자 : 기초연금수급 증명서 또는 기초연금 지급내역이 나오는 거래은행통장 사본
   - 장애인연금법상의 수급권자 : 수급자 증명서 또는 장애인연금 지급내역이 나오는 거래은행통장 사본
   - 북한이탈주민의 보호 및 정착지원에 관한 법률상 보호대상자 : 북한이탈주민등록확인서
   - 소년.소녀가장 : 가족관계증명서
   - 국민기초생활보장법상 차상위자 : 국민건강보험료부과내역서, 국민연금이력요약/가 입증명서, 소득금액증명서, 지방세세목별과세증명서, 주택임대차계약서
   - 외국인 : 여권사본 또는 외국인등록증사본
   - 법인 : 대차대조표, 재산목록, 영업보고서, 손익계산서

5. 법원 사무관 등 소장심사

① 소장이 법원에 접수되면 사건 번호를 붙이게 됩니다(예를 들어 '2010가합7891 손해배상(의)'와 같은 방식입니다. (의)는 의료사고에 해당합니다).
② 사건번호가 붙은 소장을 배당받은 재판장은「민사소송법」에

규정된 기재사항이 잘 기재되어 있는지를 심사합니다. 만약 기재내용이 미비하거나, 인지가 붙어 있지 않은 경우 이것을 수정 또는 보충하라는 명령(보정명령)을 내리게 됩니다. 소장의 보정명령을 받은 원고가 이를 보정하지 않으면 재판장은 소장을 각하시킬 수 있습니다. 따라서 소장의 내용이 충실하더라도 형식적인 요구사항이 빠지면 소가 각하당할 수 있으니 주의해야 합니다.

6. 피고(의료인)에게 소장부본 송달

① 법원은 소장심사가 끝나면 소장의 부본(법률적으로는 다른 것이지만, 복사본과 비슷한 것이라고 이해할 수 있습니다)을 소송의 상대방에게 보내게 되고, 이것을 송달이라고 합니다(민사소송법 제255조).
소장의 부본은 등기로 송달되므로 반드시 적법한 수령권자(본인이나 가족 등)에게 전달되지 않고는 송달이 이루어지지 않은 것으로 됩니다. 따라서 이러한 경우 법원의 일정한 사항을 게시하는 공시송달의 방법을 이용할 수도 있습니다.
② 소장을 송달받았다는 것은 상대방이 소송을 걸어왔다는 의미입니다. 소장을 송달받은 당사자(피고)는 소장에 대한'답변서'를 준비하여야 합니다(민사소송법 제256조).
③ 송달불능인 경우 : 송달불능인 경우 수취인 부재 또는 폐문부재 송달받을 자가 군입대, 교도소수감 등의 사유로 현재 부재중인 경우에는 군부대의 소속 및 구치소 또는 교도소명을 기재하여 주소보정을 하면 법원에서는 그 장소로

다시 재송달을 실시하며, 장기여행이나 직장생활 등으로 폐문부재인 경우에는 재송달 신청을 하거나 집행관으로 하여금 송달 할 수 있도록 하는 특별송달신청을 하여 휴일이나 야간에도 송달을 할 수 있습니다.

주소불명 또는 이사불명 번지를 기재하지 않았거나, 같은 번지에 호수가 많아서 주소를 찾을 수 없는 경우 및 이사를 한 경우에는 새 주소를 정확하게 파악하여 주소보정을 신청하고, 당사자의 주소, 거소 기타 송달할 주소를 알 수 없는 경우에는 소명자료를 갖추어 공시송달신청을 할 수 있습니다. 수취인불명 수취인의 주소나 성명의 표기가 정확하지 않아 송달이 불능된 때에는 정확한 주소 및 성명을 적은 보정서를 제출해야 합니다.

주 소 보 정 서

사건번호　　20　가　(차)　　　　　[담당재판부 : 제　　(단독)부]

원고(채권자)

피고(채무자)

위 사건에 관하여 아래와 같이 피고(채무자)　　　　의 주소를 보정합니다.

주소 변동 유무	□주소변동없음	종전에 적어낸 주소에 그대로 거주하고 있음
	□주소변동있음	새로운 주소 : (우편번호 -)
송달 신청	□ 재송달신청	종전에 적어낸 주소로 다시 송달
	□특별송달신청	□ 주간송달 □ 야간송달 □ 휴일송달 □ 종전에 적어낸 주소로 송달 □ 새로 운 주소로 송달
	□공시송달신청	주소를 알 수 없으므로 공시송달을 신청함 (첨부서류 :)
20 . . . 원고(채권자)		(서명 또는 날인) 법원 귀중

[주소보정요령]

1. 상대방의 주소가 변동되지 않은 경우에는 주소변동 없음란의
   □에 "✔"표시를 하고, 송달이 가능한 새로운 주소가 확인되
   는 경우에는 주소변동 있음란의 □에 "✔"표시와 함께 새로
   운 주소를 적은 후 이 서면을 주민등록등본 등 소명자료와 함
   께 법원에 제출하시기 바랍니다.

2. 상대방이 종전에 적어 낸 주소에 그대로 거주하고 있으면 재
   송달신청란의 □에 "✔"표시를 하여 이 서면을 주민등록등본
   등 소명자료와 함께 법원에 제출하시기 바랍니다.

3. 수취인부재, 폐문부재 등으로 송달되지 않는 경우에 특별송달
   (집행관송달 또는 법원경위송달)을 희망하는 때에는 특별송달
   신청란의 □에 "✔"표시를 하고, 주간송달·야간송달·휴일송달
   중 희망하는 란의 □에도 "✔"표시를 한 후, 이 서면을 주민
   등록등본 등의 소명자료와 함께 법원에 제출하시기 바랍니다
   (특별송달료는 지역에 따라 차이가 있을 수 있으므로 재판부
   또는 접수계에 문의바랍니다).

4. 공시송달을 신청하는 때에는 공시송달신청란의 □에 "✔"표
   시를 한 후 주민등록말소자등본 기타 공시송달요건을 소명하

는 자료를 첨부하여 제출하시기 바랍니다.
　5. 지급명령신청사건의 경우에는 사건번호의 '(차)', '채권자', '채무자' 표시에 ○표를 하시기 바랍니다.
　6. 소송목적의 수행을 위해서는 읍·면사무소 또는 동주민센터 등에 주소보정명령서 또는 주소보정권고 등 상대방의 주소를 알기 위해 법원에서 발행한 문서를 제출하여 상대방의 주민등록표 초본 등의 교부를 신청할 수 있습니다(주민등록법 제29조 제2항 제2호, 동법 시행령 제47조 제5항 참조).

④ 공시송달 신청방법 : 일반적인 통상의 조사를 다하였으나 당사자의 주소, 거소, 영업소, 사무소와 근무장소 기타 법정의 송달장소 중 어느 한 곳도 알지 못한 경우에 송달받을 사람의 최후 주소지를 확인할 수 있는 자료(주민등록 등·초본)와 신청인이 송달받을 사람의 주거 발견에 상당한 노력을 한 사실 및 그럼에도 불구하고 이를 찾아낼 수 없었던 사실에 관하여 신빙할 만한 소명자료(집행관에 의한 특별송달 결과 등)를 첨부하여 신청합니다.

7. 피고(의료인)의 답변서 제출

① 소장을 송달 받은 피고(의료인)는 송달 받은 날부터 30일 내에 답변서를 준비하여 법원에 제출하여야 합니다.

답 변 서	
사건번호 20 가	[담당재판부 : 제 　　 (단독)부]
원　　고　　(이름)	

(주소)

피　　고　　(이름)　　　　　　　(주민등록번호　　　　-　　　)

(주소)　　　　　(연락처　　　　　　　　)

위 사건에 관하여 피고는 다음과 같이 답변합니다.

청구취지에 대한 답변

청구원인에 대한 답변

20　　．　　　．　　　．

피고　　　　　　　(날인 또는 서명)

○○지방법원　귀중

◇ 유의사항 ◇

1. 연락처란에는 언제든지 연락 가능한 전화번호나 휴대전화번호를
   기재하고, 그 밖에 팩스번호, 이메일 주소 등이 있으면 함께
   기재하기 바랍니다.
2. 답변서에는 청구의 취지와 원인에 대한 구체적인 진술을 적
   어야하고 상대방 수만큼의 부본을 첨부하여야　　　합니다.
3. 「청구의 취지에 대한 답변」에는 원고의 청구에 응할 수 있는
   지 여부를 분명히 밝혀야 하며, 「청구의 원인에 대한 답변」에

> 는 원고가 소장에서 주장하는 사실을 인정하는지 여부를 개별
> 적으로 밝히고, 인정하지 아니하는 사실에 관하여는 그 사유
> 를 개별적으로 적어야 합니다.
> 4. 답변서에는 자신의 주장을 증명하기 위한 증거방법에 관한
>   의견을 함께 적어야 하며, 답변사항에 관한 중요한 서증이나
>   답변서에서 인용한 문서의 사본 등을 붙여야 합니다.

② 답변서의 제출

원고(환자)의 청구에 적극적으로 대응하려면 답변서를 구체
적이고 실질적으로 준비하여 제출하여야 합니다. 따라서 다음
의 사항들을 기재 및 첨부하도록 합니다.

1. 원고(환자)의 청구원인사실에 대한 인정여부
2. 의료인이 생각하기에 쟁점이 될 만한 중요한 간접사실·
   증거방법 및 항변사실
3. 중요한 증거자료들

③ 답변서의 미 제출

소장을 송달받은 지 30일 이내에 답변서를 제출하지 않은
경우, 법원은 원고(환자)가 주장한 사실을 피고(의료인)가 자
백한 것으로 보고 판결할 수 있습니다. 이를 의제자백이라고
합니다(민사소송법 제257조).

답변서가 제출되지 않아 무변론판결 대상 사건으로 분류된
경우, 재판장은 제1회 변론 기일을 지정하고 지정일에도 피고
(의료인)가 출석하지 않는 경우 원고(환자) 승소 판결을 내리
게 됩니다.

8. 재판장의 기록검토 및 사건분류

피고(의료인)가 원고(환자)의 청구를 부인하는 취지의 답변서를 제출하는 경우 재판장은 사건기록을 검토하고 사건을 분류하여 심리방향을 결정합니다(민사소송법 제258조).

9. 재판장의 변론기일 지정

원칙적으로 재판장은 가능한 최단기간 안의 날로 제1회 변론기일을 지정하여 양쪽 당사자가 법관을 조기에 대면할 수 있도록 합니다. 제1회 변론기일은 쌍방 당사자 본인이 법관 면전에서 사건의 쟁점을 확인하고 상호 반박하는 기회를 가짐으로써 구술주의의 정신을 구현하는 절차입니다. 이를 통하여 양쪽 당사자 본인의 주장과 호소를 할 만큼 하게하고, 재판부도 공개된 법정에서의 구술심리 과정을 통하여 투명하게 심증을 형성함으로써, 재판에 대한 신뢰와 만족도를 높이는 방향으로 운영하고자 하는 것입니다. 이처럼 제1회 변론기일을 통하여 양쪽 당사자가 서로 다투는 점이 무엇인지 미리 분명하게 밝혀지면, 그 이후의 증거신청과 조사는 그와 같이 확인된 쟁점에 한정하여 집중적으로 이루어질 수 있게 됩니다.

한편 재판장은 사건분류의 단계 또는 제1회 변론기일 이후의 단계에서, 당해 사건을 준비절차에 회부할 수 있습니다. 이는 양쪽 당사자의 주장내용이나 증거관계가 매우 복잡하여, 별도의 준비절차를 통하여 주장과 증거를 정리하고 앞으로의 심리계획을 수립하는 것이 필요하다고 판단하는 경우에 이루어집니다. 준비절차는 양쪽 당사자가 서로 준비서면을 주고받거나(서면에 의한 준비절차), 법원에서 만나 주장과 증거를 정리하는 방법(준비기일에 의한 준비절차)으로 진행됩니다.

10. 준비서면 제출 및 공방(서면에 의한 준비)

준비절차 중 양쪽 당사자가 서로 준비서면을 주고받는 것이 서면에 의한 준비절차에 해당합니다(민사소송법 제273조).

준 비 서 면

사건번호 20 가   [담당재판부 : 제   (단독)부]

원   고

피   고

위 당사자 사이의 위 사건에 관하여 원고는 다음과 같이 변론을 준비합니다.

다   음

1.

2.

3.

입증방법

1.

1.

20   .   .   .

원고   (날인 또는 서명)

○○지방법원 귀중

◇유의사항◇

연락처란에는 언제든지 연락 가능한 전화번호나 휴대전화번호를
기재하고, 그 밖에 팩스번호, 이메일 주소 등이 있으면 함께
기재하시고, 상대방 수만큼의 부본을 첨부하여야 합니다.

 서면에 의한 준비절차 과정에서 증거조사가 이루어집니다.
증거조사는 증거신청 -> 증거결정 -> 증거조사의 순서로 진
행됩니다.

① 증거신청: 소송에서 재판장을 설득시키기 위해서는 주장에
  대한 증거를 제시하여야 합니다. 증거의 신청은 당사자(환
  자) 의 주장을 입증하기 위하여 법원에게 어떠한 증거를
  조사하여 줄 것을 신청하는 것입니다(민사소송법 제289조).

② 증거결정: 증거방법에 대한 조사를 신청하면 당사자가 신
  청한 증거방법을 채택할 것인지 여부를 결정합니다. 이를
  '증거결정'이라고 합니다(민사소송법 제281조제1항).

  증거결정이 되면 법원에 사실조회신청서, 증인신청서, 신체
  감정신청서, 진료기록감정신청서 등을 제출하시면 됩니다.

증거설명서

사   건   20○○가단(합, 소)○○○○   손해배상(기)
원   고   ○○○
피   고   ○○○

호증	서증명	작성일자	작성자	입증취지	비고
갑1	부동산 매매계약서	2012.11. 3.	원고, ○○○ (피고의 형)	원고와 피고를 대리 한 ○○○ 사이에 체결된 이 사건 토 지매매 계약서	
2	부동산등기 사항증명서				
3	〃			이 사건 인접 토지 를 피고를 대리한 ○○○이 매도한 적 이 있다는 사실	
4-1	영수증	2012.11. 3.	○○○	계약금 지급사실	
4-2	〃	2012.12. 3.	〃	중도금 지급사실	
4-3	〃	2013. 1. 3.	〃	잔금 지급사실	
5	각서사본	2012.12.2 7.	피고	피고가 이 사건 계 약을 인정한 후, 원 고에게 등기를 넘겨 주기로 약속한 사실	원본 분실
6	가족관계등 록 사항증명서			피고와 ○○○ 사이 의 신분관계	

```
            20○○. ○○. ○○.

            원고(또는 피고) ○○○   (날인 또는 서명)

                        연락처 : 000-0000-0000

○○지방법원 (○○지원) 제 ○민사부(단독) 귀중
```

③ 증거조사: 증거로 신청한 부분 중 재판장이 증거로 선택하
  여 증거결정을 한 증거에 대해서는 조사를 하게 됩니다.
  조사에는 ㉮ 사실조회 ㉯ 증인신청 ㉰ 신체감정 ㉱ 진료기
  록감정 ㉲ 필름감정 등이 있습니다.
  ㉮ 사실조회 및 증인신청 : 증인을 법원으로 소환하여 증
  언을 듣기 위해 증인 신청을 하게 됩니다. 증인 신청은 서
  면에 의하여야 하고, 법정에서 구두로 증인을 신청하는 방
  식은 허용되지 않습니다.

사실조회신청서

```
사   건    20  가            [담당재판부 : 제     (단독)부]
원   고
피   고
```
위 사건에 관하여 주장사실을 입증하기 위하여 다음과 같이 사
실조회를 신청합니다.

(예시)

1. 사실조회의 목적
   본건 지역의 벼농사가 피고 회사 제조공장 설치 후 그 공장에
   서 흘러나오는 폐유에 의하여 소장 청구원인 제3항에 기재와

같이 수확이 감소된 사실을 명백히 함에 있다.

2. 사실조회 기관

농림수산부 농산물검사소

3. 사실조회 사항

가. 경기도 부천군 소래면 서부지구에 있어서 2000년 이전의 평년작 마지기당 수확량

나. 위 지역에 있어서 1998년도 및 1999년도의 각 마지기당 수확량

20 .   .   .

신청인 원(피)고   (날인 또는 서명)

(연락처)

○○지방법원 귀중

증 인 신 청 서

1. 사건 : 20   가
2. 증인의 표시

이 름			
생년월일			
주 소			
전화번호	자택	사무실	휴대폰
원.피고 와의 관계			

3. 증인이 이 사건에 관여하거나 그 내용을 알게 된 경위

이 사건 임대차계약을 체결할 당시 원고, 원고의 처와 함께 계약현장에 있었음
4. 신문할 사항의 개요
① 이 사건 임대차계약 당시의 정황
② 임대차 계약서를 이중으로 작성한 이유
5. 희망하는 증인신문방식(해당란에 "v" 표시하고 희망하는 이유를 간략히 기재)
☑ 증인진술서 제출방식   □증인신문사항 제출방식 □서면 에 의한 증언방식
이유 : 원고측과 연락이 쉽게 되고 증인진술서 작성 의사를 밝혔음

6. 그 밖에 필요한 사항
20 . . .
○고 소송대리인   ○○○ ㊞

○○지방법원 제○부 앞

1. 증인이 이 사건에 관여하거나 그 내용을 알게 된 경위는 구체적이고 자세하게 적어야 합니다.
2. 여러 명의 증인을 신청할 때에는 증인마다 증인신청서를 따로 작성하여야 합니다.
3. 신청한 증인이 채택된 경우에는 법원이 명하는 바에 따라 증인진술서나 증인신문사항을 미리 제출하여야 하고, 지정된 신문기일에 증인이 틀림없이 출석할 수 있도록 필요한 조치를 취하시기 바랍니다.

㉣ 신체감정절차 : 의료소송의 경우 손해의 범위를 파악하기 위해 신체감정절차가 추가됩니다. 사망사고가 아닌 경우에

는 피해를 입은 사람의 손해 범위를 파악해야 하기 때문입니다. 신체감정결과를 바탕으로 일실수입, 치료비, 개호비 등 손해의 범위를 구체적으로 특정 및 확정할 수 있습니다. 신체감정의 결과에 따라 청구취지(특히 손해배상액 부분)를 확정하게 됩니다.

신체감정신청서

사   건   20○○가단(합, 소)○○○○   손해배상(의)
원   고   ○○○
피   고   ○○○

이 사건에 관하여 원고는 다음과 같이 신체감정을 신청합니다.

- 다음 -

1. 입증취지 : 이 사건 사고로 인한 피고의 상해의 부위와 정도,
            노동능력상실률, 향후 치료비, 향후 개호 여
            부 및 비용 등의 사실
2. 감정대상 : ○○○(여자) 19○○. ○○. ○○. 생
            서울 서초구 서초대로 ○○○
3. 감정촉탁할 곳 : 법원이 정하는 적절한 병원의 해당 진료과
                또는 기타 법원에서 적절하다고 판단하
                는 진료과
4. 감정할 사항 : 별지 감정사항 기재와 같음

첨부서류

1. 진단서   1통
2. 입원확인서   1통
3. 진료소견서   1통

20○○. ○○. ○○.

원고 ○○○ (날인 또는 서명)

연락처 : 000-0000-0000

○○지방법원 (○○지원) 제 ○민사부(단독) 귀중

별지 1. 신체감정할 사항

피감정인의 20○○. ○○. ○○.자 부상에 관하여(<u>척추나 두부에 관한 감정시에는 반드시 별지 2.를 참조해 주시기 바랍니다</u>).

<아래 ※로 표시된 부분에 유의해 주시기 바랍니다. 법원의 실무상 당사자들의 감정의에 대한 사실조회신청이 가장 집중되고 있고, 이에 따라 감정의에게 번거로움을 가중시키는 경향이 있는 부분이므로, 가급적 감정에 관한 견해의 표명이 1회로 종결될 수 있도록, 이 부분에 관하여 상세히 기재해 주시면 감사하겠습니다.>

가. 피감정인의 부상 부위 및 정도.

나. 현재의 <u>자각적 증상과 타각적 증세</u>의 각 유무(有無) 및 있다면 그 내용의 정도.

다. 그 동안의 치료내용 및 경과.

※ 위 가.~다.항을 파악하기 위하여 시행한 검사 또는 참고자료 가 있다면 그 검사결과 및 참고한 자료의 내용을 함께 기재 하여 주시기 바랍니다.

라. 현재의 병적 증상이 위 일자의 사고로 인한 것인지 여부

마. 위 병적증상의 원인이 되는 <u>기왕증</u>이 있었는지 여부, 있다면 그 <u>내용</u> 및 <u>근거</u>와 기여한 <u>정도</u>(그 비율을 %로 표시해 주 시기 바랍니다).

※ 자료를 바탕으로 한 감정인의 감정소견 및 근거를 기재해 주시고, '피감정인의 진술에 의하면 기왕증은 없었다고 함'과 같은 기재는 피해 주시기 바랍니다.

바. 치료의 종결여부, <u>향후 치료</u>가 필요하다면 그 치료의 내용과 시기, 기간, 치료비 예상액.

※ 단순히 총액만 기재하는 것은 피해 주시고, 향후치료가 필요한 항목별 계산액 및 그 액수에 이르게 된 계산식을 상세히 적어 주시기 바랍니다.

※ 반드시 필요하다는 취지가 아니라 단지 필요할 가능성이 있음을 기재하고자 하는 경우에는 '필요할 수 있으며, 그 가능성은 ○○% 정도임'이라고 기재하여 주시고, '필요할 가능성도 있음' 또는 '필요할 수도 있을 것임'이라는 기재는 피해 주시기 바랍니다.

※ 해당되는 향후치료가 신체장해의 정도가 감소 또는 소멸될 수 있는 정도의 것이라면, 그 향후치료가 성공할 가능성을 기재해 주시기 바랍니다(그 향후치료가 수술인 경우 반드시 기재를 부탁드립니다).

사. 치료종결 후(향후치료 포함) 피감정인에게 <u>후유증</u>이 남게 될 것인지 여부.

1) 어떠한 후유증이 남게 되는지, 그리고 그 후유증을 객관적으로 증명할 수 있는지 여부, 객관적으로 증명된다면, 그 객관적인 증명으로 사용된 근거가 무엇인지.

2) 그것이 영구적인지 혹은 개선 가능한 것인지, 개선이 가능하다면 그 소요시간 및 개선으로 인하여 회복되는 정도

3) 이로 인하여 <u>신체장해</u>가 예상되는지 여부와 그 장해의 내용

※ 신체장해라 함은 치료종결로 증상이 고정된 후유증이란 점을 고려해 주시기 바랍니다.

※ 장해에 불구하고 일정기간 후에는 노동능력상실의 정도가 감소하거나 더 이상 노동능력의 상실이 없을 것으로 예상되는 경우(이른바 '노동능력상실기간'이

경과되었다고 판단되거나 '한시장해'에 해당된다고 판단되는 경우)에는 반드시 기준일을 명시하여 20○○년 ○월 ○○일부터 ○년 ○○개월 또는 20○○년 ○월 ○○일까지와 같은 방식으로 그 말일을 기재해 주시고, 특정한 날짜가 아닌 기간으로 기재할 경우에는 가급적 수상일(사고일)을 기준일로 하여 주시기 바랍니다.

※ 운동장해 또는 기능장해가 있는 경우 이를 구체적으로 (운동범위의 측정값이나 기능의 상실 정도 등) 표시해 주시기 바랍니다.

4) 위 장해가 맥브라이드 노동능력상실표의 어느 항목에 해당하는지, 만일 적절한 해당항목이 없을 경우 준용항목, 또는 어느 항목의 몇 % 정도에 해당하는 것으로 봄이 상당한지(치과의 경우 담버그씨 방법으로 산정요망).

※ 아래 자.항에서 보조구의 착용이 필요하다고 판단했는데, 그 보조구 착용 후 신체장해의 정도가 변경될 수 있다면, 보조구 착용 전후의 신체장해의 정도를 각각 기재해 주시기 바랍니다.

아. 감정 전후를 통하여, 개호인이 과거에 필요했을지, 또는 장래에 필요한지 여부.

※ 필요하다면 다음의 것들을 모두 기재해 주시기 바랍니다.

① 개호가 필요하다고 판단한 근거(그 근거가 책자나 논문 등의 문헌을 바탕으로 한 것이라면 그 출처도 함께 기재해 주시기 바랍니다),

② 상세한 개호의 내용,

③ 개호가 과거에 필요했던 기간 및 장래에 필요한 기간,

④ 개호내용에 비추어 개호전문가의 개호가 필요한지, 또는 보통의 성인 남녀의 개호로 족한지의 여부,

⑤ 필요한 개호인의 수(개호전문가가 필요하다면 그 비용)

자. 피감정인이 보조구나 의치, 의수 등이 과거에 필요하였거나

장래 필요하다면 그 필요기간, 소요개수, 개당 단가, 수명과 그 보조구의 사용으로 개선될 수 있는 거동의 정도 및 착용훈련이 필요한 경우에는 그 훈련의 기간.

※ 감정 전에 이미 사용이 필요했던 부분은 위 아.항의 방법에 준하여 기재하여 주시기 바랍니다.

차. 위 후유증이 피감정인의 평균여명에 영향이 있는지, 있다면 예상되는 단축기간 및 그 근거자료(그 근거가 책자나 논문 등의 문헌을 바탕으로 한 것이라면 그 출처도 함께 기재해 주시기 바랍니다).

※ 여명단축은 기준일(사고일 또는 감정일 등)을 명백히 적시해 주시기 바랍니다.

카. 기타 당사자가 추가로 신청한 감정사항

별지 2. 척추 또는 두부 신체감정 시 유의사항

척추의 부상으로 인한 장해는 다른 부위에 비해 퇴행성 병변 등 사고 외적(外的)인 증상이 병존하는 경우가 많으며 그 구별과 기여도의 판정이 쉽지 아니하고, 두부손상으로 인한 장해도 그로 인하여 여러 신체기능의 장해가 뒤따르고 해당 장해항목이 많은 경우에는 중복평가 여부에 대한 의문이 제기되는 것이 통례로 되어 어느 경우나 당사자 사이에 치열한 다툼이 생기는 일이 많습니다.

그리하여 척추와 두부손상에 대한 신체감정서가 그 증상과 병명, 성질, 기왕증의 여부 및 그 기여의 정도 그 판단근거 등을 명확히 하고 있지 않은 경우에는 감정의에 대한 사실조회나 증인신문의 방법에 의하여 그 내용을 보충하는 증거조사를 시행하지 않을 수 없고, 심지어는 재신체감정의 조치까지 취하여야 하는 경우도 있습니다.

따라서 그러한 불필요한 절차로 인한 소송당사자와 법원, 병원과 감정의사의 비용, 시간, 노력의 낭비를 막기 위하여 앞면에 기재한 사항과 더불어 다음 사항을 유의하여 주시기 바랍니다.

Ⅰ. 척추감정 유의사항
  1. 의심이 가는 증세의 명확한 진단에 적합한 모든 검사방법을 시행하시고 시행한 검사방법과 진단내용에 대한 자세한 근거를 밝혀 주시기 바랍니다.
  2. 피감정인의 척추질환의 증상과 정확한 병명(골절, 추간반탈출증, 염좌, 섬유륜팽윤통증 등), 그 성질(특히 추간반탈출증의 경우 경성과 연성 및 급성과 만성의 구별), 통상적인 발생원인(외력에 기인한 것인지 여부와 외력일 경우에는 그 모습)을 정확히 밝혀 주시고, 가능하면 피감정인의 경우에 인정되는 발생원인도 밝혀 주시기 바랍니다.
  3. 피감정인에게 기존의 질환이 있다면 그 기왕증의 구체적 내용 및 그 기여도(%로 표시)를 밝혀 주시기 바랍니다.
  4. 의학적으로 증상의 개선을 기대할 수 있는 합리적이고도 상당한 치료방법이 있는지 여부와 그 내용, 통계자료 및 임상적 경험에 근거한 추가치료로 예상되는 개선효과 및 그 이후의 장해 정도를 밝혀 주시기 바랍니다.
  5. 장해에 불구하고 일정기간 후에는 노동능력상실의 정도가 감소하거나 더 이상 노동능력의 상실이 없을 것으로 예상되는 경우(이른바 '노동능력상실기간'이 경과되었다고 판단되거나 '한시장해'에 해당된다고 판단되는 경우) 그 판정근거를 밝혀 주시기 바랍니다.

Ⅱ. 두부장해감정 유의사항
  1. 진단명은 막연한 표현이 아닌 공식적으로 인정되는 진단명을 사용해 주시고, 그 증상에 대한 전문진료과를 간략한 근거와 함께 밝혀 주시기 바랍니다.
  2. 장해의 내용과 정도에 관하여 명확한 설명을 해 주시기

바랍니다(피감정인이 주관적으로 호소하는 증상 외에 객
관적 검사방법으로 인정되는 증상을 설명해 주시고 그에
관한 이학적 증거를 제시해 주시기 바라며, 또한 임상심
리검사가 필요한 경우에는 반드시 그 절차를 거친 후
그 소견을 밝혀 주시기 바랍니다).
3. 맥브라이드 장해평가표의 두부·뇌·척수 항을 적용하게 되
는 경우 신경정신과와 신경외과가 협진하여 각 항목간
의 독립 또는 중첩관계를 검토하여 종합장해율 및 그
근거를 밝혀주시기 바랍니다(협진결과 종합하여 하나의
항목만을 적용할 경우라면 그 항목만을 적용하여 주시
고 그 근거를 밝혀주시기 바랍니다).
4. 위 척추감정시 유의사항 3, 4, 5항 참조. [끝]

㉯ 진료기록감정절차 : 진료기록감정절차는 환자(원고)가 제출
한 진료기록 내용을 정확히 판단하기 위한 절차입니다. 환
자(원고)가 감정사항(질문사항)을 작성하여 법원에 진료기
록감정촉탁신청을 하고, 법원은 임의의 의료기관(혹은 대
한의사협회 등)을 지정하여 진료기록감정촉탁을 하게 되
며, 이후 지정받은 의료기관의 감정의는 진료기록감정회신
결과를 작성하여 법원으로 송부하게 됩니다.

11. 주장과 증거 정리(준비기일에 의한 준비)

준비절차 중 양쪽 당사자가 법원에서 만나 주장과 증거를
정리하는 것이 준비기일에 의한 준비절차에 해당합니다.
당사자 또는 대리인은 법원에 출석하여 이전에 제출한 소
장, 답변서, 준비서면 등에 대해 진술하고 쟁점을 정리한 다
음, 더 이상 주장할 사실이 있는지 여부를 확인하게 됩니다.

당사자 또는 대리인은 법원에 출석하기 전 사건에 관한 쟁점을 요약한 서면을 제출하는 등 효율적인 쟁점정리를 미리 준비하는 것이 좋습니다. 또한 이 단계에서 당사자 본인이 사건을 직접 진술할 기회를 부여 받게 되니, 이에 대한 대비를 하는 것이 좋습니다.

12. 집중증거조사기일

증거조사기일에는 사건에 관련된 당사자신문 및 양쪽의 증인 전원을 한꺼번에 집중적으로 신문하는 것이 원칙입니다(민사소송법 제293조).

13. 판결

당사자의 주장과 입증이 끝나면 변론이 종결되고 재판장의 판결이 나게 됩니다(민사소송법 제198조). 판결은 원고 전부승소, 원고 일부승소, 원고 전부패소 세 가지가 있습니다.

소송의 승패에 따라 소송비용을 분담하게 되는데, 원고(환자) 전부승소의 경우 피고(의료인)가 부담하고, 원고(환자) 패소의 경우 원고가 부담합니다(「민사소송법」 제98조). 피고(의료인) 일부패소의 경우에는 판결문에 그 비율대로 소송비용의 분담부분을 명시합니다(민사소송법 제101조).

1심판결이 선고되면 판결문은 양당사자에게 송달되며, 송달된 날로부터 2주일 이내에 항소를 하여야 합니다(민사소송법 제396조).

■ 진료기록감정절차에 관한 질의응답

【질문 1】 진료기록감정절차에서 감정사항(질문사항)은 어떻게 작성해야 하나요?

【답변 1】 진료기록감정절차에 따른 감정의(의사)의 의견은 재판의 결론에 큰 영향을 미치는 매우 중요한 자료입니다. 환자(원고)는 법원에 진료기록감정촉탁신청을 하면서 감정의에게 질문할 사항들을 작성하게 되는데, 이때 감정의에게 서면으로 어떤 질문을 하는지가 굉장히 중요한 부분입니다. 예를 들어 "의료진이 수술 과정에서 어떤 잘못을 하였나요?"라고 감정을 요구하게 되면 "의료진의 명백한 잘못을 확인할 수는 없습니다."라고 회신 오는 경우가 많습니다. 따라서 의료인의 과실 여부가 추정될 수 있는 정도의 질문으로 작성하는 것이 좋습니다. 예를 들자면 "검진 후 작은 물주머니가 발견된 경우에, 기타 검진 없이 바로 개복시술을 하는 것이 의료상의 일반적인 관행인가요?"등을 들 수 있습니다.

【질문 2】 소장이 제출되기 전, 제가 아는 병원에서 진료기록 감정을 받아둔 것이 있어요. 이럴 경우 이 감정서를 법원에 제출해도 되나요?

【답변 2】 법원에서는 법원을 통한 감정결과만을 인정합니다. 따라서 합의가 아닌 소송을 준비 중에 있는 경우에는 법원

을 통해 진료기록 감정을 하도록 하여 이중으로 비용을 지
불하는 것을 방지하는 것이 좋습니다.

【질문 3】 진료기록 감정절차에 소요되는 비용은 얼마인가요?

【답변 3】 법원에서 일반 의료기관으로 진료기록 감정을 보내
는 경우 감정과목당 500,000원 정도가 소요됩니다. 다만 대
한의사협회를 경유하는 경우는 평균 1,000,000원 정도가 소
요되고 있습니다.

제2장 의료사고에 따른 손해배상 소송

1. 개요

의료인의 치료행위 과정에서 환자에게 손해를 발생시킨 경우 환자 측은 의료인의 채무불이행 또는 불법행위로 인한 손해배상을 청구할 수 있습니다(민법 제393조 및 제750조).

① 채무불이행 책임 : 의료인이 환자에게 진료비 등을 받고 의료행위를 하기로 한 계약(의료계약)을 충실히 이행하지 않았음을 이유로 손해배상을 청구하는 것입니다(민법 제393조).

② 불법행위 책임 : 의료행위 중에 의료인이 마땅히 취했어야 할 최선의 주의를 기울이지 않았음을 이유로 손해배상을 청구하는 것입니다(민법 제750조).

민법상 채무불이행 또는 불법행위를 이유로 손해배상을 청구하기 위해서는 의료인의 과실, 위법성, 손해의 발생, 그리고 의료인의 과실로 인해 의료사고가 발생한 사실(인과관계)의 입증이 있어야 합니다.

채무불이행 또는 불법행위를 이유로 소송을 제기하는 경우, 법원에서는 요건에 충족하는지, 그에 대한 입증을 할 수 있는지 등 여러 가지를 판단하게 됩니다.

의료사고를 당해 의료인에게 손해배상 청구를 할 때에는 치료비· 개호비· 장례비 등의 적극적 손해부분과 일실이익· 일실 퇴직금 등 소극적 손해, 위자료 등을 합산하여 손해배상금을 계산하게 됩니다.

환자가 재판에서 승소하더라도 환자가 주장하는 손해배상

금 전부가 인정되는 것은 아닙니다. 재판장은 환자의 과실 비율, 환자의 노동능력 상실률 등을 포함하여 전체 손해배상금을 조정합니다.

2. 의료사고로 인한 전체 손해액의 확정

① 손해액의 산정

의료사고로 인한 손해배상금 또는 합의금을 산출하기 위해서는 먼저 외형상의 총 손해액을 확정해야 합니다.

의료사고로 인해 발생하는 민법상의 손해배상 형태는 적극적 손해, 소극적 손해, 위자료 등으로 나눠집니다.

전체 손해배상액을 계산하는 방식은 다음과 같습니다.

② 전체 손해배상금

{(적극적 손해 + 소극적 손해) X (1 - 환자의 과실비율)} + 위자료 ③ 치료비 개호비 장례비 등(적극적 손해)

3. 치료비, 개호비 장례비 등(적극적 손해)

① 적극적 손해의 의미

적극적 손해라고 하는 것은 의료사고로 인해 존재하던 이익이 없어지거나 감소되는 것으로서, 치료비의 지급을 위하여 재산이 감소되거나 부담하게 된 채무를 말합니다. 그 예로 치료비 개호비 장례비 등을 들 수 있습니다.

적극적 손해를 계산하는 방식은 다음과 같습니다.

적극적 손해 = 치료비 + 개호비 + 장례비

② 치료비

치료비는 해당 의료인의 과실로 인해 발생하게 된 치료행위 범위에서만 배상청구 가능합니다. 예를 들어 의료사고 이전부터 앓고 있던 질병(기왕증)의 치료를 위한 비용이나 과잉치료를 받은 비용은 법원에서 인정되지 않습니다.

입원 당시 일반 병실이 아닌 특실 입원, 특별 진찰료, 특실 식대 등은 치료행위의 특성상 반드시 특실에 입원하여 진료를 받아야 할 필요성(예를 들어 다른 환자들에 비해 감염의 위험성이 '높다'라는 담당의사의 진단 소견에 따른 특실입원 등)이 인정되지 않는다면 청구할 수 없고, 일반 병실에 있었던 정도의 범위 내로 청구할 수 있습니다.

③ 개호비(介護費)

개호비란 피해자가 중상을 입어 그 치료기간 동안 다른 사람의 간호를 받아야 할 경우 또는 치료를 마친 후에도 고칠 수 없는 후유장애로 다른 사람의 도움을 받아야 할 경우 이에 필요한 비용을 말합니다.

개호비를 산정할 때는 개호를 필요로 하는 기간의 전 일수에 해당하는 노임액을 기준으로 합니다. 다만, 직업적인 간병인이 아닌 가족이 환자를 돌보는 개호의 경우 통상 도시일용노임을 기초로 하되 1일 개호에 투입되는 시간이 4시간 정도라고 보아 0.5인의 개호로 인정한 판례가 있습니다.

법원에서 인정하는 개호비를 식으로 정리하면 다음과 같습니다.

개호비 = 1일 개호비용 X 12개월(365일) X 개호인원 X 여명 기간까지 월수에 대한 단리이자(호프만수치)

※ 호프만수치란 이자를 계산함에 있어서 단리로 적용하는

것입니다. 다만, 환자가 과잉배상을 받지 않도록 이자 계산 기간이 414개월을 초과하는 경우(연 단위에 있어서는 36개월을 초과하는 경우) 수치표상의 단리연금현가율이 얼마인지를 불문하고 일정수준(연단위는 단리연금현가율 수치 20으로, 월 단위는 단리연금현가율 수치 240)으로 정하여 적용하도록 하고 있습니다.

④ 장례비

의료사고로 인해 사망이 발생한 경우에 한정하여 장례비의 청구를 인정하고 있습니다. 장례비의 경우 가족의 풍습 등에 따라 지출된 비용이 다를 수 있는데, 법원에서는 통상 2,000,000원~3,000,000원의 범위에서 장례비의 청구를 인정하고 있습니다.

4. 일실이익 일실 퇴직금 등(소극적 손해)

① 소극적 손해의 의미

소극적 손해라고 하는 것은 의료사고가 없었더라면 얻을 수 있었는데, 의료사고가 발생해서 얻을 수 없게 된 이익을 말합니다. 그 예로 직장인이었다면 퇴직까지 받을 수 있었던 월급 등을 들 수 있습니다.

소극적 손해를 계산하는 방식은 다음과 같습니다.

소극적 손해 = [{일실이익 X 노동능력 상실률 X 앞으로 일할 수 있는 월수(가동연령) X 생계비공제(사망의 경우 2/3이고 생존의 경우 1/3)} - 중간이자]

② 일실이익

일실이익이란 환자가 의료사고로 인해 수입을 얻을 수 없는 경우, 의료사고를 당하지 않았으면 얻었을 이익(예를 들어 월급 등)을 말합니다.

일실이익을 산정하기 위해서는 우선 사고당시의 월 소득을 산정하고, 다음으로 노동능력상실률을 밝히고, 앞으로 일할 수 있었던 기간(가동기간)을 정하여야 합니다.

월 소득은 사고당시의 실제 소득 기준으로 산정할 수 있고, 통계상의 소득(예를 들어 임금실태조사보고서)을 기준으로 산정할 수도 있습니다. 만약 직장이 없어 실제 수입이 없는 무직자, 취업전의 학생, 가정주부, 일용노무자 등에 대해서는 보통 인부의 일용 노임을 그 일실이익으로 인정하고 있습니다.

③ 노동능력상실률

노동능력상실률이란 신체기능의 영구적 장해 또는 훼손 상태를 말하는 것으로, 환자가 부상하여 치료를 받은 결과 신체에 정신적 또는 육체적 훼손상태가 영구적으로 남게 되어 생긴 노동능력의 감소를 말하는 것입니다.

㉮ 하나의 장애가 있는 경우

하나의 장애에 따른 노동능력상실의 정도는 「산업재해보상보험법」, 「국가배상법」등의 장해등급표를 사용하고 있습니다. 예를 들어 노동능력을 30퍼센트 상실한 환자의 평균 월 급여가 1,000,000원이라고 한다면 월 손해액은 1,000,000 X 30퍼센트 = 300,000원이 되는 것입니다.

※ 신체장해 등급과 노동능력 상실률

-제1급 (노동능력 상실률 100퍼센트)

　1. 두 눈이 실명된 자

　2. 씹는 것과 언어의 기능이 전폐된 자

　3. 정신에 현저한 장해가 남아 항상 간호를 요하는 자

　4. 흉복부 장기에 현저한 장해가 남아 항상 개호를 요하는 자

　5. 반신불수가 된 자

　6. 두 팔을 주관절이상에서 상실한 자

　7. 두 팔의 기능이 전폐된 자

　8. 두 다리를 슬관절이상에서 상실한 자

　9. 두 다리의 기능이 전폐된 자

-제2급 (노동능력 상실률 100퍼센트)

　1. 한 눈이 실명되고 다른 눈의 시력이 0.02이하로 된 자

　2. 두 눈의 시력이 0.02이하로 된 자

　3. 두 팔을 완관절이상에서 상실한 자

　4. 두 다리를 족관절이상에서 상실한 자

-제3급 (노동능력 상실률 100퍼센트)

　1. 한 눈이 실명되고 다른 눈의 시력이 0.06이하로 된 자

　2. 씹는 것 또는 언어의 기능이 전폐된 자

　3. 정신에 현저한 장해가 남아 종신토록 노무에 종사하지 못하는 자

　4. 흉복부 장기의 기능에 현저한 장해가 남아 종신토록

노무에 종사하지 못하는 자

5. 두 손의 수지를 모두 상실한 자

-제4급 (노동능력 상실률 90퍼센트)

1. 두 눈의 시력이 0.06이하로 된 자
2. 씹는 것과 언어의 기능에 현저한 장해가 남은 자
3. 고막의 전부의 결손이나 그 외의 원인으로 인하여 두 귀의 청력을 아주 상실한 자
4. 한 팔을 주관절이상에서 상실한자
5. 한 다리를 슬관절이상에서 상실한 자
6. 두 손의 수지가 모두 폐용된 자
7. 두 발을 '리스푸랑' 관절이상에서 상실한 자

-제5급 (노동능력 상실률 80퍼센트)

1. 한 눈이 실명되고 다른 눈의 시력이 0.1이하로 된 자
2. 한 팔을 완관절이상에서 상실한 자
3. 한 다리를 족관절이상에서 상실한 자
4. 한 팔의 기능이 전폐된 자
5. 한 다리의 기능이 전폐된 자
6. 두발의 족지를 모두 상실한 자

-제6급 (노동능력 상실률 70퍼센트)

1. 두 눈의 시력이 0.1이하로 된 자
2. 씹는 것 또는 언어의 기능에 현저한 장해가 남은 자
3. 고막의 대부분이 결손이나 그 외의 원인으로 인하여

두 귀의 청력이 이각에 접하지 아니하고서는 큰 말소리를 해득하지 못하는 자

4. 척추에 현저한 기형이나 현저한 운동장해가 남은 자
5. 한 팔의 3대 관절중의 2개 관절이 폐용된 자
6. 한 다리의 3대 관절중의 2개 관절이 폐용된 자
7. 한 손의 5개의 수지 또는 무지와 시지를 포함하여 4개의 수지를 상실한 자

-제7급 (노동능력 상실률 60퍼센트)

1. 한 눈이 실명되고 다른 눈의 시력이 0.6이하로 된 자
2. 고막의 중등도의 결손이나 그 외의 원인으로 두 귀의 청력이 40센티미터 이상의 거리에서는 보통 말소리를 해득하지 못하는 자
3. 정신에 장해가 남아 경이(輕易)한 노무 이외에는 종사하지 못하는 자
4. 신경계통의 기능에 현저한 장해가 남아 경이한 노무 이외에는 종사하지 못하는 자
5. 흉복부 장기의 기능에 장해가 남아 경이한 노무 이외에는 종사하지 못하는 자
6. 한 손의 무지와 시지를 상실한 자 또는 무지나 시지를 포함하여 3개 이상의 수지를 상실한 자
7. 한 손의 5개의 수지 또는 무지와 시지를 포함하여 4개의 수지가 폐용된 자
8. 한 발을 '리스푸랑관절'이상에서 상실한 자
9. 한 팔에 가관절이 남아 현저한 운동장해가 남은 자

10. 한 다리에 가관절이 남아 현저한 운동장해가 남은 자

11. 두 발의 족지가 모두 폐용된 자

12. 외모에 현저한 추상이 남은 자

13. 양쪽의 고환을 상실한 자

-제8급 (노동능력 상실률 50퍼센트)

1. 한 눈이 실명되거나 한 눈의 시력이 0.02이하로 된 자

2. 척추에 운동장해가 남은 자

3. 한 손의 무지를 포함하여 2개의 수지를 상실한 자

4. 한 손의 무지와 시지가 폐용된 자 또는 한 손의 무지
   나 시지를 포함하여 3개 이상의 수지가 폐용된 자

5. 한 다리가 5센티미터 이상 단축된 자

6. 한 팔의 3대 관절중의 1개 관절이 폐용된 자

7. 한 다리의 3대 관절중의 1개 관절이 폐용된 자

8. 한 팔에 가관절이 남은 자

9. 한 다리에 가관절이 남은 자

10. 한 발의 5개의 족지를 모두 상실한 자

11. 비장 또는 한쪽의 신장을 상실한 자

12. 전신의 40퍼센트 이상에 추상이 남은 자

-제9급 (노동능력 상실률 40퍼센트)

1. 두 눈의 시력이 0.6이하로 된 자

2. 한 눈의 시력이 0.06이하로 된 자

3. 두 눈에 반맹증·시야협착 또는 시야변상이 남은 자

4. 두 눈의 안검에 현저한 결손이 남은 자

5. 코가 결손되어 그 기능에 현저한 장해가 남은 자

6. 씹는 것과 언어의 기능에 장해가 남은 자

7. 고막의 전부가 결손이나 그 외의 원인으로 인하여 한 귀의 청력을 아주 상실한 자

8. 한 손의 무지를 상실한 자 또는 시지를 포함하여 2개의 수지를 상실한 자 또는 무지와 시지 외의 3개의 수지를 상실한 자

9. 한 손의 무지를 포함하여 2개의 수지가 폐용된 자

10. 한 발의 제1족지를 포함하여 2개 이상의 족지를 상실한자

11. 한 발의 족지가 모두 폐용된 자

12. 생식기에 현저한 장해가 남은 자

13. 정신에 장해가 남아 종사할 수 있는 노무가 상당한 정도로 제한된 자

14. 신경계통의 기능에 장해가 남아 종사할 수 있는 노무가 상당한 정도로 제한된 자

-제10급 (노동능력 상실률 30퍼센트)

1. 한눈의 시력이 0.1이하로 된 자

2. 씹는 것 또는 언어의 기능에 장해가 남은 자

3. 14개 이상의 치아에 대하여 치과 보철을 가한 자

4. 고막의 대부분의 결손이나 그 외의 원인으로 인하여 한 귀의 청력이 이각에 접하지 아니하고서는 큰 말소리를 해득하지 못하는 자

5. 한 손의 시지를 상실한 자 또는 무지와 시지 이외의 2

개의 수지를 상실한 자

6. 한 손의 무지가 폐용된 자 또는 시지를 포함하여 2개 의 수지가 폐용된 자 또는 무지와 시지 외의 3개의 수 지가 폐용된 자

7. 한 다리가 3센티미터 이상 단축된 자

8. 한 발의 제1족지 또는 그 외의 4개의 족지를 상실한 자

9. 한 팔에 3대 관절중의 1개 관절의 기능에 현저한 장해 가 남은 자

10. 한 다리의 3대 관절중의 1개 관절의 기능에 현저한 장해가 남은 자

-제11급 (노동능력 상실률 20퍼센트)

1. 두 눈의 안구에 현저한 조절 기능장해나 또는 현저한 운동 장해가 남은 자

2. 두 눈의 안검에 현저한 운동장해가 남은 자

3. 한 눈의 안검에 현저한 결손이 남은 자

4. 고막의 중등도의 결손이나 그 외의 원인으로 인하여 한 귀의 청력이 40센티미터 이상의 거리에서는 보통 말소리를 해득하지 못하는 자

5. 척추에 기형이 남은 자

6. 한 손의 중지 또는 약지를 상실한 자

7. 한 손의 시지가 폐용된 자 또는 무지와 시지 이외에 2 개의 수지가 폐용된 자

8. 한 발의 제1족지를 포함하여 2개 이상의 족지가 폐용된자

9. 흉복부 장기에 장해가 남은 자

-제12급 (노동능력 상실률 15퍼센트)

1. 한 눈의 안구에 현저한 조절기능장해 또는 현저한 운동장해가 남은 자
2. 한 눈의 안검에 현저한 운동장해가 남은 자
3. 7개 이상의 차이에 대하여 치과보철을 가한 자
4. 한 귀의 이각의 대부분이 결손된 자
5. 쇄골·흉골·늑골·견갑골이나 또는 골반골에 현저한 기형이 남은 자
6. 한 팔의 3대 관절중의 1개 관절의 기능에 장해가 남은자
7. 한 다리의 3대 관절중의 1개관절의 기능에 장해가 남은자
8. 장관골에 기형이 남은 자
9. 한 손의 중지 또는 약지가 폐용된 자
10. 한 발의 제2족지를 상실한 자 또는 제2족지를 포함하여 2개의 족지를 상실한 자 또는 제3족지 이하의 3개의 족지를 상실한 자
11. 한 발의 제1족지 또는 그 외의 4개의 족지가 폐용된자
12. 국부에 완고한 신경증상이 남은 자
13. 외모에 추상이 남은 자

-제13급 (노동능력 상실률 10퍼센트)

1. 한 눈의 시력이 0.6이하로 된 자
2. 한 눈에 반맹증·시야협착 또는 시야변상이 남은 자
3. 두눈의 안검의 일부에 결손이 남거나 속눈썹에 결손이 남은 자
4. 한 손의 소지를 상실한 자

5. 한 손의 무지의 지골의 일부를 상실한 자

6. 한 손의 시지의 지골의 일부를 상실한 자

7. 한 손의 시지의 말관절을 굴신할 수 없는 자

8. 한 다리가 1센티미터이상 단축된 자

9. 한 발의 제3족지 이하의 1개 또는 2개의 족지를 상실한 자

10. 한 발의 제2족지가 폐용된 자 또는 제2족지를 포함하여 2개의 족지가 폐용된 자 또는 제3족지이하의 3개의 족지가 폐용된 자

-제14급 (노동능력 상실률 5퍼센트)

1. 한 눈의 안검의 일부에 결손이 남거나 또는 속눈썹에 결손이 남은 자

2. 3개 이상의 치아에 대하여 치과보철을 가한 자

3. 팔의 노출면에 수장대의 추흔이 남은 자

4. 다리의 노출면에 수장대의 추흔이 남은 자

5. 한 손의 소지가 폐용된 자

6. 한 손의 무지와 시지 외의 수지의 지골이 일부를 상실한 자

7. 한손의 무지와 시지 외의 수지의 말관절을 굴신할 수 없는 자

8. 한 발의 제3족지이하의 1개 또는 2개의 족지가 폐용된 자

9. 국부에 신경증상이 남은 자

㉯ 장애 부위가 둘 이상 있는 경우
장애 부위가 둘 이상 있는 경우 복합장애로 노동능력 상실

률의 계산이 문제가 됩니다. 보통 상실률이 큰 장애와 작은 장애가 있는데 이 경우 아래와 같이 계산합니다.

* 복합 장애가 있는 경우 총 상실률 = 큰 상실률 + (1 － 큰 상실률) X 작은 상실률

예를 들어 A장애로 60퍼센트 노동능력의 상실과, B장애로 30퍼센트의 노동능력 장애가 있을 때, 총 상실률은 60/100 + (1 － 60/100) X 30/100 = 72/100 으로 72퍼센트가 되는 것입니다.

㉯ 기왕증(환자가 경험했던 질병)이 의료사고에 영향을 끼친 경우

기왕증이 환자가 의료사고 후 겪는 증상의 일부에 기여한 경우에는 기여한 정도(퍼센트) 에 따라 의료인의 손해배상액을 줄여 줍니다.

※ 환자의 기왕증이 의료사고로 인한 손해배상액에 영향을 끼친 사례는 이 사이트 『의료분쟁에 관한 유형별 판례』의 <진료 및 검사 단계에서 환자가 의료사고 원인의 일부를 제공한 경우>, <치료 및 처치 단계에서 환자가 의료사고 원인의 일부를 제공한 경우>, <간호 및 관리단계에서 환자가 의료사고 원인의 일부를 제공한 경우> 부분에서 확인할 수 있습니다.

④ 앞으로 일할 수 있는 기간(가동연한)

㉮ 가동개시연령

가동개시연령은 원칙적으로 성년이 되는 19세부터이고, 남자의 경우 병역복무기간이 제외됩니다.

미성년자의 경우 의료사고 당시 현실로 수입을 얻고 있었고, 그러한 수입을 계속 얻을 수 있으리라는 사정이 인정되는

경우에는 사고 당시부터의 수입 상실을 인정합니다.

　㉯ 가동종료연령

정년제도가 있는 공무원이나 회사의 종사자인 경우 그 기간을 가동연령으로 인정합니다. 이 때 OO세라 함은 OO세에 도달하는 날을 말합니다.

정년에 관한 규정이 없는 회사의 직원의 경우 동일·유사한 직종의 퇴직 연한으로 인정합니다. 판례에서는 일반 도시 일용노동자의 경우 만 60세가 될 때까지 일할 수 있는 것으로 보고 있습니다.

⑤ 중간이자공제방식

　㉮ 중간이자의 의미

장래에 주어야 할 돈을 현시점으로 앞당겨서 준다면 당겨진 기간만큼의 이자를 감안해야 합니다. 즉 10년 후에 750만원을 받아야 할 것을 현재 받게 된다면 얼마를 받아야 할 것인가의 문제입니다. 이와 같이 돈이 사용되는 시기와 돈을 받는 시기 사이의 기간을 중간기간이라고 하고, 그 기간에 해당하는 이자를 중간이자라고 합니다.

　㉯ 호프만식과 라이프니치식

호프만식 : 중간이자를 단리로 적용하여 계산하는 방식으로 현재 민사소송에서는 호프만식을 따르고 있습니다.

라이프니치식 : 중간이자를 복리로 적용하여 계산하는 방식입니다. 복리계산으로 인해 이자에 이자까지 합쳐서 공제하는 것으로 손해배상금을 갚는 사람이 유리한 방식입니다. 그러나 현재 민사소송에서는 라이프니치식을 따르고 있지 않습니다.

5. 위자료

① 위자료의 의미

위자료는 정신상의 고통을 금전으로 보상하기 위하여 지급되는 비용입니다. 이 때 정신상의 고통은 과거와 현재의 것뿐만 아니라 장래의 고통도 포함시키고 있습니다.

② 위자료 청구권자

위자료의 청구는 일반적으로 환자의 배우자, 직계존속, 직계비속이 청구할 수 있고, 이때는 정신적 고통에 대한 특별한 입증을 요하지 않습니다. 다만, 환자의 형제, 자매, 며느리나 사위 등 친족들이 청구하는 경우에는 그 정신적 고통에 대한 입증을 하여야 합니다.

③ 위자료의 산정

법원의 위자료 산정 기준을 보면 환자가 사망한 경우에 피해자 전체에 대해 50,000,000원을 인정하되, 이에 환자의 노동능력상실율을 곱하고 환자의 과실비율 중 10분의 6을 곱하여 최종 위자료를 산정하고 있습니다. 이렇게 나온 금액에서 신분 관계에 따라 배분하게 됩니다.

위자료 산정기준을 식으로 정리하면 다음과 같습니다.

*위자료=법원의 위자료기준금액 X 노동능력상실율 X {1 － (환자의 과실비율 X 6/10)}

6. 의료사고로 인한 민사(손해배상청구)소송 비용

소송비용은 소송에서 패소한 당사자가 부담하게 됩니다. 의료소송에 드는 비용은 변호사 선임료 이외에 소장 접수시 납부해야 하는 인지대, 송달료, 신체감정비, 기록감정비 및 사실조회비 등이 있습니다.

6-1. 변호사 선임료

① 변호사의 선임과 변호사 보수(선임료)

민사소송 혹은 형사소송에서는 변호사를 대리인으로 하여 소송을 진행할 수 있습니다. 법률전문가인 변호사를 통해 소송하는 경우 변호사 보수를 지급하게 됩니다.

변호사 보수(선임료)는 정해진 액수가 있는 것이 아닙니다. 다만 변호사는 공공성을 지닌 전문직이므로 그 보수는 과다하여서는 아니된다(변호사윤리장전 제31조제1항)는 규정에 따라 너무 과다한 경우 법원에 소송으로 보수(선임료)를 감해줄 것을 요구할 수 있습니다(대법원 2002.4.12. 선고 2000다50190 판결).

② 변호사 보수(선임료)에 관한 질의응답

【질문 1】 가족이 의료사고로 사망하여 수술한 의사에게 손해배상 청구를 하였어요. 소송을 맡은 변호사가 성공할 수 있다고 장담하여 시작한 소송인데, 결국 의료사고와 환자의 사망 간에 인과관계가 인정되지 않아 패소하였습니다. 이렇게 패소한 경우에도 변호사 선임료를 주어야 하는 것인가요?

【답변 1】 변호사 보수는 위임 받은 법률사건을 처리하는 대가로 주는 것입니다. 따라서 소송의 성공여부에 상관없이 위임된 사무 즉, 소송이 끝나면 변호사의 보수를 지급해야 합니다.

【질문 2】 의료사고를 맡은 변호사가 승소하여 성공보수를 요구하고 있어요. 성공보수 자체가 불법인 것은 아닌가요?

【답변 2】 변호사와 의뢰인 사이의 성공보수에 관한 약정은 사적자치의 원칙에 따라 자유롭게 할 수 있습니다. 다만, 성공보수가 선량한 풍속 또는 사회질서에 위반하거나(「민법」 제103조) 의뢰인의 궁박, 경솔함으로 인해 현저하게 공정을 잃은 상태에서 계약된 경우(「민법」 제104조)에는 인정되지 않습니다. 다만, 승소하면 성공보수를 지급하겠다는 약속에 따른 범위에서 요구할 수 있는 것이지 약속하지 않은 상태에서 소송이 끝난 뒤 추가보수를 요구하는 것은 허용되지 않습니다(「변호사윤리규칙」 제33조).

【질문 3】 변호사 보수는 선불인가요? 후불인가요?

【답변 3】 변호사의 보수는 착수금과 성공보수로 이루어져 있습니다. 착수금을 비롯한 보수의 지급은 당사자가 특약으로 자유롭게 정할 수 있습니다. 다만, 변호사 보수를 언제 지급할지에 대한 특별한 약속을 정하지 않았다면 후급입니다. 이런 경우, 변호사는 위임사무를 완료한 후(즉, 소송이 끝난 뒤) 보수를 청구할 수 있습니다(민법 제686조제2항).

6-2. 인지대

인지대는 소송목적의 값에 비례하여 납부하게 됩니다. 소송목적의 값이란 의료사고로 인한 손해배상금으로 청구한 금액을 말합니다.

소장(반소장 및 대법원 제출 소장 제외)에는 소가에 따라 다음 금액의 인지를 붙여야 합니다[민사소송 등 인지법 제2조 제1항].

① 1심 소가에 따른 인지액

소가 1천만원 미만 = 소가 × 50/10,000

소가 1천만원 이상 1억원 미만 = 소가×45/10,000 + 5,000

소가 1억원 이상 10억원 미만 = 소가×40/10,000 + 55,000

소가 10억원 이상 = 소가× 35/10,000 + 555,000

※ 인지액이 1천원 미만이면 그 인지액은 1천원으로 하고, 1천원 이상이면 100원 미만은 계산하지 않습니다(민사소송 등 인지법 제2조제2항).

※ 소송의 진행 과정에서 환자의 신체감정 후 청구 취지변경에서 소가가 증가될 경우에는 증가된 만큼을 기준으로 인지대를 추가 납부하여야 합니다.

② 1심의 소송 결과에 만족하지 않아 2심(항소)을 신청하는 경우에는 위 규정액의 1.5배, 3심(상고)를 신청하는 경우의 인지액은 위 규정액의 2배입니다.

6-3. 송달료

송달료는 법원에서 각 당사자에게 서류를 보내는 우편요금입니다.

의료소송은 민사 합의사건으로 당사자수, 우편 발송 회수 15회, 우편료 3,700원을 곱한 값으로 책정됩니다. 예를 들면 환자 1인(원고)이 의료인 2인(피고)에 대해 소송을 제기한 경우 166,500원(3,700 X 15 X 3)을 납부하게 되는 것입니다.

∞ **송달료 계산방식**[「송달료규칙의 시행에 따른 업무처리요령」(대법원 재판예규 제1555호, 2015. 12. 8. 발령, 2016. 3. 1. 시행 시행) 별표 1]

민사 제1심 소액사건 = 당사자수 × 3,700원 × 10회분

민사 제1심 단독사건 = 당사자수 × 3,700원 × 15회분

민사 제1심 합의사건 = 당사자수 × 3,700원 × 15회분

민사 항소사건 = 당사자수 × 3,700원 × 12회분

민사 상고사건 = 당사자수 × 3,700원 × 8회분

민사 (재)항고사건 = 당사자수 × 3,700원 × 5회분

민사 조정사건 = 당사자수 × 3,700원 × 5회분

부동산 등 경매사건=(신청서상의 이해관계인 수+3) ×10회분

6-4. 증인여비

증인여비는 소송 중 증언을 위해 출석하는 증인의 교통비 등을 위해 지급하는 비용으로 신청하는 증인 1인당 37,000원을 납부해야 합니다.

6-5. 신체감정비

신체감정은 상해로 후유장애를 입은 경우 손해액을 입증하기 위하여 필요한 절차입니다. 법원에서는 감정할 병원을 지정하여 의료사고를 입은 환자가 방문 및 감정을 받도록 조치하고 있습니다.

신체감정비용은 과목당 200,000원이고 미리 법원에 납부해야 합니다. 예를 들어 내과 및 재활의학과 감정을 받는 경우,

두 과목에 해당하는 비용인 400,000원을 법원에 미리 납부하게 됩니다.

신체감정 이후 좀 더 면밀한 검사를 위해 해당 병원의 감정의가 추가 검사를 요구할 수 있습니다. 이 경우 추가검사에 따른 검사비용이 청구됩니다.

6-6. 기록감정비 및 사실조회비

의료소송에서 의료인의 과실을 입증하기 위하여 가장 중요한 것이 기록감정 및 사실조회로 이는 의료소송에서 필수적인 절차입니다. 기록감정은 법원에서 감정처를 지정하여 서류를 발송하여 이루어지게 됩니다. 2010년 평균적인 기록 감정 비용은 과목당 500,000원 정도(대한의사협회를 경유하는 경우 1,000,000원 정도), 사실조회 비용은 300,000원 정도로 이 비용은 감정기관에 따라 다를 수 있습니다.

7. 승소 또는 패소에 따른 소송비용 부담

① 승소 시 소송비용

승소 시 소송비용은 패소한 당사자가 부담하게 됩니다.

'원고승소'가 아닌'원고일부승소'일 경우, 원고(환자) 및 피고(의료인)가 부담해야 할 소송비용은 승소 비율에 따라 판결문에서 결정해줍니다.

② 패소 시 소송비용

소송비용은 패소한 당사자가 부담하도록 하는 원칙에 따라 소송 일체의 비용을 부담하게 됩니다.

8. 형사 고소 및 고발을 통한 처벌요구

8-1. 의료사고로 인한 형사 고소 및 고발

의료인의 위법행위로 환자가 상해 또는 사망에 이른 경우 의료인을 수사기관에 신고함으로써 국가의 처벌을 요구할 수 있습니다. 환자가 의료인의 과실로 상해나 사망에 이른 경우 업무상과실치사상죄로 고소(또는 고발)할 수 있고, 의료인의 허위진단서 작성, 위조사문서등의 행사, 낙태, 업무상비밀누설, 사기 등의 위법행위가 있을 경우 해당 죄목으로 고소(또는 고발)할 수 있습니다.

8-2. 고소 및 고발의 원인이 되는 의료행위

① 환자가 사망하거나 상해를 입은 경우

의료인이 잘못하여 발생한 의료사고로 환자가 사망하거나 상해를 입은 경우 고소 또는 고발을 통해 업무상과실치사상죄(형법 제268조)에 해당 여부를 따지게 됩니다.

업무상과실치사상죄가 인정되기 위해서는 국가가 의료인을 처벌할 만큼 의료인의 잘못이 명백해야만 유죄로 인정하고 있습니다.

② 기타 의료인의 위법행위가 있는 경우

환자의 사망 또는 상해가 아닌 의료인의 위법행위가 있는 경우로는 허위진단서등의 작성(형법 제233조), 위조사문서등의 행사(형법 제234조), 낙태(형법 제270조), 업무상비밀누설(형법 제317조제1항), 사기(형법 제347조) 등이 문제가 될 수 있습니다.

㉮ 허위진단서등의 작성

의사·한의사·치과의사·조산사가 진단서, 검안서, 생사에 관한 증명서를 허위로 작성한 경우

㉯ 위조사문서등의 행사

허위로 만들어진 문서, 도화, 전자기록 등 특수매체 기록 등을 행사한 경우

㉰ 의사 등의 낙태·부동의 낙태

의사·한의사·조산사가 부녀의 부탁이나 승낙을 받아 낙태하게 한 경우 및 부녀의 부탁이나 승낙 없이 낙태한 경우(형법 제270조)

㉱ 업무상비밀누설

의사·한의사·치과의사·약제사·조산사 또는 그 보조자가 의료행위 중 알게 된 환자의 비밀을 누설한 경우

㉲ 사기

허위로 진료비를 청구하여 환자나 진료비를 지급하는 기관이나 단체를 속인 경우

※ 의료법 제8조제4호에서는 의료인을 고소·고발할 수 있는 죄명을 위의 몇 가지로 한정하고 있습니다. 그 이유는 의료행위가 기본적으로 사람의 신체를 다루는 것으로 어느 정도의 침해를 가져오는 특성이 있기 때문입니다. 따라서 고소·고발당할 수 있는 죄명을 한정하여 의료인이 재량의 범위에서 적극적인 치료행위를 할 수 있도록 배려하고 있습니다.

9. 의료소송(형사) 절차 및 준비사항

　피해를 당한 당사자(환자)나 고소권이 있는 피해자 가족들이 직접 처벌을 요구(고소)하거나, 고소권이 없는 제3자가 의료인의 처벌을 요구(고발)하는 경우에 수사기관의 수사가 이루어집니다. 수사 결과에 따라 검사의 기소여부가 결정되고, 기소하는 경우 형사재판 절차가 진행됩니다.

　고소 및 고발을 하는 방식은 제한이 없고, 직접 수사기관에 출석하여 구두로 고소하거나 고소장을 작성하여 제출할 수 있습니다(형사소송법 제237조).

① 고소

　고소는 의료사고로 피해를 입은 환자나 그 보호자 등 고소권을 가진 사람이 수사기관에 의료인을 처벌해 달라고 요구하는 것입니다(형사소송법 제223조).

② 고발

　고발이란 의료사고 피해자나 그 가족이 아닌 제3자가 수사기관에 의료인을 처벌해 달라고 요구하는 것입니다(형사소송법제234조).

③ 고소장 기재사항

　고소장에는 고소인과 피고소인의 이름, 주소, 연락처 등의 인적사항과 피해를 입은 내용, 처벌을 원한다는 뜻만 들어 있으면 반드시 무슨 죄에 해당하는지 밝힐 필요는 없습니다. 다만, 피해사실 등의 내용이 무엇인지 알 수 있을 정도로 가능한 명확하고 특정되어야 합니다.

고 소 장

고 소 인   ㊞
      주 소   전화
      주민등록번호

피고소인   ㊞
      주 소   전화
      주민등록번호

고 소 취 지

피고소인은 고소인을 기망하여 금   원을 편취한 사실이 있습니다.

고 소 사 실

피고소인은   동   번지 소재   의 대표이사로서
    년   월   일 위회사 소유인   동 소재의 공장건물
   평을 소외   에게 임대하는 임대차계약을 체결하고, 동 건물을
소외   에게 또 임대차계약을 체결, 동 공장건물은 타인에게 다
시 임대할 수 없음을 잘 알면서 위와 같은 사정을 잘 모르는 고소인을
기망하여 재물을 편취할 것을 마음먹고, 고소인과 귀 공장건물에 대한
임대차계약을 체결하고 같은 날 계약금으로 금   만원을 교부
받아 이를 편취한 사실이 있습니다.
   이와 같은 사실을 들어 고소하오니 조사하여 엄별하여 주시기 바랍
니다.
소 명 방 법
1. 계약서

1. 영수증

년   월   일
위 고소인   ㊞
경찰서장   귀하

■ 고소·고발에 관한 질의응답

【질문 1】 의료사고로 우리 아들이 죽었어요. 민사소송으로 손
해배상을 받을 수도 있지만, 저는 의료인이 처벌받았으면
좋겠어요. 어디에 위치한 경찰서에 고소해야 하나요?

【답변 1】 고소장은 고소를 당하는 피고소인(의료인 또는 병원)의
주소지를 관할하는 수사기관에 제출하는 것이 원칙입니다.

【질문 2】 의료사고를 일으킨 의료인을 고소하였어요. 이제 제
가 준비할 것은 무엇이죠?

【답변 2】 수사는 고소 혹은 고발을 받은 경찰서에서 담당합니
다. 의료인에 대한 수사를 한 뒤 공소제기 여부를 결정하게
되는데, 의료인의 범죄 혐의가 인정되어야만 형사소송이 제
기되기 때문에 환자 또는 그 보호자는 가지고 있는 증거(예
를 들어, 진료기록부 사본 등)를 수사기관에 충분히 제공해
야 합니다.

10. 수사단계 및 공소제기 단계

10-1. 경찰의 수사단계

경찰관은 고소 및 고발 받은 사건에 대하여 여러 정황 및 증
거자료 등을 수사합니다(형사소송법 제196조 및 제199조) 그리

고 수사한 모든 형사사건에 대하여 그 기록과 증거물을 검찰청에 보냅니다(형사소송법 제238조). 이를 '송치'라고 합니다.

10-2. 검사의 기소(공소제기) 단계

검사는 경찰로부터 송치 받은 사건에 대하여 피의자(피고소인, 의료인)가 재판을 받아야 하는지를 판단합니다. 재판을 받음이 마땅하다고 판단되는 경우에만 이를 법원에 회부하게 됩니다(형사소송법 제246조). 이를 '기소한다' 또는 '공소제기'라고 합니다.

검사는 사건을 검토하면서 피의자(피고소인, 의료인)의 범죄가 무겁고, 도망 또는 증거인멸의 염려가 있는 경우에 피의자를 구속하게 됩니다(형사소송법 제201조).

※ 만약 피의자가 체포 또는 구속되었더라도 적부심사절차에 따라 다시 법원으로부터 그 적법여부를 심사받을 수 있습니다(형사소송법 제214조의2조). 이 절차에서 피의자의 체포 또는 구속이 부당하다고 하여 법원이 석방을 명하면 피의자는 즉시 석방됩니다. 다만 석방되었다고 해서 검사의 공소제기가 취소되는 것은 아닙니다.

10-3. 기소(공소제기) 이후의 재판 단계

검사가 기소한 사건에 대하여 법원은 공판을 열어 재판을 하게 됩니다. 이 재판과정에서 피고인은 자기의 억울함이나 정당함을 주장할 수 있고, 변호인의 도움을 받을 수 있습니다.

재판장은 사건에 대하여 유죄로 인정할 증거가 없으면 피고인에게 무죄 판결을 내리고, 인정할 근거가 있으면 유죄 판결을 내립니다(형사소송법 제325조).

재판장이 유죄 판결을 내렸더라도 피고인에게 형의 집행을 받지 않으면서 스스로 사회에 복귀할 필요성이 인정될 경우 집행유예 선고를 할 수 있습니다(형사소송법 제321조). 이는 피고인이 3년 이하의 징역 또는 금고의 형을 선고 받았으나 그 정상에 참작할 사유가 있는 경우에 한정됩니다.

우리나라에서는 공정한 재판을 위해 3심 제도를 운영하고 있습니다. 따라서 재판결과에 불만이 있는 피고인은 상급법원에 상소할 수 있습니다(형사소송법 제338조). 1심 법원의 재판결과에 불복하여 다시 소를 재기하는 것을 항소, 2심법원의 재판결과에 불복하는 것을 상고라고 합니다.

제2편

의료소송 서류 작성례

소   장

원 고   ○   ○   ○

피 고   ○   ○   ○

손해배상청구의 소(의료)

소 가 :

인지대 :

송달료 :

○○지방법원 귀중

소　장

원　고　1. ○　○　○(주민등록번호 -　　　)

　　　2. ○　○　○(주민등록번호 -　　　)

　　　3. ○　○　○(주민등록번호 -　　　)

　　　4. ○　○　○(주민등록번호 -　　　)

　　　　　위 원고들의 주소　서울 ○○구 ○○동 12-3

　　　소송대리인 변호사　○　○　○

　　　(전화　　　, 팩스　　　)

　　　서울 ○○구 ○○동 12-4 ○○○빌딩 401호

피　고　1. ○　○　○(주민등록번호 -　　　)

　　　(전화　　, 팩스　　, 휴대폰　　)

　　　서울 ○○구 ○○동 23

　　　2.　의료법인 ○○○병원(전화　　　, 팩스　　　)

　　　서울 ○○구 ○○동 12-50

　　　대표자 원장　○　○　○

손해배상청구의 소(의)

청　구　취　지

1. 피고들은 각자 원고 ○○○에게 금60,000,000원, 원고 ○○○에게 금
11,000,000원, 원고 ○○○, 원고 ○○○에게 각 금4,000,000원 및 이에
대하여 2006. 4. 20부터 이 사건 소장이 송달된 날까지는 연 5푼, 그 다음
날부터 다 갚는 날까지는 연 2할의 각 비율에 의한 금원을 지급하라.

2. 소송비용은 피고의 부담으로 한다.

3. 위 제1항은 가집행할 수 있다.

라는 판결을 구합니다.

청 구 원 인

1. 당사자의 관계

피고 ○○○은 피고 의료법인 ○○○병원(이하, '피고법인'이라 함)의 정형외과 전문의로 근무하는 자이고, 원고는 어깨부상으로 피고 ○○○으로부터 2006. 3. 25경 어깨관절수술과 2006. 4. 20경 인공관절교환수술 등 2차례의 수술을 받은 자입니다. 그리고, 원고 ○○○은 원고 ○○○의 남편이고, 나머지 원고들은 그 자녀들입니다.

2. 사건개요

가. 원고 ○○○의 어깨골절

원고 ○○○는 2006. 3. 16. 12:00경 집 앞에서 넘어져 오른쪽 어깨에 통증을 느끼고 서울 ○○○구 ○○○동 소재 ○○○병원에 입원하여 치료를 받고 있던 중 같은 달 3. 20경 이웃에 살고 있는 소외 ○○○이 병문안 차 찾아와서 자신이 잘 아는 피고법인의 ○○○병원에 유명한 전문의가 있다고 하여 같은 달 21일경 피고법인의 ○○○병원에 입원하였습니다.

나. 1차 수술

2006. 3. 25경 피고 ○○○이 집도하여 다리뼈를 깎아내어 이식하는 1차 수술을 하였던 바, 수술 후 원고 ○○○는 팔이 아프지 않고 수술한 오른쪽 팔을 상하좌우로 마음대로 움직일 수 있었습니다. 또

한 원고 ○○○의 남편인 원고 ○○○은 당시 고혈압으로 쓰러져 거동이 불편하여 옆에서 식사 및 외출을 도와 주어야 하고, 원고 ○○○의 딸인 원고 ○○○가 대학입시준비 중에 있어 소홀히 할 수 없어서 원고 ○○○는 피고 ○○○에게 하루라도 빨리 퇴원시켜 달라고 부탁하였습니다.

다. 피고 ○○○의 인공관절수술

그러나, 피고 ○○○은 2006. 4. 4 "X-ray 판독결과 근육이 약해져서 뼈를 받혀주지 못하기 때문에 어깨뼈가 내려오므로 재수술을 하여야 한다. 그냥 두면 팔이 빠져 움직일 수 없다. 수술도 지금 급히 해야 한다. 그렇지 않으면 1차 수술한 뼈가 굳어 버리면 수술이 어렵게 된다. 지금은 어깨 쪽 뼈만 살짝 들어내서 그 자리에 인공뼈를 집어넣으면 되므로 이 수술은 간단하고 후유증은 만 명에 한 명 생길까 말까하니 걱정하지 말라. 내가 대한민국에서 인공관절수술은 제 1인자다. 인공관절은 평생 보장한다.

수술 후 빠르면 7일만에 퇴원시켜 주겠다" 등등의 말로 약 20일간에 걸쳐서 원고 ○○○의 퇴원요구를 묵살한 체 인공관절수술을 강요했던 것입니다.

라. 원고의 퇴원요구

당시 원고는 퇴원하고자 동 병원 정형외과 수련의들인 소외 ○○○에게 말해 보았으나 헛일이었고 동 병원의 간호사 소외 ○○○에게도 퇴원을 요청하였으나 퇴원할 길이 없었습니다. 당시 원고의 가족들도 피고 ○○○에게 퇴원을 요청하였으나 위와 같이 집요하게 인공관절수술을 강요하였습니다. 이에 원고 ○○○는 어쩔 수 없이 백지로 된 수술동의서에 지장을 찍어 주었습니다. 그러나, 원고는

2005. 4. 20. 수술직전까지도 수술을 하지 않겠다. 오직 한 가지 퇴원시켜 달라고 피고 ○○○에게 애원하였으나, 아무런 소용없이 인공관절수술을 받게 되었습니다.

마. 인공관절수술 결과

그러나, 간단한 수술이라던 인공관절수술 후 통증이 심함은 물론 진통제를 먹어도 잠들 수 없었고, 7일만에 퇴원시켜 주겠다던 말은 거짓이었고 약 한달 간을 더 입원해야 했습니다. 원고 ○○○는 퇴원한 지금도 통증을 견디지 못해 이 병원 저 병원을 찾아가서 인공관절 수술직전 X-ray 사진을 보여주며 진찰을 받아본 결과 칼슘 부족현상으로 어깨에서 팔굽까지 뼈가 삭아서 엄청난 대수술은 물론 수술 후에도 완치된다는 보장이 없다는 말이었습니다. 또한 평생 보장한다던 인공관절도 수년을 넘기기가 어렵다는 것이었으며, 인공관절수술은 엄청난 후유증에 시달릴 수 밖에 없다는 것이었습니다. 그동안의 치료도 보람도 없이 원고 ○○○는 지금도 수술에 따른 통증과 정신적 고통에 시달리고 있습니다.

3. 손해배상책임

위에서 본 바와 같이 2006. 4. 20경 위 ○○○병원에서의 인공관절수술은 다음과 같은 위법사유가 있습니다.

가. 인공관절수술의 불필요성

당시 1차 수술은 성공적이었고, 수술경과도 매우 좋았으므로, 또 다시 인공관절수술을 할 필요가 없었다고 하는 점입니다.

나. 기망에 의한 수술동의

피고 ○○○은 인공관절수술에 대한 설명의무를 다하지 않은 것은 물론이고 온갖 감언이설로 원고의 퇴원요청도 묵살하고 기망에 빠진 원고로부터 수술동의서를 받아내어, 원고가 수술을 바라지도 않았음에도 불구하고 인공관절수술을 강행하였다는 점입니다.

다. 수술상의 과실

위에서 본 바와 같이 인공관절수술이 잘못되어 원고는 수술 후부터 지금까지 극심한 고통에 시달려 왔고, 또한 새로이 인공관절을 제거해야 하는 처지에 있다는 점입니다.

이 사건은 단순히 수술상의 과실만이 문제가 아니고 온갖 감언이설로 원고의 퇴원요청을 묵살해가며 원고로부터 강요된 수술동의서를 받아내어 인공관절수술을 강행하였던 사건입니다. 이는 단순한 업무상 과실만이 아니라 사기 및 고의적인 상해도 인정되는 사안이 아닐 수 없습니다.

따라서, 피고 ○○○은 행위자로서, 피고 의료법인 ○○○병원은 그 사용자로서 이러한 위법행위로 인한 원고들의 고통과 그에 따른 손해에 대하여 배상할 책임이 있다할 것입니다.

4. 손해배상의 범위

가. 지출한 치료비

필요하지도 않은 인공관절수술을 행함으로써 원고는 수술비용을 지출하였고, 퇴원 후에도 계속되는 통증을 견딜 수 없어서 여러 병원을 찾아 다니며 진료를 받게 되어 추가비용을 지출하였던 바, 이는 피고들의 위법행위에 따른 것으로 배상되어야 마땅할 것이므로 그 구체적 금액은 추후 제출하겠습니다.

나. 향후치료비

피고 ○○○이 규격이 맞지 않은 인공관절을 삽입하는 바람에 원고 ○○○는 극심한 고통에 시달려 왔고, 어쩔 수 없이 다시 인공관절을 제거해야 하는 등의 치료를 계속 받아야 할 것입니다. 이에 소요되는 치료비 역시 배상되어야 할 것입니다. 그 구체적 비용 역시 귀원의 신체감정결과에 따라 추후 제출하고자 합니다.

다. 위 자 료

인공관절수술을 할 필요가 없었음에도 불구하고 피고 ○○○의 감언이설과 강요에 못이겨 수술을 받았다는 것에 대하여 원고들은 분노와 극심한 정신적 충격을 받았고, 또 수술 후에도 심한 통증에 시달리면서 여러 병원을 옮겨 다니면서 치료를 받았으나 아무런 효과도 보지 못하고 '다시 인공관절을 빼어내어야 하며 더구나 완치는 불가능하다는 말만을 들었을 뿐입니다. 따라서 원고 ○○○는 물론 원고 ○○○와 가족관계에 있는 나머지 원고들 또한 상당한 정신적 고통을 받았을 것임은 경험칙상 명백하다 할 것이므로 피고들은 이를 금전적으로나마 위자하여야 할 것인 바, 그 금액은 이 사건 인공관절수술결과, 상해부위, 불구의 정도, 그동안의 치료노력과 기간, 계속되는 통증, 재수술의 문제 등 모든 사정을 종합하여 볼 때 피고들은 원고 ○○○에게 금60,000,000원, 원고 ○○○에게 금11,000,000원, 원고 ○○○, 원고 ○○○에게 각 금4,000,000원을 지급함이 상당하다 할 것입니다.

5. 결 론

그렇다면, 피고들은 원고 ○○○에게 금60,000,000원, 원고 ○○○

금11,000,000원, 원고 ○○○, 원고 ○○○에게 각 금4, 000,000원 및 이에 대하여 2006. 4. 20부터 이 사건 소장부본이 송달된 날까지는 민법 소정의 연 5푼, 그 다음 날부터 다 갚는 날까지는 소송촉진 등에 관한 특례법 소정 연 2할의 각 비율에 의한 지연손해금을 지급할 의무가 있다 할 것이므로, 이를 구하고자 이 사건 청구에 이른 것입니다.

입 증 방 법

1. 갑제1호증   가족관계증명서
1. 갑제2호증의 1, 2   퇴원 및 진료계산서
1. 갑제3호증의 1   진단서
              2   진료의뢰서
              3   소견서
              4   진단서
1. 갑제4호증의 1 내지 5   각 대한정형외과 회보
1. 갑제4호증의 6   대한골절 협회보
1. 갑제5호증   녹취서
1. 기타 입증방법은 추후 소송의 진행에 따라 수시로 제출하고자 합니다.

첨 부 서 류

1. 위 입증방법   각1통
1. 법인등기부등본   1통
1. 소장부본   2부
1. 위임장   1부

2006. 9.   .

위 원고들 소송대리인

변호사   ○○○   (인)

서울○○지방법원   귀중

[서식] 소 장(표지)

소 장

원 고. 김 의 사
피 고 이 환 자

손해배상(의) 청구의 소

소 가 금   원
인 지 금   원
송달료 금   원

○○지방법원 ○○지원 귀중

[서식] 소 장(표지)

소 장

원 고   김 의 사
    주소 :
피 고   이 환 자
    주소 :

손해배상(의) 청구의 소

청 구 취 지

1. 피고는 원고 김환자에게 금 30,000,000원 및 이에 대하여 2005. 5.20부
   터(이 사건 사고일) 이 사건 소장부본 송달일까지는 연 5%의, 그 다음날부
   터 다 갚는 날까지는 연 25%의 각 비율에 의한 금원을 지급하라.
2. 소송비용은 피고의 부담으로한다.
3. 위 제1항은 가집행할 수 있다.
   라는 판결을 구합니다.

청 구 원 인

1. 당사자 관계
원고 김환자는 이건 의료과실로 인하여 장애를 입은 피해자이고, 피고 이의
사는 이건 의료과실을 일으킨 의사입니다.
2. 손해배상 책임의 발생

가. 사고의 개요

나. 피고들의 과실

3. 손해배상의 범위
가. 원고 김환자의 일실수익

(1) 기초사실과 평가내용

(가) 성   별 :
생년월일 :
사고발생일 :
연   령 :
기대여명 :

(나) 직   업 :

(다) 가동연한 :

(라) 장해비율 및 일실수입 : 원고 김환자는 이 건 사고로 상당부분의 노
동능력을 상실하여 그에 상응하는 일실 손해를 입었는바, 그 손해액
은 추후 신체감정 결과에 따라 확장 청구키로 하고 우선 금
10,000,000원을 청구합니다.

나. 기치료비, 향후치료비, 보조구 구입비 등
신체감정을 통해 추후 청구합니다.

다. 위자료
원고들은 이건 의료사고로 이미 정신적 고통을 받았고 또한 앞으로도
정신적 고통을 받아야 할 것임은 경험칙상 명백하므로 피고는 이러한
원고들의 정신적 고통에 대하여 금전적으로나마 이를 위자해 주어야 할
의무가 있다 할 것인바, 원고 김갑동에게 금 20,000,000원을 지급 하여
야 할 것입니다.

4. 결론
그렇다면 피고는 원고 김환자에게 금 30,000,000원(일실수익 10,000,000
원+위자료 20,000,000원) 및 이에 대하여 이 사건 사고일인 2002. 5.20부

터 이 사건 소장부본 송달일까지는 민법소정의 연 5%의, 그 다음날부터 다 갚는 날까지는 소송촉진등에 관한특례법 소정의 연25%의 각 비율에 의한 지연손해금을 지급할 의무가 있다고 할 것입니다.

입 증 방 법

1. 잡게 1호중의 호적등본
2. 갑제2호중 각 주민등록등본
3. 갑제 3호중 진단서
4. 갑제 4호중의 1,2 생명표 표지 및 내용
5. 갑제 5호중의 1, 2 거래가격 표지 및 내용

첨 부 서 류

1. 위 입증방법   각 1통
1. 납부서   1통
1. 소장부본   2통

2005. 5. 30.

원 고   김 환 자

○○지방법원 ○○지원 귀중

호 손해배상(의)

신체감정촉탁신청

원 고 김 환 자
피 고 이 의 사

위 당사자간 귀원 위 사건에 관하여 원고들은 주장사실을 입증하기 위하여 아래와 같이 신체감정을 촉탁합니다.

아 래

1. 피감정인의 인적사항
   성명 : 김환자
   생년월일 : 1980. 1. 1
   주소 : 서울시 서초구 서초동 123번지
2. 신체감정의 촉탁희망병원 : 잘고쳐 병원
3. 피감정인의 병력 :
4. 감정할 사항
   (1) 부상의 부위 및 정도
   (2) 치료가 종결된 여부
   (3) 현재의 자각적 증상의 유무 및 있다면 그 내용과 정도
   (4) 현재의 타각적 증상의 유무 및 있다면 그 내용과 정도
   (5) 현재의 병적증상이 위 2005.5.20 사고로 인한 것인지 여부
   (6) 위 병적증상의 원인이 되는 기왕증이 있었는지 여부 및 있다면 그 내용 및 정도(기여비율을 %로 표시해 주십시오.)
   (7) 향후치료가 필요하다면 그 치료의 내용과 치료시기 및 기간, 그리고 치료비 예상액
   (8) 피감정인에게 보조장구가 필요하다면 그 보조구의 종류, 필요기간,

소요개수, 수명 및 단가와 그 보조구의 사용으로 개선될 수 있는 거동의

정도 및 착용훈련기간이 필요한 경우에는 그 훈련기간

(9) 개호인의 필요한지 여부, 필요하다면

1 개호내용(음식물섭취, 착탈의, 대소변, 체위변경 등)

2 개호내용에 비추어 의료전문가의 개호가 필요한지, 또는 보통 성인남녀의

개호로 족한지의 여부 및 개호인은 몇명이 필요한지(의료전문가가 필요하다

면 그 비용을 표시해 주십시오)

(10) 치료종결후(향후치료포함) 피감정인에게 후유증이 남게되는지의 여부

가. 어떠한 후유증이(구체적으로)남게되는지의 여부

나. 그것이 영구적인지 혹은 개선가능한 것인지의 여부

다. 이로 인하여 신체장해가 예상되는지(신체장해라 함은 치료종결로 증상

이 고정되었거나 향후치료를 한다. 하더라도 영구적으로 개선불가능한

후유증이란 점을 고려해 주십시오)와 그 장해내용(운동장해, 기능장해가

있는 경우 이를 구체적으로 표시하여 주십시오)

라. 위 신체장해가 맥브라이드 노동능력상실평가표와 국가배상법시행령 별

표 노동력상실률표의 각 어느 항목에 해당하는지, 만일 적절한 해당항목

이 없을 경우 준용항목, 또는 어느 항목의 몇 %정도에 해당하는 것으로

봄이 상당한지를 표시해 주십시오.

마. 피감정인이 일반 도시 또는 농촌일용노동자로 종사하는 경우 그

노동능력의 상실정도(%로 표시해 주십시오)

(11) 위 후유증이 피감정인의 평균수명에 영향이 있는지, 있다면 예상되는

단축기간 및 그 근거자료

(12) 기타 참고사항

첨 부 서 류

1. 진단서   1통

2005. 5. 30.

원 고   김 환 자

○○지방법원 ○○지원 귀중

- 78 -

호   손해배상(의)

문서 송부 촉탁 신청

원 고   김 환 자
피 고   이 의 사

위 당사자간 귄위 위 손해배상(의) 청구사건에 관하여 원고는 그 주장사
실을 입증하기 위하여 아래 기록의 문서송부촉탁을 신청합니다.

아   래

1. 문서의 보관처
   아파요 병원
   주   소 :
2. 문서 표시
원고 김환자(주민등록번호 :   혹은 병록번호 :   )에
대한 진료 기록 일체의 등본과 필름 일체

2005. 5. 30.

위 원고   김 환 자

○○지방법원 ○○지원 귀중

[서식] 사실조회신청서

<table>
<tr><td colspan="1">호　손해배상(의)</td></tr>
</table>

사실조회신청서

원　고　김　환　자
피　고　이　의　사

위 사건에 관하여 원고들은 주장 사실을 입증하고자 다음과 같이 사실
조회를 신청합니다.

다　　음

1. 사실조회처
　　산부인과 학회
　주　소 :
2. 사실조회할 내용
(필요한 의학일반 내용과 관련된 질문내용을 기재)

2005.　5.　30.

위 원고　김　환　자

○○지방법원 ○○지원 귀중

문서제출명령신청

사　건
원　고　　김 환 자
피　고　　아파요 의료법인

위 손해배상사건에 관하여 원고는 주장사실을 입증하기 위하여 다음 문서의 제출명령을 하여 주시기를 신청합니다.

다　음

1. 문서의 표시
　　원고가 2005.5.20 피고 산하 아파요병원에 입원 치료 중 수술을 받자가 이건 사고가 발생하였는바 원고에 대하여 입원 이후 동병원이 치료행위에 관한 병상일지를 기술한 의료챠트 일체.
2. 문서의 취지
　　위 원고에 대한 수술 및 일체의 진료행위에 관한 내용이 명시되어 있음
3. 문서의 보관
　　아파요병원 성형외과
4. 입증취지
　　위 아파요병원 성형외과 담당의사들의 의료행위 중 업무상 과실로 말미암아 원고가 안면마비가 된 사실을 입증하고자 함.
5. 문서제출의 의무 근거
　　민사소송법 제344조 제2호

2005.　5.　30.

위 원고　　김 환 자

○○지방법원 ○○지원 귀중

조 정 신 청

신 청 인 김 환 자
　　　　주소 :
피신청인 이 의 사
　　　　주소 :

손해배상(의) 청구사건

신 청 취 지

1.피신청인은 신청인에게 금 20,000,000원 및 이에 대한 2005. 5.
20부터 완제일가지 연25%의 비율에 의한 돈을 지급한다.
2.조정비용은 각자의 부담으로 한다.
라는 조정을 구합니다.

분쟁의 내용

1.사실관계
2.따라서 위와 같은 사실로 피신청인에 대한 손해배상금을 지급 받기
위하여 이 건 조정신청에 이르렀습니다.

첨 부 서 류

1. 진단서　　　　　　　　　　　　1통

2005. 5. 30.

신청인 김 환 자

○○지방법원 ○○지원 귀중

진 단 서

병록번호 _____

연 번 호 _____   주민등록번호 _____

환자의 성명		성별	남.여	생년 월일	년 월 일	연 령	만 세
환자의 주소		전 화 :					
병 명 □ 임상적추정 □ 최종진단						한국질병 분류번호	
발 병 일	년 월 일	진 단 일	년 월 일				
향 후 치 료 의 견							
비 고			용 도				

위와같이 진단함

발 행 일 :   년   월   일

의 료 기 관 명 : ○○○○○병원

주소 및 명칭 : ○○시 ○○구 ○○동 ○○-○○

전화 및 FAX :

면허번호 제   호   의사성명

[서식 예] 손해배상(의)청구의 소(출산 중 태아사망, 불법행위책임)

소   장

원   고   1. 김○○ (주민등록번호)

　　　　 2. 이○○ (주민등록번호)

　　　　 위 원고들 주소: ○○시 ○○구 ○○길 ○○(우편번호)

　　　　 전화. 휴대폰번호:

　　　　 팩스번호, 전자우편(e-mail)주소:

피   고   ◇◇◇ (주민등록번호)

　　　　 ○○시 ○○구 ○○길 ○○(우편번호)

　　　　 전화.휴대폰번호:

　　　　 팩스번호, 전자우편(e-mail)주소:

손해배상(의)청구의 소

청 구 취 지

1. 피고는 원고 김○○에게 금 ○○○원, 원고 이○○에게 금 ○○
   ○원 및 각 이에 대하여 20○○. ○○. ○○.부터 이 사건 소장
   부본 송달일까지는 연 5%의, 그 다음날부터 다 갚는 날까지는
   연 15%의 각 비율에 의한 돈을 지급하라.
2. 소송비용은 피고의 부담으로 한다.
3. 위 제1항은 가집행 할 수 있다.
라는 판결을 구합니다.

청 구 원 인

1. 당사자 관계

 원고들은 이 사건 의료사고로 출산 중에 사망한 태아의 친부모들이며, 피고는 이 사건 출산을 주도한 산부인과 의사입니다.

2. 사건의 진행과정

 (1) 원고 이○○는 출산을 하기 위하여 20○○. ○○. ○○. 피고가 운영하고 있는 서울시 ○○구 ○○길 ○○○ 소재 ○○산부인과에 입원을 하였고, 입원 후 얼마 되지 않아 양수가 터져 급히 출산을 하고자 분만실로 갔습니다.

 (2) 분만실에 이르러 태아의 건강상태를 확인해보니 아무런 이상이 없음이 확인되었고 또한 분만과정을 통하여도 아무런 이상이 없었는데, 태아가 거꾸로 나오는 바람에 분만에 상당한 어려움이 발생하였습니다. 결국 분만의 고통을 견디지 못한 원고 이○○는 제왕절개수술을 해달라며 애원을 하였으나 당시 분만을 주도하던 피고는 자신의 경험상 조금만 참으면 될 것 같다며 원고 이○○의 애원을 뿌리치고는 무리하게 자연분만을 강행하였습니다.

 (3) 그러나 태아가 나오지 못한 채 많은 시간이 흘러 산모인 원고 이○○가 실신하기에 이르자 그때서야 위험을 느낀 피고는 제왕절개수술을 준비하였으나 결국 태아는 나오지도 못한 채 분만진행정착에 빠져 결국 저산소증에 의한 뇌손상으로 사망을 하였습니다.

3. 손해배상의 책임

 (1) 피고는 산부인과 전문의로 분만전후를 통하여 분만의 상황에 따른 적절한 분만방법을 택하여 제때에 필요한 조치를 취해야 할 의무가 있음에도 불구하고, 이를 게을리 한 과실로 인

해 분만 전 검사결과 아무런 이상이 없었고 또한, 분만 중 전자태아심음측정기 등 태아감시장치를 통하여 아무런 이상이 없었던 태아를 사망하게 하였습니다.

(2) 따라서 피고는 의료법 및 민법상 불법행위자로서 원고들 및 사망한 태아가 입은 모든 피해를 배상하여야 할 의무가 있다 할 것입니다.

4. 손해배상의 범위

(1) 위자료

원고 이○○ 및 사망한 태아는 이 사건 분만사고 전에는 모두 건강한 상태였는데, 이 사건 사고로 태아가 출생하기 전에 사망하는 바람에 원고들이 정신적 고통을 당한 것은 경험칙상 명백하므로, 피고는 원고 김○○에게 금 ○○○원, 원고 이○○에게 금 ○○○원을 각 지급하여 원고들의 정신적인 고통을 금전으로나마 위자하여야 마땅하다 할 것입니다.

(참고로, 위자료산정에 있어 우리나라 대법원은 태아의 권리능력에 대해 전부노출설 및 정지조건부주의를 취하고 있어 사산한 태아의 경우 권리능력이 없는 관계로 위자료만 인정하고 있음. 따라서 태아가 살아서 출생하느냐의 여부에 따라 태아의 손해배상범위에 차이가 많음. 그런데 사산시 태아는 권리능력이 없어 손해배상금이 적어지므로 이를 고려하여 사산시 위자료는 만일 태아가 출생 후 사망하였을 경우의 일실수입을 계산하여 이를 위자료의 청구금액으로 산정하는 것이 좋을 듯함)

(2) 분만비 및 치료비

원고 이○○는 이 사건 분만비 및 치료비로 금 ○○○원을 지출하였습니다.

5. 결론

따라서 피고는 원고 김○○에게 금 ○○○원(위자료), 원고 이○○에게 금 ○○○원(위자료: 금 ○○○원＋분만비 및 치료비: 금 ○○○원) 및 각 이에 대하여 이 사건 사고일인 20○○. ○○. ○○.부터 이 사건 소장부본 송달일까지는 민법에서 정한 연 5%의, 그 다음날부터 다 갚는 날까지는 소송촉진 등에 관한 특례법에서 정한 연 15%의 각 비율에 의한 지연손해금을 지급할 의무가 있다 할 것이므로, 원고들은 부득이 청구취지와 같은 돈을 각 청구하고자 이 사건 청구에 이르게 되었습니다.

입 증 방 법

1. 갑 제1호증   가족관계증명서
1. 갑 제2호증   ○○산부인과 접수증
1. 갑 제3호증   사망진단서
1. 갑 제4호증   태아수첩
1. 갑 제5호증   영수증
1. 갑 제6호증의 1, 2   한국인표준생명표 표지 및 내용
1. 갑 제7호증의 1, 2   월간거래가격표지 및 내용

첨 부 서 류

1. 위 입증방법   각 1통
1. 소장부본   1통
1. 송달료납부서   1통

20○○.   ○.   ○.

위 원고   1. 김○○ (서명 또는 날인)

        2. 이○○ (서명 또는 날인)

○○지방법원 ○○지원 귀중

관할법원	※ 아래(1)참조	소 멸 시 효 기 간 제 척 기 간	○○년(☞소멸시효일 람표)
제출부수	소장원본 1부 및 피고 수만큼의 부본 제출		
비 용	.인지액 : ○○○원(☞산정방법) ※ 아래(2)참조 .송달료 : ○○○원(☞적용대상사건 및 송달료 예납기 준표)		
불복절차 및 기간	.항소(민사소송법 제390조) .판결서가 송달된 날부터 2주 이내(민사소송법 제396조 제1항)		
기 타	1. 민법 제762조에서는 손해배상청구권에 있어서의 태 아의 지위에 관하여 태아는 손해배상의 청구권에 관 하여는 이미 출생한 것으로 본다고 규정하고 있음. 2. 태아가 특정한 권리에 있어서 이미 태어난 것으로 본다는 것은 살아서 출생한 때에 출생시기가 문제의 사건의 시기까지 소급하여 그 때에 태아가 출생한 것과 같이 법률상 보아준다고 해석하여야 상당하므 로 그가 모체와 같이 사망하여 출생의 기회를 못 가 진 이상 배상청구권을 논할 여지없음(대법원 1976. 9. 14. 선고 76다1365 판결). 3. 교통사고의 충격으로 태아가 조산되고 또 그로 인하 여 제대로 성장하지 못하고 사망하였다면 위 불법행 위는 한편으로 산모에 대한 불법행위인 동시에 한편 으로는 태아 자신에 대한 불법행위라고 볼 수 있으 므로 따라서 죽은 아이는 생명침해로 인한 재산상 손해배상청구권이 있음(대법원 1968. 3. 5. 선고 67 다2869 판결).		

* 지연손해금 : 소송촉진등에관한특례법 제3조에서는 ①금전채무
의 전부 또는 일부의 이행을 명하는 판결(심판을 포함)을 선고

할 경우에 금전채무불이행으로 인한 손해배상액산정의 기준이 되는 법정이율은 그 금전채무의 이행을 구하는 소장 또는 이에 준하는 서면이 채무자에게 송달된 날의 다음날부터는 대통령령으로 정하는 이율(현재는 연 15%임)에 의하고(다만, 장래의 이행을 청구하는 소에 해당하는 경우는 제외), ②채무자가 그 이행의무의 존재를 선언하는 사실심판결이 선고되기까지 그 존부나 범위에 관하여 항쟁함이 상당하다고 인정되는 때에는 그 상당한 범위 안에서 제1항의 규정을 적용하지 아니한다고 규정하고 있음.

그런데 위 법조항의 「채무자가 그 이행의무의 존부나 범위에 관하여 항쟁함이 상당하다고 인정되는 때」는 「그 이행의무의 존부나 범위에 관하여 항쟁하는 채무자의 주장에 상당한 근거가 있는 것으로 인정되는 때」를 가리키는 것으로 해석되므로, 채무자가 위와 같이 항쟁함이 상당한 것인지의 여부는 당해 사건에 관한 법원의 사실인정과 그 평가에 관한 문제라고 할 것이고, 한편 「그 상당한 범위」는 「채무자가 항쟁함에 상당한 기간의 범위」를 뜻하는 것으로서 채무자가 당해 사건의 사실심(제1심 또는 항소심)에서 항쟁할 수 있는 기간은 「사실심 판결선고시」까지로 보아야 하므로, 그 선고시 이후에는 어떤 이유로든지 소송촉진등에관한특례법 제3조 제1항의 적용을 배제할 수 없으나, 소장 또는 이에 준하는 서면이 채무자에게 송달된 다음날부터 그 심급의 판결선고 전이기만 하면 법원은 그 항쟁함에 상당한 기간의 범위를 적절히 정할 수 있음(대법원 1998. 7. 14. 선고 96다17202 판결).

따라서 불법행위로 인하여 발생한 사고에 대한 손해배상청구사건에 있어서도 손해배상금에 대한 지연손해금을 「불법행위로 인한 손해발생시부터 소장부본 송달일까지는 민법에서 정한 연 5%의, 그 다음날부터 다 갚는 날까지는 소송촉진등에관한특례법에서 정한 연 15%의 각 비율로」 청구해볼 수 있을 것이나, 피고가 그 의무 및 존부의 범위에 관하여 항쟁함이 상당하다고 인정되면 법원이 손해발생시부터 판결선고일까지는 민법에서 정한 연 5%의 비율에 의한 지연손해금을 부담하라고 선고할 수 있는 것이므로, 그러한 경우에는 소제기시에 지연손해금을 「불법행위로 인한 손해발생시부터 판결선고시까지는 민법에서 정한 연 5%의, 그 다음날부터 다 갚는 날까지는 소송촉진등에관한특례법에서 정한 연 15%의 각 비율로」청구하기도 함.

※ (1) 관 할

1. 소(訴)는 피고의 보통재판적(普通裁判籍)이 있는 곳의 법원의 관할에 속하고, 사람의 보통재판적은 그의 주소에 따라 정하여지나, 대한민국에 주소가 없거나 주소를 알 수 없는 경우에는 거소에 따라 정하고, 거소가 일정하지 아니하거나 거소도 알 수 없으면 마지막 주소에 따라 정하여짐.

2. 불법행위에 관한 소를 제기하는 경우에는 행위지의 법원에 제기할 수 있음.

3. 따라서 위 사안에서 원고는 피고의 주소지를 관할하는 법원이나 의료사고발생지를 관할하는 법원에 소를 제기할 수 있음.

※ (2) 인 지

소장에는 소송목적의 값에 따라 민사소송등인지법 제2조 제1항 각 호에 따른 금액 상당의 인지를 붙여야 함. 다만, 대법원 규칙이 정하는 바에 의하여 인지의 첩부에 갈음하여 당해 인지액 상당의 금액을 현금이나 신용카드·직불카드 등으로 납부하게 할 수 있는바, 현행 규정으로는 인지첩부액이 1만원 이상일 경우에는 현금으로 납부하여야 하고 또한 인지액 상당의 금액을 현금으로 납부할 수 있는 경우 이를 수납은행 또는 인지납부대행기관의 인터넷 홈페이지에서 인지납부대행기관을 통하여 신용카드 등으로도 납부할 수 있음(민사소송등인지규칙 제27조 제1항 및 제28조의 2 제1항).

소   장

원   고   1. 김○○ (주민등록번호)

2. 김◉◉ (주민등록번호)

3. 이◉◉ (주민등록번호)

위 원고들 주소: ○○시 ○○구 ○○길 ○○(우편번호)

위 원고1 김○○는 미성년자이므로

법정대리인 친권자 부 김◉◉ 모 이◉◉

전화.휴대폰번호:

팩스번호, 전자우편(e-mail)주소:

피   고   ◇◇◇ (주민등록번호)

○○시 ○○구 ○○길 ○○(우편번호)

전화.휴대폰번호:

팩스번호, 전자우편(e-mail)주소:

손해배상(의)청구의 소

청 구 취 지

1. 피고는 원고 김○○에게 금 32,000,000원, 원고 김◉◉에게 금
5,000,000원, 원고 이◉◉에게 금 5,000,000원 및 각 이에 대하

여 2002. 5. 30.부터 이 사건 소장부본 송달일까지는 연 5%의, 그 다음날부터 다 갚는 날까지는 연 15%의 각 비율에 의한 돈을 지급하라.

2. 소송비용은 피고의 부담으로 한다.

3. 위 제1항은 가집행 할 수 있다.

라는 판결을 구합니다.

청 구 원 인

1. 당사자 관계

가. 원고 김○○는 피고의 의료과오로 인하여 신체에 상해를 입은 당사자이고, 원고 김●●는 원고 김○○의 아버지, 원고 이● ●는 원고 김○○의 어머니입니다.

나. 피고 ◇◇◇는 산부인과 전문의 자격을 취득한 뒤 ○○시 ○○구 ○○길 ○○에서 ◇◇◇산부인과의원을 개설하여 경영, 유지하는 사람으로서 이 사건 의료시술상의 과오로 원고 김○○에게 상해를 입힌 사람입니다.

2. 손해배상책임의 발생 또는 피고의 귀책사유

가. 사고의 발생경위

이 사건 사고를 일으킨 산부인과전문의인 피고는 2002. 5. 30. 15:04경 ○○시 ○○구 ○○길 ○○ 소재 피고 경영의 산부인과의원 분만실에서 몸무게가 5.3kg이나 되는 원고 김○○의 출산시술을 하였던 바, 이러한 경우 피고로서는 태아와 산모의 상태를 면밀히 진찰하고 원고 김○○의 체중이 5.3kg이나 되는 과체중출생아(거대아)였으면 그에 따라 적절한 방법으로 출산시술을 하여야 할 주의의무가 있음에도 이를 게을리 한 채 무리하게 자연분만을 유도하여 원고 김○○가 원고 이●●의 자궁(미골 및 치골 등)에 오른쪽 어깨가 걸려 빠져 나오지 못하자 그곳에 있던 소외 성명불상 간호사에게 원고 이◉◉의 배를 마구 누르게 하고 피고는 원고 김○○의 머리를 잡고 회전시키면서 어깨를 세우려하는(견갑분만) 등 견인하는 중에 무리하게 과도한 힘을 가하여 분만을 유도하다가 그만 원고 김○○의 경추 제5번, 제6번 신경(C5, C6)을 손상시켜 원고 김○○로 하여금 오른손을 전혀 쓰지 못하는 우상완 신경총마비(일명 Erb's palsy)의 상해를 입게 한 것입니다.

나. 피고의 과실

(1) 임산부에 대한 검사의무 해태

성공적인 유도분만을 위한 전제조건은 정상적인 아두골반관계인데, 피고로서는 원고 이◉◉가 출산경험이 있는 임산부이더라도 원고 김○○의 골반크기, 미골과 치골의 간격, 산도 등을 측정하여 원고 이◉◉의 골산도의 크기, 형을 파악한 뒤 원고 김○○가 모체로부터 자연분만이 자연스럽게 이루어질 수 있는지 검사하여야 합니다.

이를 위해 피고는 원고 이◉◉의 골산도의 크기, 형 등에 대해 개략적인 것을 알기 위하여 계측기를 이용하여 골반의 외계측을 실시하고 또한 복위 및 자궁저를 계측하고 나아가 손을 이용한 내진을 통해 개구도를 측정하여야 합니다. 그리고 방사선기기 및 초음파측정기 등 정밀 산부인과 기계를 이용하여 골반 및 자궁경부에 대한 정확한 이해가 있어야 했음에도 이를 게을리 하였습니다.

또한, 임산부의 뇨 및 혈중의 호르몬(E3)을 검사하여 태반의 기능 상태를 파악해야 했음에도 이를 게을리 하였습니다. 특히 위 호르몬(E3)검사는 태아의 기능상태도 동시에 파악이 되는 검사방법입니다.

(2) 태아에 대한 검사의무의 해태

피고는 산부인과 의사로서 산모 및 태아에 대하여 문진, 내·외진, 초음파진단, 심박동측정, 양수진단, 뇨 및 혈중의 에스트리올 농도측정 등을 실시하여 산모의 이상유무 및 태아의 성숙도를 비롯하여 태아의 선천성이상, 선천성기형 등을 확인하여야 함에도 이를 게을리 하였습니다.

특히 초음파검사는 doppler법에 의한 태아의 심박음측정, B scope, electron scanning에 의한 태아의 크기, 성장정도, 태낭유무 등을 확인할 수 있는 검사기법입니다.

또한, 양수진단을 하여야 합니다. 이는 양수상의 염색체검사, 효소검사, 양수세포중 대사물질측정, 호르몬 치정량, 부하시험, 지방염색세포 출현률측정, 양수량 측정을 하여 태아의 상태에 대한 사전 정밀검사를 실시하는 것입니다.

(3) 분만방식의 과실

피고는 앞서 살핀 태아의 발육상태와 원고 이◉◉의 골반 및 산도의 크기와 형태 등 구체적인 상태를 파악한 후 상관관계를 고려하여 원고 김○○가 거대아(과체중출생아)이면 당연히 제왕절개술로 원고를 출산하여야 합니다.

통상 제왕절개술은 태아의 상태가 둔위, 횡위 등의 태위이상, 태반이 자궁입구에 놓여 있는 전치태반 또는 태반조기박리 등인 태반이상의 경우 및 아두골반불균형, 태아질식 등에 적응됩니다.

이 사건의 경우에는 제왕절개술을 실시하여야 할 가장 전형적인 적응증으로서 제왕절개술을 실시하여야 함에도 불구하고 앞서와 같은 원고 김○○와 원고이◉◉의 상태 및 상관관계를 전혀 고려하지 않음으로 인하여 원고 김○○가 분만시 머리부분만 분만되고 견갑(어깨)부분이 자궁경부에 걸려 그만 나오지 못하는 사고가 발생한 것입니다.

특히 피고로서는 양수가 터지고도 시간이 많이 흐를 때는 태아가 양수를 들이마셔 질식사 할 우려가 높아 제왕절개술을 실시하여야 합니다.

또한, 출산시 이 사건과 같이 난산일 때는 태반이 떨어지면서 모체의 피가 태아에게 공급되지 않음으로 산소부족현상이 발생합니다. 그로 인하여 뇌출혈 현상이 나타나고 뇌실에 물이 고이게 되며 결국 뇌기능장애 즉, 뇌성마비현상이 나타날 수도 있습니다.

즉, 지연분만 등은 태내저산소 상태를 조장하여 태아저산소증이 초래되고 태아저산소증은 태아의 호흡곤란을 유발하여 태아가 분만중에 이른바 헐떡호흡(grasp)으로 인해 태변이 함유된 양수를 흡입하여 뇌의 산소부족현상을 가져와 뇌손상을 입게 합니다.

다시 말해 난산→저산소상태→뇌의 산소공급부족→뇌출혈→뇌손상의 순으로 이어지는바 의사로서는 즉시 제왕절개수술을 시술하여야 합니다. 현재 원고 김○○에게 뇌성마비의 증세가 있는지 여부조차 모르고 있으나 피고로서는 원고 김○○과 원고 이◉◉의 상태 및 그 상관관계를 고려하여 제왕절개술을 시술하였다면 이 사건과 같은 비극은 최소한 막을 수 있었을 것입니다.

(4) 분만시술시의 과실

피고로서는 원고가 산모의 자궁경부를 빠져나오지 못할 경우는 흡입만출기와 산과겸자를 적절히 사용하여 자연스럽게 출산할 수 있도록 조치를 취했어야 합니다.

그러나 피고는 여러 차례의 분만유도에 실패한 뒤에도 무리하게 유도분만을 강행, 분만실에 있던 소외 성명불상의 간호사에게 원고 이◉◉의 복부를 강하게 누르게 하였습니다.

또한, 피고는 원고 김○○의 머리를 잡아당기고 어깨를 세우려고 회전시키는 과정에서 과도한 힘을 가하여 원고 김○○의 경추신경을 건드렸습니다. 위와 같은 과정 중에서 피고는 원고 이◉◉의 자궁경부를 압박하고, 원고의 목뼈를 무리하게 회전시킴으로써 원고의 경추신경계통을 손상시켜 위 원고의 신경이 변성 또는 파괴에 이르게 된 것입니다(기능적 해부학 입문서 참조).

위 신경계통은 통상 척추를 통하여 팔, 다리 등 사지로 통하는 것인바, 팔로 가는 신경다발인 제5, 6번 경추신경 등을 건드린 것입니다.

(5) 설명의무위반

피고는 원고 이◉◉에게 아두골반 불균형, 과체중출생아에 따른 출산의 위험성 등에 관하여 전혀 설명한 바 없었습니다.

다. 피고의 채무불이행책임

피고로서는 원고 김○○의 친권자인 원고 김◉◉와 원고 김○○의 분만계약을 체결하였으면, 원고 김○○와 원고 이◉◉의 상태에 따라 성실히 진료하여 적절한 처치 및 분만시킬 채무가 있음에도 위에서 본 바와 같이 태아와 산모에 대한 검사의무를 게을리 하고 무리하게 유도분만을 강행하면서 과도한 견인을 하는 등으로 위 채무를 성실히 이행하지 않았으므로 이에 대하여 채무불이행책임이 있다 할 것입니다.

3. 손해배상의 범위

가. 원고 김○○의 일실수입

(1) 연령, 성별, 기대여명 등

원고 김○○는 2002. 5. 30.생으로 이 사건 사고당시인 2002. 5. 30. 현재 갓 태어난 남자 어린이로서 그 나이에 이른 우리나라 남자의 평균기대여명은 75.55년이므로 특별한 사정이 없는 한 75세까지는 생존이 가능하다 할 것입니다.

(2) 직업 및 수입정도 또는 소득실태

이 사건 피해자인 원고 김○○는 이 사건 사고로 평생 불구의 몸이 되지 않았더라면 앞으로 초, 중, 고등학교 등을 졸업하고 군복무를 마친 뒤 사회의 일원으로 활약하며 그에 상응하는 월소득을 얻을 수 있다 할 것이며, 최소한 원고 김○○는 그의 주소지인 도시에서 거주하면서 도시일반일용노동에 종사하여 얻을 수 있는 월수입은 2002년도 상반기 적용 도시일반일용노동자의 1일 노임은 금 40,922원이고 통상 월 22일간은 가동할 수가 있다 함은 경험칙상 명백하므로 월평균 금 900,284원(금 40,922원×22일)이상의 수익은 예상됩니다.

(3) 가동연한

원고 김○○는 이 사건 사고로 평생불구가 되지 않았더라면 그가 20세가 되는 2022. 5. 30. 군에 입대하여 26개월의 군복무를 마친 다음날인 2024. 8. 1.부터 그의 나이가 만 60세에 이르는 2062. 5. 29.까지 가동할 수 있음은 일반의 경험칙 및 이에 기초한 판례경향에 의하여도 인정할 수 있다 할 것입니다.

(4) 치료기간 등

원고 김○○는 이 사건 사고로 인한 상해로 지금까지도 치료받고 있는 실정입니다.

(5) 후유장해, 가동능력 상실비율 및 일실수입의 계산

원고 김○○는 이 사건 사고로 인한 상해로 지금까지도 치료받고 있으며, 향후치료도 예상되나 그 치료 후에도 잔존이 예상되어 그에 따른 노동능력의 상실이 예견(약 55%)되므로 그에 상응하는 일실손해를 입을 것인바, 그 손해는 장차 월차적으로 입은 손해이므로 이를 월 5/12%의 법정이자를 공제하는 호프만식 계산법에 따라 사고당시의 현가로 구하면 금 76,047,624원{월평균소득 금 900,284원×0.55×153.5831{332.3359(720개월 호프만계수)-178.7528(266개월 호프만계수)}이 될 것인바, 이는 추후 귀원의 신체감정결과에 따라 확정청구하기로 하고 우선 일부금으로 금 22,000,000원을 청구합니다.

나. 치료비 등

추후 귀원을 통한 증거수집방법 이후 확정 청구하겠습니다.

다. 개호비용 등

추후 귀원을 통한 증거수집 방법이후 확정 청구하겠습니다.

라. 위자료

원고 김○○는 이 세상에 태어나기 위하여 모체에서 출산하는 순간부터 위와 같은 상해를 입고 영구불구의 몸이 됨으로써 현재 및 장래에 형언할 수 없는 실의와 비탄에 잠겨 있는바, 원고들에게 금전으로나마 위자함에 있어 경험칙상 인정되는 원고들의 고통을 위자함에 있어 원고 김○○에게 금 30,000,000원은 지급함이 상당하다 할 것이나 이는 추후 귀원의 신체 감정결과에 따라서 확정청구하기로 하고 우선 일부금으로 금 10,000,000원을 청구하며, 원고 김◉◉ 및 원고 이◉◉는 각 금 5,000,000원의 위자료로 지급함이 상당하다고 할 것입니다.

4. 결론

그렇다면 피고는 원고 김○○에게 금 32,000,000원{금 22,000,000원(재산상 손해) + 금 10,000,000원(위자료)}, 원고 김◉◉ 및 원고 이◉◉에게 각 금 5,000,000원 및 각 이에 대하여 이 사건 의료사고일인 2002. 5. 30.부터 이 사건 소장부본 송달일까지는 민법에서 정한 연 5%의, 그 다음날부터 다 갚는 날까지는 소송촉진등에관한특례법에서 정한 연 15%의 각 비율에 의한 지연손해금을 지급할 의무가 있다 할 것이므로 이 사건 청구에 이른 것입니다.

입 증 방 법

1. 갑 제1호증   가족관계증명서

1. 갑 제2호증	주민등록 등본
1. 갑 제3호증	출생증명서
1. 갑 제4호증	진단서
1. 갑 제5호증의 1, 2	한국인표준생명표 표지 및 내용
1. 갑 제6호증의 1, 2	월간거래가격 표지 및 내용
1. 갑 제7호증의 1	임상산과학 표지
2	내용(제왕절개술 적응증)
1. 갑 제8호증의 1	소아과학 표지
2	내용(상지마비)
1. 갑 제9호증의 1	소아과개요 표지
2	내용(상지마비)

첨 부 서 류

1. 위 입증방법	각 1통
1. 소장부본	1통
1. 송달료납부서	1통

20○○. ○. ○.

위 원고 1. 김○○

2. 김◉◉ (서명 또는 날인)

3. 이◉◉ (서명 또는 날인)

원고1은 미성년자이므로

법정대리인 친권자 부 김◉◉(서명 또는 날인)

모 이◉◉(서명 또는 날인)

○○지방법원 귀중

관 할 법 원	※ 아래(1)참조	소멸시효기간 제 척 기 간	○○년(☞소멸시효일 람표) ※ 아래(2)참조
제 출 부 수	소장원본 1부 및 피고 수만큼의 부본 제출		
비　　　용	.인지액 : ○○○원(☞산정방법) ※ 아래(3)참조 .송달료 : ○○○원(☞적용대상사건 및 송달료 예납기준표)		
불 복 절 차 및　기 간	.항소(민사소송법 제390조) .판결서가 송달된 날부터 2주 이내(민사소송법 제396조 제1항)		

● 기 타 : 민법 제762조에서는 손해배상청구권에 있어서의 태아의
지위에 관하여 태아는 손해배상의 청구권에 관하여는 이미 출생
한 것으로 본다고 규정하고 있음.

태아가 특정한 권리에 있어서 이미 태어난 것으로 본다는 것은
살아서 출생한 때에 출생시기가 문제의 사건의 시기까지 소급하
여 그 때에 태아가 출생한 것과 같이 법률상 보아준다고 해석하
여야 상당하므로 그가 모체와 같이 사망하여 출생의 기회를 못
가진 이상 배상청구권을 논할 여지없음(대법원 1976. 9. 14. 선
고 76다1365 판결).

교통사고의 충격으로 태아가 조산되고 또 그로 인하여 제대로
성장하지 못하고 사망하였다면 위 불법행위는 한편으로 산모에
대한 불법행위인 동시에 한편으로는 태아 자신에 대한 불법행위
라고 볼 수 있으므로 따라서 죽은 아이는 생명침해로 인한 재산
상 손해배상청구권이 있음(대법원 1968. 3. 5. 선고 67다2869
판결).

* 지연손해금 : 소송촉진등에관한특례법 제3조에서는 ①금전채무의 전부 또는 일부의 이행을 명하는 판결(심판을 포함)을 선고할 경우에 금전채무불이행으로 인한 손해배상액산정의 기준이 되는 법정이율은 그 금전채무의 이행을 구하는 소장 또는 이에 준하는 서면이 채무자에게 송달된 날의 다음날부터는 대통령령으로 정하는 이율(현재는 연 15%임)에 의하고(다만, 장래의 이행을 청구하는 소에 해당하는 경우는 제외), ②채무자가 그 이행의무의 존재를 선언하는 사실심판결이 선고되기까지 그 존부나 범위에 관하여 항쟁함이 상당하다고 인정되는 때에는 그 상당한 범위 안에서 제1항의 규정을 적용하지 아니한다고 규정하고 있음.

그런데 위 법조항의 「채무자가 그 이행의무의 존부나 범위에 관하여 항쟁함이 상당하다고 인정되는 때」는 「그 이행의무의 존부나 범위에 관하여 항쟁하는 채무자의 주장에 상당한 근거가 있는 것으로 인정되는 때」를 가리키는 것으로 해석되므로, 채무자가 위와 같이 항쟁함이 상당한 것인지의 여부는 당해 사건에 관한 법원의 사실인정과 그 평가에 관한 문제라고 할 것이고, 한편 「그 상당한 범위」는 「채무자가 항쟁함에 상당한 기간의 범위」를 뜻하는 것으로서 채무자가 당해 사건의 사실심(제1심 또는 항소심)에서 항쟁할 수 있는 기간은 「사실심 판결선고시」까지로 보아야 하므로, 그 선고시 이후에는 어떤 이유로든지 소송촉진등에관한특례법 제3조 제1항의 적용을 배제할 수 없으나, 소장 또는 이에 준하는 서면이 채무자에게 송달된 다음날부터 그 심급의 판결선고 전이기만 하면 법원은 그 항쟁함에 상당한 기간의 범위를 적절히 정할 수 있음(대법원 1998. 7. 14. 선고

96다17202 판결).

 따라서 불법행위로 인하여 발생한 사고에 대한 손해배상청구사건에 있어서도 손해배상금에 대한 지연손해금을 「불법행위로 인한 손해발생시부터 소장부본 송달일까지는 민법에서 정한 연 5%의, 그 다음날부터 다 갚는 날까지는 소송촉진등에관한특례법에서 정한 연 15%의 각 비율로」 청구해볼 수 있을 것이나, 피고가 그 의무 및 존부의 범위에 관하여 항쟁함이 상당하다고 인정되면 법원이 손해발생시부터 판결선고일까지는 민법에서 정한 연 5%의 비율에 의한 지연손해금을 부담하라고 선고할 수 있는 것이므로, 그러한 경우에는 소제기시에 지연손해금을 「불법행위로 인한 손해발생시부터 판결선고시까지는 민법에서 정한 연 5%의, 그 다음날부터 다 갚는 날까지는 소송촉진등에관한특례법에서 정한 연 15%의 각 비율로」청구하기도 함.

※ (1) 관 할
1. 소(訴)는 피고의 보통재판적(普通裁判籍)이 있는 곳의 법원의 관할에 속하고, 사람의 보통재판적은 그의 주소에 따라 정하여지나, 대한민국에 주소가 없거나 주소를 알 수 없는 경우에는 거소에 따라 정하고, 거소가 일정하지 아니하거나 거소도 알 수 없으면 마지막 주소에 따라 정하여짐.
2. 재산권에 관한 소를 제기하는 경우에는 거소지 또는 의무이행지의 법원에 제기할 수 있음.
3. 따라서 사안에서 원고는 피고의 주소지를 관할하는 법원이나 의무이행지(특정물의 인도는 채권성립당시에 그 물건이 있던 장소에서 하여야 하지만, 그 밖의 채무변제는 채권자의 현주소에서 하

여야 하므로 당사자간에 특별한 약정이 없는 한 채권자는 자기의 주소지를 관할하는 법원에 소를 제기할 수 있음 : 민법 제467조 제1항, 제2항)관할 법원에 소를 제기할 수 있음.

※ (2) 소멸시효 등

의료사고로 인한 배상책임이 문제되는 경우「불법행위로 인한 책임」과「채무불이행책임(또는 계약책임)」이 경합하게 됨. 즉, 치료가 잘못되어 병세가 악화되게 되는 경우 그것은 과실로 인하여 신체를 침해한 것이 되어 불법행위의 성립이 문제될 뿐만 아니라, 완치 또는 병세가 호전되도록 치료해줘야 할 치료계약을 이행하지 못한 결과가 되어 채무불이행이 될 수 있기 때문임. 그런데 이처럼 계약상의 채무불이행으로 인한 손해배상청구권과 불법행위로 인한 손해배상청구권을 아울러 취득하면 그 중 어느 쪽의 손해배상청구권이라도 선택적으로 행사할 수 있음(대법원 1983. 3. 22. 선고 82다카1533 전원합의체 판결, 1989. 4. 11. 선고 88다카11428 판결). 그러나 판례는 "불법행위를 원인으로 한 손해배상을 청구한데 대하여 채무불이행을 원인으로 한 손해배상을 인정한 것은 당사자가 신청하지 아니한 사항에 대하여 판결한 것으로서 위법이다."라고 하였고(대법원 1963. 7. 25. 선고 63다241 판결), "채무불이행으로 인한 손해배상청구권에 대한 소멸시효항변이 불법행위로 인한 손해배상청구권에 대한 소멸시효항변을 포함한 것으로 볼 수는 없다."라고 하였으므로(대법원 1998. 5. 29. 선고 96다51110 판결) 손해배상청구시 불법행위 또는 채무불이행 중 어느 쪽의 책임을 물을 것인지를 선택하여 청구하여야 할 것임. 그리고 불법행위책임과 채무불이행책임은 모두 과실책임을 원칙으로 하지만, 불법행위에 있어서는 피해자가 가해자에게 고의.과실 있음을 입증하여야 하지만(다만, 사용자책임의 경우는 사용자가 선임.감독에 과실 없음을 입증하여야 함), 채무불이행의 경우는 채권자는 채무자의 채무불이행사실을 입증함으로써 충분하고, 채무자가 책임을 면하려면 그에게 귀책사유 없음을 입증하여야 함. 또한, 불법행위책임의 소멸시효기간은 피해자나 그 법정대리인이 그 손해 및 가해자를 안 날로부터 3년, 불법행위시로부터 10년 이내에 청구하여야 하나(민법 제766조), 채무불이행으로 인한 손해배상청구권은 계약채권의 확장 내지 변형이므로 일반채권의 소멸시효기간인 10년이 경과함으로써 소멸하고(민법 제162조 제1항) 채무불이행으로 인한 손해배상청구권의 소멸시효는 채무불이행시로부터 진행함(대법원 1995. 6. 30. 선고 94다54269 판결). 참고로 의료사고에 대한 불법행위책임을 물을 경우 고용의사는 민법 제750조의 불법행위자로서, 병원은 민법 제756조의 사용자로서 책임을 지게 될 것이지만, 채무불이행책임의 경우에는 계약당사자만 책임을 지게 되므로 고용의사는 이행보조자가 될 뿐이고, 병원만이 상대방이 될 것임.

※ (3) 인 지

소장에는 소송목적의 값에 따라 민사소송등인지법 제2조 제1항 각 호에 따른 금액 상당의 인지를 붙여야 함. 다만, 대법원 규칙이 정하는 바에 의하여 인지의 첩부에 갈음하여 당해 인지액 상당의 금액을 현금이나 신용카드·직불카드 등으로 납부하게 할 수 있는바, 현행 규정으로는 인지첩부액이 1만 원 이상일 경우에는 현금으로 납부하여야 하고 또한 인지액 상당의 금액을 현금으로 납부할 수 있는 경우 이를 수납은행 또는 인지납부대행기관의 인터넷 홈페이지에서 인지납부대행기관을 통하여 신용카드 등으로도 납부할 수 있음(민사소송 등 인지규칙 제27조 제1항 및 제28조의 2 제1항).

소   장

원   고   1. ○○○ (주민등록번호)

2. ○①○ (주민등록번호)

3. ○②○ (주민등록번호)

위 원고들 주소 : ○○시 ○○구 ○○길 ○○(우편번호)

전화.휴대폰번호:

팩스번호, 전자우편(e-mail)주소:

피   고   1. 학교법인 ◇◇◇◇

○○시 ○○구 ○○길 ○○(우편번호)

이사장 ◇◇◇

전화.휴대폰번호 :

팩스번호, 전자우편(e-mail)주소:

2. ◈①◈ (주민등록번호)

○○시 ○○구 ○○길 ○○(우편번호)

전화.휴대폰번호 :

팩스번호, 전자우편(e-mail)주소:

3. ◈②◈ (주민등록번호)

○○시 ○○구 ○○길 ○○(우편번호)

전화.휴대폰번호 :

팩스번호, 전자우편(e-mail)주소:

손해배상(의)청구의 소

청 구 취 지

1. 피고들은 연대하여 원고 ○○○에게 금 325,891,618원, 원고 ○
   ①○, 원고 ○②○에게 각 금 10,000,000원 및 각 이에 대하여
   2000. 3. 23.부터 이 사건 소장부본 송달일까지는 연 5%의, 그
   다음날부터 다 갚는 날까지는 연 15%의 각 비율에 의한 돈을
   각 지급하라.
2. 소송비용은 피고들의 부담으로 한다.
3. 위 제1항은 가집행 할 수 있다.
라는 판결을 구합니다.

청 구 원 인

1. 당사자들의 관계
가. 원고들

원고 ○○○는 이 사건 사고로 의식불명상태에 이르게 된 사람
이고, 원고 ○①○, 원고 ○②○는 원고 ○○○의 자식들입니
다.

나. 피고들

피고 학교법인 ◇◇◇◇은 ○○시 ○○구 ○○길 ○○에 산하
부속병원(다음부터 피고산하 부속병원이라고 함)을 운영하면
서 원고 ○○○와 진료계약을 체결하고 피용자인 신경외과 전
문의 피고 ◈①◈로 하여금 원고 ○○○의 뇌수술을 집도하게
하고, 피용자인 피고 ◈②◈ 당시 레지던트 2년차로 하여금 위
원고의 주치의로서 치료를 담당하게 하였습니다.

2. 손해배상책임의 발생
가. 사고경위

원고 ○○○는 평소 고혈압 증세가 있어 고혈압 약을 복용하여 오던 것 이외에는 건강했던 자로서, 2000. 2.경부터 지속적인 두통증세를 느껴 같은 달 말 ○○의료원 외래 진료후 같은 해 3. 1. ○○시 ○○구 ○○길 소재 ○○방사선과의원에서 MRI촬영 후 다음날인 3. 2. 피고산하 부속병원 신경외과 ○○○병동 ○○○○호(6인실)에 입원하게 되었습니다.

원고 ○○○는 입원이후 가슴이 답답하고 머리가 계속 아프다는 등 여러 차례 담당주치의인 피고 ◈②◈에게 아픔을 호소하였으나 피고 ◈②◈는 이를 대수롭지 않게 받아들이면서 수술 전 스트레스로 인한 것이라며 별다른 조치를 취하지 않는등 원고의 고통을 무시하였고 결국 같은 달 17. 08:00경 수술을 강행하였습니다.

원고 ○○○의 수술은 피고 ◈①◈의 집도로 이루어졌는데 생금조직검사 수술이었고 위 수술은 뇌속에 종양이라고 의심되는 부위의 일부를 떼어내어 검사하는 것으로서 마취후 두개골에 구멍을 뚫어 긴 관으로 뇌속의 염증부분을 채취하는 것이었으며, 수술결과 뇌염증이라고 하면서 항생제를 투여하는 이외에는 별다른 조치를 취하지 아니하였습니다.

그런데 수술 후 피고산하 부속병원측에서는 중환자실로 옮겨안정을 취하게 하지 아니하고 바로 일반병실로 돌려보냈으며원고 ○○○는 마취에서 매우 늦게 깨어났던 것인데, 마취에서 깨고 난 이후 정신이 매우 혼미하고 몽롱한 상태라면서식은땀을 비오듯이 흘리고 가슴이 답답한 증세를 호소하였고심지어 1m 앞에 있는 달력의 큰 글씨조차 구별하지 못하는등 시력장애 증상까지 나타나기 시작하였습니다.

원고 ○○○의 고통이 수술후유증이라고 판단한 가족들은 여러 차례 위와 같은 후유증세를 담당 주치의인 피고 ◈②◈와간호사들에게 호소하였으나 피고 ◈②◈는 수술 후 그럴 수도 있다면서 이를 대수롭지 않게 여기는 것은 물론 아무런 조치를 취하지 아니하더니 급기야 같은 달 20. 퇴원해도 된다는 식으로 퇴원을 종용하기에 이르렀습니다. 원고 ○①○와 원고 ○②○는 병원의 이러한 퇴원요구를 거절한 끝에 병실에서 어머니의 고통을 바라만 볼 수밖에 없었는데 결국 3일도 채 지나지 아니한 3. 23. 오후 2시경 병실 침대에서 화장실을 가기 위해 일어나다 쓰러져 현재까지 의식불명상태에 이르게 되었던 것이며 뇌병변으로 장애등급 1급의 식물인간상태의 장애인이 되고 말았습니다.

원고 ○○○는 피고산하 부속병원에서 2001. 2. 23.까지 입원치료를 받다가 퇴원하여 현재는 ○○시 ○○구 소재 ○○병원에서 입원치료를 받고 있습니다.

피고들은 원고 ○○○의 수술 전에 원고가 고통을 호소하는데도 아무런 조치를 취하지 아니하였고 어떠한 연유인지 가슴통증을 호소하였음에도 그 흔한 심전도검사조차 실시하지 아니하였으며 수술이후에도 환자와 가족들이 그렇게 고통을 호소하였음에도 담당주치의는 무성의하게 환자의 상태를 무시하였고 호흡곤란증세가 있었음에도 산소호흡기 조치도 취하지 아니하였습니다. 원고 ○○○의 수술 전 3. 3. 피고산하 부속병원 신경외과에서 같은 병원 내과에 문의한 결과 내과에서 심장검사, 가슴통증시 혈관확장제(진료기록상 NTG)를 투여하고 그 반응을 체크하라는 등의 내과 의사 소외 ◈③◈의 의견이 있었음에도 불구하고 이를 무시한 채 아무런 조치를 취하지 아니한 채 수술을 강행하였고 수술 후 원고 ○○○가 쓰러질 때까지 원고 ○○○에 대한 어떠한 의료적 조치를 취하였다는 내용이 진료기록상 전혀 나타나 있지 않았으며, 만약 같은 달 20. 퇴원종용에 따라 바로 퇴원결정을 하였더라면 원고 ○○○는 사망에 이르렀을 개연성 또한 높았다고 볼 수 있습니다.

결국 원고 ○○○는 저산소증으로 인한 뇌손상으로 전신마비가 온 것으로 추정되는바(병원측 진단서상 심근경색증이라고 함), 피고산하 부속병원은 위와 같은 내과적 진단이 있었고 이에 따른 최소한의 진료조치를 취하여야 할 의무가 있음에도 망연히 수술 전에는 스트레스라 하면서 수술을 강행하였고 수술 후에 더 심각한 후유증세가 발생하였는데도 이를 무시한 채 심지어 퇴원까지 종용한 피고산하 부속병원은 진료계약에 따른 성실한 진료의무를 다하지 아니하고 무성의한 태도로 일관하여 진료계약상의 책임을 다하지 아니한 결과 위 원고에게 돌이킬 수 없는 식물인간 상태라는 막대한 손해를 발생시켰고, 가족들에게 너무나도 크나큰 고통을 안겨주고 만 것입니다.

나. 손해배상책임의 근거

피고 학교법인 ◇◇◇◇은 원고 ○○○와 진료계약을 체결하였으며 선량한 관리자의 주의의무를 다하여 진료당시의 소위 임상의학의 실천에 있어서의 의료수준에 따라 필요하고도 적절한 진료조치를 다해야 할 채무를 지고 있으며 사람의 생명과 건강을 다루는 의사에게는 그 업무의 성질에 비추어 시술로 인하여 발생 가능한 위험의 방지를 위하여 필요한 최선의 조치를 취할 업무상 주의의무가 요구되는바 수술을 담당하는 의사는 수술 중에 있어서는 물론 수술 전후의 모든 과정을 통하여 발생할 수 있는 모든 위험에 대비하여 환자의 상태를 면밀히 관찰하는 것을 포함하여 최선의 조치를 취할 주의의무가 요구된다고 할 것임에도 이를 게을리 하여 원고 ○○○로 하여금 위와 같이 식물인간 상태에 이르게 하였으므로 채무불이행책임을 져야 합니다.

물론 피고 ◈①◈와 피고 ◈②◈는 민법 제750조의 불법행위책임을, 피고 학교법인 ◇◇◇◇은 피고 ◈①◈와 피고 ◈②

◆의 사용자로서 민법 제756조의 사용자책임을 같이 져야 할 것입니다.

3. 손해배상의 범위

가. 기초사실

원고 ○○○는 1950. 3. 3.생으로 이 사건 사고 발생일인 2000. 3. 23. 현재 50년 남짓된 신체 건강한 여자였으나 사고 이후 가동능력을 100% 상실한 사람으로서 그 또래 우리나라 여자의 평균 기대여명은 앞으로 31.25년(375개월)이고 가동연한 60세까지인 2010.3.2.까지 119개월의 호프만 계수는 96.4784이며 사고일경 도시노동자 보통인부의 노임은 금 34,360원입니다.

나. 일실수입

금 79,929,950원(금 34,360×22일×96.4784)

다. 개호비

원고 ○○○가 식물인간상태가 된 이후 유일한 가족들인 나머지 원고들이 모두 직장에 다니고 있는 관계로 원고 ○○○를 간병하는 자가 항상 있어야 하는바, 사고 발생일로부터 기대여명까지의 개호비도 이 사건 손해배상에 포함되어야 할 것인데, 기대여명까지 375개월의 호프만 수치는 225.5314이므로 기대여명까지의 개호비는 금 232,477,767원(금 34,360원×30일×225.5314)입니다.

라. 위자료

원고 ○○○는 이 사건 사고로 식물인간 상태에 빠져 헤어날 수 없는 고통에 시달리고 있음은 자명할 것이고, 아버지와 별거 중이던 어머니마저 이와 같은 상태로 지내게 되어 이를 지켜볼 수밖에 없고 앞으로도 이러한 고통을 감내해야만 하는 나머지 원고들 역시 그 슬픔과 괴로움은 이 세상이 다하도록 잊을 날이 없다 할 것이 분명하므로 피고들이 이를 금전적으로나마 위자한다면 원고 ○○○에게 금 20,000,000원, 원고 ○①○, 원고 ○②○에게 각 금 10,000,000원씩을 각 지급함이 상당하다 할 것입니다.

4. 결론

그렇다면 피고들은 연대하여 원고 ○○○에게 금 332,407,717원{금 79,929,950원(일실수입) + 금 232,477,767원(개호비) + 금 20,000,000원(위자료)}, 원고 ○①○, 원고 ○②○에게 각 금 10,000,000원 및 각 이에 대하여 사고 발생일인 2000. 3. 23.부터 이 사건 소장부본 송달일까지는 민법에서 정한 연 5%의, 그 다음날부터 다 갚는 날까지는 소송촉진 등에 관한 특례법에서 정한 연 15%의 각 비율에 의한 지연손해금을 각 지급 받고자 이 사건 소제기에 이른 것입니다.

입 증 방 법

1. 갑 제1호증   가족관계증명서
1. 갑 제2호증   진단서
1. 갑 제3호증   장애인등록증
1. 갑 제4호증의 1, 2   한국인의표준생명표지 및 내용
1. 갑 제5호증의 1, 2   월간거래가격표지 및 내용

첨 부 서 류

1. 위 입증방법   각 1통
1. 법인등기사항증명서   1통
1. 소장부본   3통
1. 송달료납부서   1통

20○○.   ○.   ○.

위 원고   1. ○○○ (서명 또는 날인)
          2. ○①○ (서명 또는 날인)
          3. ○②○ (서명 또는 날인)

○○지방법원 귀중

관할법원	※ 아래(1)참조	소 멸 시 효 기 간 제 척 기 간	○○년(☞소멸시효일 람표) ※ 아래(2)참조
제출부수	소장원본 1부 및 피고 수만큼의 부본 제출		
비 용	.인지액 : ○○○원(☞산정방법) ※ 아래(3)참조 .송달료 : ○○○원(☞적용대상사건 및 송달료 예납기 준표)		
불복절차 및 기 간	.항소(민사소송법 제390조) .판결서가 송달된 날부터 2주 이내(민사소송법 제396조 제1항)		

● 기타 : 일용노동에 종사하는 사람은 만 60세가 끝날 때가 아니라 만 60세에 이르기까지 가동할 수 있다고 보는 것이 경험칙상 타당함(대법원 1991. 3. 27. 선고 90다11400 판결, 1991. 4. 23. 선고 91다6665 판결).

원래 의료행위에 있어서 주의의무위반으로 인한 불법행위 또는 채무불이행으로 인한 책임이 있다고 하기 위해서는, 다른 경우에 있어서와 마찬가지로, 의료행위상의 주의의무의 위반, 손해의 발생 및 주의의무의 위반과 손해의 발생 사이의 인과관계의 존재가 전제되어야 한다고 할 것이나, 의료행위가 고도의 전문적 지식을 필요로 하는 분야이고 그 의료의 과정은 대개의 경우 환자 본인이 그 일부를 알 수 있는 외에 의사만이 알 수 있을 뿐이며 치료의 결과를 달성하기 위한 의료기법은 의사의 재량에 달려 있기 때문에, 손해 발생의 직접적인 원인이 의료상의 과실로 말미암은 것인지의 여부는 전문가인 의사가 아닌 보통인으로서는 도저히 밝혀낼 수 없는 특수성이 있어서 환자측이 의사의 의료행위상의 주의의무위반과 손해의 발생과의 사이의 인과관계를 의학적으로 완벽하게 입증한다는 것은 극히 어려운 일이므로, 의료사고가 발생한 경우 피해자측에서 일련의 의료행위 과정에 있어서 저질러진 일반인의 상식에 바탕을 둔 의료상의 과실이 있는 행위를 입증하고 그 결과와 사이에 일련의 의료행위 외에 다른 원인이 개재될 수 없다는 점, 이를테면 환자에게 의료행위 이전에 그러한 결과의 원인이 될 만한 건강상의 결함이 없었다는 사정을 증명한 경우에는, 의료행위를 한 측이 그 결과가 의료상의 과실로 말미암은 것이 아니라 전혀 다른 원인으로 말미암은 것이라는 입증을 하지 아니하는 이상, 의료상 과실과 결과 사이의 인과관계를 추정하여 손해배상책임을 지울 수 있도록 입증책임을 완화하는 것이 손해의 공평·타당한 부담을 그 지도원리로 하는 손해배상제도의 이상에 맞음(대법원 1999. 6. 11. 선고 99다3709 판결)

* 지연손해금 : 소송촉진등에관한특례법 제3조에서는 ①금전채무의 전부 또는 일부의 이행을 명하는 판결(심판을 포함)을 선고할 경우에 금전채무불이행으로 인한 손해배상액산정의 기준이 되는 법정이율은 그 금전채무의 이행을 구하는 소장 또는 이에 준하는 서면이 채무자에게 송달된 날의 다음날부터는 대통령령으로 정하는 이율(현재는 연 15%임)에 의하고(다만, 장래의 이행을 청구하는 소에 해당하는 경우는 제외), ②채무자가 그 이행의무의 존재를 선언하는 사실심판결이 선고되기까지 그 존부나 범위에 관하여 항쟁함이 상당하다고 인정되는 때에는 그 상당한 범위 안에서 제1항의 규정을 적용하지 아니한다고 규정하고 있음.

그런데 위 법조항의 「채무자가 그 이행의무의 존부나 범위에 관하여 항쟁함이 상당하다고 인정되는 때」는 「그 이행의무의 존부나 범위에 관하여 항쟁하는 채무자의 주장에 상당한 근거가 있는 것으로 인정되는 때」를 가리키는 것으로 해석되므로, 채무자가 위와 같이 항쟁함이 상당한 것인지의 여부는 당해 사건에 관한 법원의 사실인정과 그 평가에 관한 문제라고 할 것이고, 한 편「그 상당한 범위」는「채무자가 항쟁함에 상당한 기간의 범위」를 뜻하는 것으로서 채무자가 당해 사건의 사실심(제1심 또는 항소심)에서 항쟁할 수 있는 기간은「사실심 판결선고시」까지로 보아야 하므로, 그 선고시 이후에는 어떤 이유로든지 소송촉진등에관한특례법 제3조 제1항의 적용을 배제할 수 없으나, 소장 또는 이에 준하는 서면이 채무자에게 송달된 다음날부터 그 심급의 판결선고 전이기만 하면 법원은 그 항쟁함에 상당한 기간의 범위를 적절히 정할 수 있음(대법원 1998. 7. 14. 선고 96다17202 판결).

따라서 불법행위로 인하여 발생한 사고에 대한 손해배상청구사건에 있어서도 손해배상금에 대한 지연손해금을「불법행위로 인한 손해발생시부터 소장부본 송달일까지는 민법에서 정한 연 5%의, 그 다음날부터 다 갚는 날까지는 소송촉진등에관한특례법에서 정한 연 15%의 각 비율로」청구해볼 수 있을 것이나, 피고가 그 의무 및 존부의 범위에 관하여 항쟁함이 상당하다고 인정되면 법원이 손해발생시부터 판결선고일까지는 민법에서 정한 연 5%의 비율에 의한 지연손해금을 부담하라고 선고할 수 있는 것이므로, 그러한 경우에는 소제기시에 지연손해금을「불법행위로 인한 손해발생시부터 판결선고시까지는 민법에서 정한 연 5%의, 그 다음날부터 다 갚는 날까지는 소송촉진등에관한특례법에서 정한 연 15%의 각 비율로」청구하기도 함.

※ (1) 관   할

1. 소(訴)는 피고의 보통재판적(普通裁判籍)이 있는 곳의 법원의 관

할에 속하고, 사람의 보통재판적은 그의 주소에 따라 정하여지나, 대한민국에 주소가 없거나 주소를 알 수 없는 경우에는 거소에 따라 정하고, 거소가 일정하지 아니하거나 거소도 알 수 없으면 마지막 주소에 따라 정하여짐.

2. 불법행위에 관한 소를 제기하는 경우에는 행위지의 법원에 제기할 수 있음.

3. 따라서 위 사안에서 원고는 피고의 주소지를 관할하는 법원이나 의료사고발생지를 관할하는 법원에 소를 제기할 수 있음.

※ (2) 소멸시효 등

의료사고로 인한 배상책임이 문제되는 경우 「불법행위로 인한 책임」과 「채무불이행책임(또는 계약책임)」이 경합하게 됨. 즉, 치료가 잘못되어 병세가 악화되게 되는 경우 그것은 과실로 인하여 신체를 침해한 것이 되어 불법행위의 성립이 문제될 뿐만 아니라, 완치 또는 병세가 호전되도록 치료해줘야 할 치료계약을 이행하지 못한 결과가 되어 채무불이행이 될 수 있기 때문임. 그런데 이처럼 계약상의 채무불이행으로 인한 손해배상청구권과 불법행위로 인한 손해배상청구권을 아울러 취득하면 그 중 어느 쪽의 손해배상청구권이라도 선택적으로 행사할 수 있음(대법원 1983. 3. 22. 선고 82다카1533 전원합의체 판결, 1989. 4. 11. 선고 88다카11428 판결). 그러나 판례는 "불법행위를 원인으로 한 손해배상을 청구한데 대하여 채무불이행을 원인으로 한 손해배상을 인정한 것은 당사자가 신청하지 아니한 사항에 대하여 판결한 것으로서 위법이다."라고 하였고(대법원 1963. 7. 25. 선고 63다241 판결), "채무불이행으

로 인한 손해배상청구권에 대한 소멸시효항변이 불법행위로
인한 손해배상청구권에 대한 소멸시효항변을 포함한 것으로
볼 수는 없다."라고 하였으므로(대법원 1998. 5. 29. 선고 96
다51110 판결) 손해배상청구시 불법행위 또는 채무불이행 중
어느 쪽의 책임을 물을 것인지를 선택하여 청구하여야 할 것
임. 그리고 불법행위책임과 채무불이행책임은 모두 과실책임을
원칙으로 하지만, 불법행위에 있어서는 피해자가 가해자에게
고의.과실 있음을 입증하여야 하지만(다만, 사용자책임의 경우
는 사용자가 선임.감독에 과실 없음을 입증하여야 함), 채무불
이행의 경우는 채권자는 채무자의 채무불이행사실을 입증함으
로써 충분하고, 채무자가 책임을 면하려면 그에게 귀책사유 없
음을 입증하여야 함. 또한, 불법행위책임의 소멸시효기간은 피
해자나 그 법정대리인이 그 손해 및 가해자를 안 날로부터 3
년, 불법행위시로부터 10년 이내에 청구하여야 하나(민법 제
766조), 채무불이행으로 인한 손해배상청구권은 계약채권의 확
장 내지 변형이므로 일반채권의 소멸시효기간인 10년이 경과
함으로써 소멸하고(민법 제162조 제1항) 채무불이행으로 인한
손해배상청구권의 소멸시효는 채무불이행시로부터 진행함(대법
원 1995. 6. 30. 선고 94다54269 판결). 참고로 의료사고에
대한 불법행위책임을 물을 경우 고용의사는 민법 제750조의
불법행위자로서, 병원은 민법 제756조의 사용자로서 책임을
지게 될 것이지만, 채무불이행책임의 경우에는 계약당사자만
책임을 지게 되므로 고용의사는 이행보조자가 될 뿐이고, 병원
만이 상대방이 될 것임.

※ (3) 인 지

소장에는 소송목적의 값에 따라 민사소송등인지법 제2조 제1항 각 호에 따른 금액 상당의 인지를 붙여야 함. 다만, 대법원 규칙이 정하는 바에 의하여 인지의 첩부에 갈음하여 당해 인지액 상당의 금액을 현금이나 신용카드·직불카드 등으로 납부하게 할 수 있는바, 현행 규정으로는 인지첩부액이 1만원 이상일 경우에는 현금으로 납부하여야 하고 또한 인지액 상당의 금액을 현금으로 납부할 수 있는 경우 이를 수납은행 또는 인지납부대행기관의 인터넷 홈페이지에서 인지납부대행기관을 통하여 신용카드 등으로도 납부할 수 있음(민사소송등인지규칙 제27조 제1항 및 제28조의 2 제1항).

소   장

원   고 1. ○○○ (주민등록번호)

        2. ○①○ (주민등록번호)

        3. ○②○ (주민등록번호)

    위 원고들 주소: ○○시 ○○구 ○○길 ○○(우편번호)

    위 원고2, 3은 미성년자이므로 법정대리인 친권자 부○○○

            전화.휴대폰번호:

            팩스번호,   전자우편(e-mail)주소:

피   고 1. ◇◇◇ (주민등록번호)

        ○○시 ○○구 ○○길 ○○(우편번호)

        전화.휴대폰번호:

        팩스번호, 전자우편(e-mail)주소:

        2. ◈◈◈ (주민등록번호)

        ○○시 ○○구 ○○길 ○○(우편번호)

        전화.휴대폰번호:

        팩스번호, 전자우편(e-mail)주소:

손해배상(의)청구의 소

청 구 취 지

1. 피고들은 각자 원고 ○○○에게 금 ○○○원, 원고 ○①○, 원고

○②○에게 각 금 ○○○원 및 각 이에 대하여 20○○. ○. ○.
부터 이 사건 소장부본 송달일까지는 연 5%의, 그 다음날부터
다 갚는 날까지는 연 15%의 각 비율에 의한 돈을 지급하라.
2. 소송비용은 피고들의 부담으로 한다.
3. 위 제1항은 가집행 할 수 있다.
라는 판결을 구합니다.

청 구 원 인

1. 당사자들 관계
 가. 원고
    원고 ○○○는 이 사건 사고로 사망한 소외 망 ◉◉◉의 남편
    이고, 원고 ○①○, 원고 ○②○는 소외 망 ◉◉◉의 자식들
    입니다.
 나. 피고들
    피고 ◇◇◇는 ○○시 ○○구 ○○길 123의 45에서 ◇◇◇의원
    이라는 상호를 개설하여 외과 등을 영리목적으로 경영하는 외
    과전문의사로서 피고 ◆◆◆의 사용자이고, 피고 ◆◆◆는 위
    ◇◇◇의원에서 피고 ◇◇◇에게 고용되어 근무한 의사입니다.

2. 손해배상책임의 발생
 가. 사건의 경위
    피고들은 20○○. ○. ○. 15:00경 ○○시 ○○구 ○○길 123의
    45 소재 ◇◇◇의원에서 소외 망 ◉◉◉의 폐렴에 대한 치료
    를 하였던 바, 이러한 경우 피고들로서는 문진, 사진, 촉진 등
    의 방법과 아울러 위 망인의 체온 및 혈압측정, 혈액검사 등의
    방법을 통하여 소외 망 ◉◉◉의 정확한 병인을 파악하고 이
    에 대하여 적절한 치료약을 투약하여 약물쇼크사고를 피해야

할 업무상 주의의무가 있음에도 불구하고 소외 망 ◉◉◉가 오한, 구토, 메스꺼움, 두통 등을 호소하자 단순히 위염 및 신경증 증세로 오진한 채 폐렴환자에게는 호흡억제 부작용이 있어 절대로 사용해서는 아니 되는 마약 계통의 진통제인 펜타조신 30㎎을 주사한 과실로 소외 망 ◉◉◉으로 하여금 같은 날 20:15경 펜타조신 약물쇼크에 의한 호흡부전, 심부전 등의 증세로 사망케 한 것입니다.

나. 피고들의 책임

피고 ◇◇◇는 소외 망 ◉◉◉에 대한 검사를 제대로 하지 않고 단순한 위염증세로 오진하였고, 피고 ◆◆◆는 소외 망 ◉◉◉가 재차 같은 증세를 호소하며 다시 위 ◇◇◇의원을 찾아오자 아무런 의심 없이 피고 ◇◇◇가 오진한 위염에 대한 진통을 목적으로 타조신을 주사한 잘못이 있습니다. 피고들은 소외 망 ◉◉◉와 체결한 진료계약에 따라 성실하게 진료하고 진상에 알맞은 처방을 하였어야 함에도 불구하고, 위 진료계약에 따른 의무를 다하지 않은 잘못이 있습니다. 또한, 피고들은 소외 망 ◉◉◉에 대하여 오진 및 잘못된 처방을 한 불법행위 책임을 져야 할 것입니다. 피고 ◇◇◇는 피고 ◆◆◆의 과실로 인하여 이 사건 사고가 발생함에 대한 사용자책임도 져야 할 것입니다. 피고들은 소외 망 ◉◉◉에 대한 진찰결과 및 그에 따른 처방방법을 자세히 설명하고, 그 약효는 물론 부작용 등에 대하여 설명하여 소외 망 ◉◉◉의 자기결정권에 기한 승낙을 받은 후 투약하였어야 함에도 불구하고 이를 게을리하였으므로 설명의무위반에 대한 책임이 있습니다.

3. 손해배상의 범위

가. 연령, 성별, 기대여명

이 사건 사고로 사망한 소외 망 ◉◉◉는 19○○. ○. ○.생으로 이 사건 사고 당시인 20○○. ○. ○. 현재 32년 6개월된 신체 건강한 여자로서 그 또래 우리나라 여자의 평균기대여명은 앞으로 48.38년으로 특별한 사정이 없는 한 80세까지는 생존이 가능하다 할 것입니다.

나. 직업 및 수입관계

소외 망 ◉●◉는 원고 ○○○와 결혼하여 자녀 2명을 돌보며 생활하는 가정주부로서 그에 대한 수익사실의 입증이 곤란하므로 최소한 대한건설협회에서 조사한 20○○년도 상반기 적용 건설업임금실태조사보고서상의 도시 보통인부의 1일 노임은 금 ○○○원이고, 통상 월 22일간은 가동할 수가 있다 함은 경험칙상 명백하다 할 것이므로 월평균 금 ○○○원{금 ○○○원(도시일용 보통인부 1일노임단가)×22일)의 수익이 예상되나 소외 망 ◉●◉가 사망하였으므로 망인의 생계비로 1/3을 공제하면 매월 금 ○○○원(월평균 금 ○○○원×2/3, 원미만 버림)의 수익이 예상됩니다.

다. 가동연한 및 일실수익 손해금

소외 망 ◉●◉는 이 사건 사고로 사망하지 않았더라면 통상 가동연한이 60세가 다할 때까지 27년 6개월, 즉 월로 환산하면 330개월 동안은 위 월평균 수익금 이상을 올릴 수가 있다 할 것이나, 이 사건 사고로 사망하여 위 월평균 수익금을 월차적으로 상실하게 되었는바, 이를 기초로 하여 월 5/12%의 법정중간이자를 공제하는 호프만식 계산법에 따라 사고당시를 기준으로 일시에 그 현가를 산출하면 금 ○○○원{금 ○○○원(월평균수입)×207.3101(330개월에 대한 호프만수치), 원미만 버림}이 됩니다.

4. 장례비

소외 망 ◉●◉의 사망으로 인한 장례비(영안실비, 장의차량비, 기타

비용 포함)로 금 3,000,000원이 소요되어 망인의 남편인 원고 ○
○○가 지불하였으므로 이를 장례비로 청구합니다.

5. 위자료

이 사건 사고로 사망한 소외 망 ◉◉◉는 원고 ○○○와 결혼하
여 딸인 원고 ○①○, 원고 ○②○를 낳아 행복하게 살아오다 이
사건 폐렴치료시 피고들의 잘못으로 비참하게 사망하고 말았으니
그 죽음에 이르기까지의 고충과 비애는 두말할 나위가 없었을 것
이고, 이러한 광경을 지켜 본 남편과 자녀들 역시 그 슬픔과 괴
로움은 이 세상 다하도록 잊을 날이 없다 할 것이 분명하므로 피
고들은 이들을 금전으로나마 위자한다면 소외 망 ◉◉◉에게 금
○○○원, 원고 ○○○에게 금 ○○○원, 원고 ○①○, 원고 ○②
○에게 각 금 ○○○원의 위자료를 각자 지급함이 상당하다 할
것입니다.

6. 상속관계

소외 망 ◉◉◉의 손해배상채권 금 ○○○원{금 ○○○원(일실수
입) + 금 ○○○원(위자료)}은 그의 상속인인 원고 ○○○에게
3/7(금 ○○○원=소외 망 ◉◉◉의 손해배상채권 금 ○○○원
×3/7), 원고 ○①○, 원고 ○②○에게 각 2/7(금 ○○○원=소외
망 ◉◉◉의 손해배상채권 금 ○○○원×2/7)의 비율로 각 상속
되었습니다.

7. 결론

따라서 피고들은 각자 원고 ○○○에게 금 ○○○원{금 ○○○원
(장례비) + 금 ○○○원(위자료) + 금 ○○○원(상속채권)}, 원고 ○
①○, 원고 ○②○에게 각 금 ○○○원{금 ○○○원(위자료) + 금
○○○원(상속채권)} 및 각 이에 대하여 이 사건 사고일인 20○

○. ○○. ○○.부터 이 사건 소장부본 송달일까지는 민법에서 정한 연 5%의, 그 다음날부터 다 갚는 날까지는 소송촉진특례법에서 정한 연 20%의 각 비율에 의한 지연손해금을 지급할 의무가 있다 할 것이므로, 원고들은 부득이 청구취지와 같은 돈을 각 청구하고자 이 사건 청구에 이르게 되었습니다.

<h2>입 증 방 법</h2>

1. 갑 제1호증   기본증명서
        (단, 2007.12.31.이전에 사망한 경우 제적등본)
1. 갑 제2호증   가족관계증명서
1. 갑 제3호증   주민등록등본
1. 갑 제4호증   사망진단서
1. 갑 제5호증의 1, 2   한국인의표준생명표지 및 내용
1. 갑 제6호증의 1, 2   월간거래가격표지 및 내용

<h2>첨 부 서 류</h2>

1. 위 입증서류   각 1통
1. 소장부본   2통
1. 송달료납부서   1통

20○○.　○.　○.

위 원고　1. ○○○ (서명 또는 날인)
　　　　　2. ○①○
　　　　　3. ○②○

원고2, 3은 미성년자이므로

법정대리인 친권자 부 ○○○(서명 또는 날인)

○○지방법원   귀중

관할법원	※ 아래(1)참조	소 멸 시 효 기 간 제 척 기 간	○○년(☞소멸시효일람표) ※ 아래(2)참조
제출부수	소장원본 1부 및 피고 수만큼의 부본 제출		
비 용	.인지액 : ○○○원(☞산정방법) ※ 아래(3)참조 .송달료 : ○○○원(☞적용대상사건 및 송달료 예납 기준표)		
불복절 차 및 기간	.항소(민사소송법 제390조) .판결서가 송달된 날부터 2주 이내(민사소송법 제396조 제1 항)		

● 기타 : .원래 의료행위에 있어서 주의의무위반으로 인한 불법행위 또는 채 무불이행으로 인한 책임이 있다고 하기 위해서는, 다른 경우에 있어서와 마 찬가지로, 의료행위상의 주의의무의 위반, 손해의 발생 및 주의의무의 위반 과 손해의 발생 사이의 인과관계의 존재가 전제되어야 한다고 할 것이나, 의료행위가 고도의 전문적 지식을 필요로 하는 분야이고 그 의료의 과정은 대개의 경우 환자 본인이 그 일부를 알 수 있는 외에 의사만이 알 수 있을 뿐이며 치료의 결과를 달성하기 위한 의료기법은 의사의 재량에 달려 있기 때문에, 손해 발생의 직접적인 원인이 의료상의 과실로 말미암은 것인지의 여부는 전문가인 의사가 아닌 보통인으로서는 도저히 밝혀낼 수 없는 특수 성이 있어서 환자측이 의사의 의료행위상의 주의의무위반과 손해의 발생과

의 사이의 인과관계를 의학적으로 완벽하게 입증한다는 것은 극히 어려운 일이므로, 의료사고가 발생한 경우 피해자측에서 일련의 의료행위 과정에 있어서 저질러진 일반인의 상식에 바탕을 둔 의료상의 과실이 있는 행위를 입증하고 그 결과와 사이에 일련의 의료행위 외에 다른 원인이 개재될 수 없다는 점, 이를테면 환자에게 의료행위 이전에 그러한 결과의 원인이 될 만한 건강상의 결함이 없었다는 사정을 증명한 경우에는, 의료행위를 한 측이 그 결과가 의료상의 과실로 말미암은 것이 아니라 전혀 다른 원인으로 말미암은 것이라는 입증을 하지 아니하는 이상, 의료상 과실과 결과 사이의 인과관계를 추정하여 손해배상책임을 지울 수 있도록 입증책임을 완화하는 것이 손해의 공평.타당한 부담을 그 지도원리로 하는 손해배상제도의 이상에 맞음(대법원 1999. 6. 11. 선고 99다3709 판결).

* 지연손해금 : 소송촉진등에관한특례법 제3조에서는 ①금전채무의 전부 또는 일부의 이행을 명하는 판결(심판을 포함)을 선고할 경우에 금전채무불이행으로 인한 손해배상액산정의 기준이 되는 법정이율은 그 금전채무의 이행을 구하는 소장 또는 이에 준하는 서면이 채무자에게 송달된 날의 다음날부터는 대통령령으로 정하는 이율(현재는 연 15%임)에 의하고(다만, 장래의 이행을 청구하는 소에 해당하는 경우는 제외), ②채무자가 그 이행의무의 존재를 선언하는 사실심판결이 선고되기까지 그 존부나 범위에 관하여 항쟁함이 상당하다고 인정되는 때에는 그 상당한 범위 안에서 제1항의 규정을 적용하지 아니한다고 규정하고 있음.

그런데 위 법조항의「채무자가 그 이행의무의 존부나 범위에 관하여 항쟁함이 상당하다고 인정되는 때」는「그 이행의무의 존부나 범위에 관하여 항쟁하는 채무자의 주장에 상당한 근거가 있는 것으로 인정되는 때」를 가리키는 것으로 해석되므로, 채무자가 위와 같이 항쟁함이 상당한 것인지의 여부는 당해 사건에 관한 법원의 사실인정과 그 평가에 관한 문제라고 할 것이고, 한편 「그 상당한 범위」는 「채무자가 항쟁함에 상당한 기간의 범위」를 뜻하는 것으로서 채무자가 당해 사건의 사실심(제1심 또는 항소심)에서 항쟁할 수 있는 기간은 「사실심 판결선고시」까지로 보아야 하므로, 그 선고시 이후에는 어떤 이유로든지 소송촉진등에관한특례법 제3조 제1항의 적용을 배제할 수 없으나, 소장 또는 이에 준하는 서면이 채무자에게 송달된 다음날부터 그 심급의 판결선고 전이기만 하면 법원은 그 항쟁함에 상당한 기간의 범위를 적절히 정할 수 있음(대법원 1998. 7. 14. 선고 96다17202 판결).

따라서 불법행위로 인하여 발생한 사고에 대한 손해배상청구사건에 있어서도 손해배상금에 대한 지연손해금을 「불법행위로 인한 손해발생시부터 소장부본 송달일까지는 민법에서 정한 연 5%의, 그 다음날부터 다 갚는 날까지는 소송촉진등에관한특례법에서 정한 연 15%의 각 비율로」 청구해볼 수 있을 것이나, 피고가 그 의무 및 존부의 범위에 관하여 항쟁함이 상당하다고 인정되면 법원이 손해발생시부터 판결선고일까지는 민법에서 정한 연 5%의 비율에 의한 지연손해금을 부담하라고 선고할 수 있는 것이므로, 그러한 경우에는 소제기시에 지연손해금을 「불법행위로 인한 손해발생시부터 판결선고시까지는 민법에서 정한 연 5%의, 그 다음날부터 다 갚는 날까지는 소송촉진등에관한특례법에서 정한 연 15%의 각 비율로」청구하기도 함.

※ (1) 관 할

1. 소(訴)는 피고의 보통재판적(普通裁判籍)이 있는 곳의 법원의 관할에 속하고, 사람의 보통재판적은 그의 주소에 따라 정하여지나, 대한민국에 주소가 없거나 주소를 알 수 없는 경우에는 거소에 따라 정하고, 거소가 일정하지 아니하거나 거소도 알 수 없으면 마지막 주소에 따라 정하여짐.

2. 불법행위에 관한 소를 제기하는 경우에는 행위지의 법원에 제기할 수 있음.

3. 따라서 위 사안에서 원고는 피고의 주소지를 관할하는 법원이나 의료사고발생지를 관할하는 법원에 소를 제기할 수 있음.

※ (2) 소멸시효 등

의료사고로 인한 배상책임이 문제되는 경우 「불법행위로 인한 책임」과 「채무불이행책임(또는 계약책임)」이 경합하게 됨. 즉, 치료가 잘못되어 병세가 악화되게 되는 경우 그것은 과실로 인하여 신체를 침해한 것이 되어 불법행위의 성립이 문제될 뿐만 아니라, 완치 또는 병세가 호전되도록 치료해줘야 할 치료계약을 이행하지 못한 결과가 되어 채무불이행이 될 수 있기 때문임. 그런데 이처럼 계약상의 채무불이행으로 인한 손해배상청구권과 불법행위로 인한 손해배상청구권을 아울러 취득하면 그 중 어느 쪽의 손해배상청구권이라도 선택적으로 행사할 수 있음(대법원 1983. 3. 22. 선고 82다카1533 전원합의체 판결, 1989. 4. 11. 선고 88다카11428 판결). 그러나 판례는 "불법행위를 원인으로 한 손해배상을 청구한데 대하여 채무불이행을 원인으로 한 손해배상을 인정한 것은 당사자가 신청하지 아니한 사항에 대하여 판결한 것으로서 위법이다."라고 하였고(대법원 1963. 7. 25. 선고 63다241 판결), "채무불이행으로 인한 손해배상청구권에 대한 소멸시효항변이 불법행위로 인한 손해배상청구권에 대한 소멸시효항변을 포함한 것으로 볼 수는 없다."라고 하였으므로(대법원 1998. 5. 29. 선고 96다51110 판결) 손해배상청구시 불법행위 또는 채무불이행 중 어느 쪽의 책임을 물을 것인지를 선택하여 청구하여야 할 것임. 그리고 불법행위책임과 채무불이행책임은 모두 과실책임을 원칙으로 하지만, 불법행위에 있어서는 피해자가 가해자에게 고의.과실 있음을 입증하여야 하지만(다만, 사용자책임의 경우는 사용자가 선임.감독에 과실 없음을 입증하여야 함), 채무불이행의 경우는 채권자는 채무자의 채무불이행사실을 입증함으로써 충분하고, 채무자가 책임을 면하려면 그에게 귀책사유 없음을 입증하여야 함. 또한, 불법행위책임의 소멸시효기간은 피해자나 그 법정대리인이 그 손해 및 가해자를 안 날로부터 3년, 불법행위시로부터 10년 이내에 청구하여야 하나(민법 제766조), 채무불이행으로 인한 손해배상청구권은 계약채권의 확장 내지 변형이므로 일반채권의 소멸시효기간인 10년이 경과함으로써 소멸하고(민법 제162조 제1항) 채무불이행으로 인한 손해배상청구권의 소멸시효는 채무불이행시로부터 진행함(대법원 1995. 6. 30. 선고 94다54269 판결). 참고로 의료사고에 대한 불법행위책임을 물을 경우 고용의사는 민법 제750조의 불법행위자로서, 병원은 민법 제756조의 사용자로서 책임을 지게 될 것이지만, 채무불이행책임의 경우에는 계약당사자만 책임을 지게 되므로 고용의사는 이행보조자가 될 뿐이고, 병원만이 상대방이 될 것임.

※ (3) 인 지

소장에는 소송목적의 값에 따라 민사소송등인지법 제2조 제1항 각 호에 따른 금액 상당의 인지를 붙여야 함. 다만, 대법원 규칙이 정하는 바에 의하여 인지의 첩부에 갈음하여 당해 인지액 상당의 금액을 현금이나 신용카드·직불카드 등으로 납부하게 할 수 있는바, 현행 규정으로는 인지첩부액이 1만원 이상일 경우에는 현금으로 납부하여야 하고 또한 인지액 상당의 금액을 현금으로 납부할 수 있는 경우 이를 수납은행 또는 인지납부대행기관의 인터넷 홈페이지에서 인지납부대행기관을 통하여 신용카드 등으로도 납부할 수 있음(민사소송등인지규칙 제27조 제1항 및 제28조의 2 제1항).

[서식 예] 손해배상(의)청구의 소(설명의무불이행, 불법행위책임)

소　　　장

원　　고　1. 양○○ (주민등록번호)

　　　　　2. 정○○ (주민등록번호)

　　　　　3. 양◎◎ (주민등록번호)

　　　　　위 원고들 주소: ○○시 ○○구 ○○길 ○○(우편번호)

　　　　　위 원고3 양◎◎는 미성년자이므로

　　　　　　　　　　법정대리인 친권자 부 양○○ 모 정○○

　　　　　　　　　　전화.휴대폰번호:

　　　　　　　　　　팩스번호, 전자우편(e-mail)주소:

피　　고　의료법인 ◇◇병원

　　　　　○○시 ○○구 ○○길 ○○(우편번호)

　　　　　병원장 ◇◇◇

　　　　　전화.휴대폰번호:

　　　　　팩스번호, 전자우편(e-mail)주소:

손해배상(의)청구의 소

청　구　취　지

1. 피고는 원고 양○○에게 금 ○○○원, 원고 정○○에게 금 ○○
   ○원, 원고 양◎◎에게 금 ○○○원 및 각 이에 대하여 20○○.
   ○○. ○○.부터 이 사건 소장부본 송달일까지는 연 5%의, 그
   다음날부터 다 갚는 날까지는 연 15%의 각 비율에 의한 돈을

지급하라.

2. 소송비용은 피고의 부담으로 한다.

3. 위 제1항은 가집행 할 수 있다.

라는 판결을 구합니다.

청 구 원 인

1. 당사자 신분관계

소외 망 양◉◉는 피고 의료법인 ◇◇병원(다음부터 피고병원이라고만 함)에서 의료사고로 사망한 피해자 본인이고, 원고 양○○는 소외 망 양◉◉의 아버지, 원고 정○○는 소외 망 양◉◉의 어머니, 원고 양◎◎는 소외 망 양◉◉의 여동생이며, 피고병원은 이 사건 의료사고의 가해자입니다.

2. 사건의 개요

(1) 소외 망 양◉◉는 20○○. ○○. 중순경 아랫배 부분에 통증을 느껴 치료를 받기 위하여 피고 병원에 가서 피고 병원에 재직 중이던 외과의사인 소외 김◆◆로부터 진단을 받은 결과 급성맹장염으로 판명이 되어 결국 피고병원에 입원한 후 같은 달 ○○일 소외 김◆◆로부터 맹장수술을 받았습니다.

(2) 수술이 성공적으로 끝난 뒤 소외 망 양◉◉는 피고병원에 입원하여 링게르를 맞았습니다. 그런데, 갑자기 링게르를 맞고 있던 소외 망 양◉◉가 호흡곤란증세를 보이더니 얼마 지나지 않아 사망을 하였습니다.

(3) 이후 사망원인을 확인해보니 당시 피고병원의 간호사로 있던 소외 이◆◆가 바쁜 나머지 링게르 줄이 새면서 공기가 링게르 줄을 통하여 소외 망 양◉◉의 혈관으로 들어가고 있던 사실을 알지 못하고 그대로 링게르를 소외 망 양◉◉에게 투

입하는 바람에 결국 소외 망 양◉◉는 혈관에 공기가 들어
가면서 ○○증세로 사망한 것으로 밝혀졌습니다.

3. 손해배상의 책임
  (1) 위 소외 이◆◆는 간호사로서 환자에게 링게르를 투입할 경우
    에 주사바늘에 공기가 남아 있는지 및 링게르에 아무 이상이
    없는지 등을 꼼꼼히 확인하여 이로 인한 사고를 미연에 방지할
    의무가 있음에도 불구하고 이를 게을리 하여 위와 같이 공기
    가 통하는 링게르를 위 망인에게 주사하는 바람에 소외 망
    양◉◉를 사망하게 하였습니다.
  (2) 따라서 피고병원은 피용인인 소외 이◆◆의 사용자로서 소외
    망 양◉◉ 및 그 가족들인 나머지 원고들이 입은 모든 손해
    를 배상할 책임이 있다 할 것입니다.

4. 손해배상의 범위
  (1) 일실수입
    소외 망 양◉◉는 19○○. ○○. ○○.생으로 이 사건 사고로
    사망한 20○○. ○○. ○○. 현재 만 ○○세 ○○개월 남짓한
    신체 건강한 대한민국 남자로 기대여명은 ○○.○○년이 되
    며, 만약 서울시내에 거주하고 있는 소외 망 양◉◉가 이
    사건 사고로 사망하지 않았다면 사고일로부터 60세에 도달
    하는 날까지 향후 약 ○○개월간은 최소한 도시일용노동자
    로 종사하면서 매월 금 ○○원(도시일용 보통인부 1일노임단
    가 금 ○○원×22일)의 수입을 얻을 수 있으나 이 사건 사고
    로 사망하는 바람에 수입의 전부를 상실하게 되었습니다.
    따라서 소외 망 양◉◉의 생활비를 그 소득에서 1/3을 공제
    하고 월 5/12%의 중간이자를 공제한 호프만방식에 따른 소
    외 망 양◉◉의 일실수입을 사고당시의 현가로 구하면 금

○○○원이 됩니다.

【계산】

(도시일용 보통인부 1일노임단가 금 ○○○원×22일)×(사고일 부터 60세에 이르는 날까지의 개월수에 해당하는 호프만계수)×100%×2/3(생활비 1/3 공제)=금 ○○○원

(2) 위자료

소외 망 양◉◉는 평소 신체 건강한 남자였는데 이 사건 사고로 불의에 사망하는 바람에 소외 망 양◉◉ 및 그 가족들인 원고들이 정신적 고통을 당한 것은 경험칙상 명백하므로, 피고병원은 소외 망 양◉◉에게 금 ○○○원, 아버지인 원고 양○○에게 금 ○○○원, 어머니인 원고 정○○에게 금 ○○○원, 여동생인 원고 양◎◎에게는 금 ○○○원을 각 지급하여 소외 망 양◉◉ 및 그 가족인 원고들의 정신적인 고통을 금전으로나마 위자하여야 마땅하다 할 것입니다.

(3) 장례비

원고 양○○는 소외 망 양◉◉의 장례비로 금 ○○○원을지출하였습니다.

4. 상속관계

소외 망 양◉◉의 손해배상채권 금 ○○○원{금 ○○○원(일실수입)+금 ○○○원(위자료)}은 그의 상속인인 원고 양○○에게 1/2(금 ○○○원=소외 망 양◉◉의 손해배상채권 금 ○○○원×1/2), 원고 정○○에게 1/2(금 ○○○원=소외 망 양◉◉의 손해배상채권 금 ○○○원×1/2)의 비율로 각 상속되었습니다.

5. 따라서 피고병원은 원고 양○○에게 금 ○○○원{금 ○○○원(장례비)+금 ○○○원(위자료)+금 ○○○원(상속채권)}, 원고 정○○에게 금 ○○○원{금 ○○○원(위자료)+금 ○○○원(상속채

권)}, 원고 양○○에게 금 ○○○원(위자료) 및 각 이에 대하여 이 사건 사고일인 20○○. ○○. ○○.부터 이 사건 소장부본 송달일까지는 민법에서 정한 연 5%의, 그 다음날부터 다 갚는 날까지는 소송촉진특례법에서 정한 연 15%의 각 비율에 의한 지연손해금을 지급할 의무가 있다 할 것이므로, 원고들은 부득이 청구취지와 같은 돈을 각 청구하고자 이 사건 청구에 이르게 되었습니다.

입 증 방 법

1. 갑 제1호증	가족관계증명서
1. 갑 제2호증	기본증명서
	(단, 2007.12.31. 이전 사망한 경우 제적등본)
1. 갑 제3호증	사망진단서
1. 갑 제4호증	사체검안서
1. 갑 제5호증	사실확인서
1. 갑 제6호증의 1, 2	한국인표준생명표 표지 및 내용
1. 갑 제7호증	영수증
1. 갑 제8호증의 1, 2	월간거래가격표지 및 내용

첨 부 서 류

1. 위 입증방법	각 1통
1. 법인등기사항증명서	1통
1. 소장부본	1통
1. 송달료납부서	1통

20○○. ○. ○.

위 원고   1. 양○○ (서명 또는 날인)

2. 정○○   (서명 또는 날인)

3. 양◎◎

원고3 양◎◎는 미성년자이므로

법정대리인 친권자 부 양○○(서명 또는 날인)

모 정○○(서명 또는 날인)

○○지방법원   귀중

관할법원	※ 아래(1)참조	소 멸 시 효 기 간 제 척 기 간	○○년(☞소멸시효일 람표) ※ 아래(2)참조
제출부수	소장원본 1부 및 피고 수만큼의 부본 제출		
비 용	.인지액 : ○○○원(☞산정방법) ※ 아래(3)참조 .송달료 : ○○○원(☞적용대상사건 및 송달료 예납 기준표)		
불 복 절 차 및 기 간	.항소(민사소송법 제390조) .판결서가 송달된 날부터 2주 이내(민사소송법 제396조 제1 항)		

● 기타 : 일용노동에 종사하는 사람은 만 60세가 끝날 때가 아니라 만 60세
에 이르기까지 가동할 수 있다고 보는 것이 경험칙상 타당함(대법원 1991.
3. 27. 선고 90다11400 판결, 1991. 4. 23. 선고 91다6665 판결).

일반적으로 의사는 환자에게 수술 등 침습을 과하는 과정 및 그
후에 나쁜 결과발생의 개연성이 있는 의료행위를 하는 경우 또
는 사망 등의 중대한 결과발생이 예측되는 의료행위를 하는 경
우에 있어서 응급환자의 경우나 그밖에 특단의 사정이 없는 한
진료계약상의 의무 내지 위 침습 등에 대한 승낙을 얻기 위한
전제로서 당해 환자나 그 법정대리인에게 질병의 증상, 치료방
법의 내용 및 필요성, 발생이 예상되는 위험 등에 관하여 당시
의 의료수준에 비추어 상당하다고 생각되는 사항을 설명하여 당
해 환자가 그 필요성이나 위험성을 충분히 비교해보고 그 의료
행위를 받을 것인가의 여부를 선택할 수 있도록 할 의무가 있으
며, 의사의 설명의무는 그 의료행위에 따르는 후유증이나 부작
용 등의 위험발생가능성이 희소하다는 사정만으로 면제될 수 없
으며, 그 후유증이나 부작용이 당해 치료행위에 전형적으로 발

생하는 위험이거나 회복할 수 없는 중대한 것인 경우에는 그 발생가능성의 희소성에도 불구하고 설명의 대상이 되고, 의사가 설명의무를 위반한 채 수술 등을 하여 환자에게 예상치 못한 피해를 입히는 등의 중대한 결과가 발생한 경우에 있어서, 그 결과로 인한 모든 손해를 청구하는 경우에는 그 중대한 결과와 의사의 설명의무위반 내지 승낙취득과정에서의 잘못과의 사이에 상당인과관계가 존재하여야 하며, 그 경우 의사의 설명의무위반은 환자의 자기결정권 내지 치료행위에 대한 선택의 기회를 보호하기 위한 점에 비추어 환자의 생명.신체에 대한 의료적 침습과정에서 요구되는 의사의 주의의무위반과 동일시할 정도의 것이어야 할 것이지만, 환자측에서 선택의 기회를 잃고 자기결정권을 행사할 수 없게 된 데 대한 위자료만을 청구하는 경우에는 의사의 설명결여 내지 부족으로 선택의 기회를 상실하였다는 사실만을 입증함으로써 족하고, 설명을 받았더라면 사망 등의 결과는 생기지 않았을 것이라는 관계까지 입증할 필요는 없음(대법원 2002. 10. 25. 선고 2002다48443 판결).

* 지연손해금 : 소송촉진등에관한특례법 제3조에서는 ①금전채무의 전부 또는 일부의 이행을 명하는 판결(심판을 포함)을 선고할 경우에 금전채무불이행으로 인한 손해배상액산정의 기준이 되는 법정이율은 그 금전채무의 이행을 구하는 소장 또는 이에 준하는 서면이 채무자에게 송달된 날의 다음날부터는 대통령령으로 정하는 이율(현재는 연 15%임)에 의하고(다만, 장래의 이행을 청구하는 소에 해당하는 경우는 제외), ②채무자가 그 이행의무의 존재를 선언하는 사실심판결이 선고되기까지 그 존부나 범위에 관하여 항쟁함이 상당하다고 인정되는 때에는 그 상

당한 범위 안에서 제1항의 규정을 적용하지 아니한다고 규정하고 있음.

그런데 위 법조항의 「채무자가 그 이행의무의 존부나 범위에 관하여 항쟁함이 상당하다고 인정되는 때」는 「그 이행의무의 존부나 범위에 관하여 항쟁하는 채무자의 주장에 상당한 근거가 있는 것으로 인정되는 때」를 가리키는 것으로 해석되므로, 채무자가 위와 같이 항쟁함이 상당한 것인지의 여부는 당해 사건에 관한 법원의 사실인정과 그 평가에 관한 문제라고 할 것이고, 한편 「그 상당한 범위」는 「채무자가 항쟁함에 상당한 기간의 범위」를 뜻하는 것으로서 채무자가 당해 사건의 사실심(제1심 또는 항소심)에서 항쟁할 수 있는 기간은 「사실심 판결선고시」까지로 보아야 하므로, 그 선고시 이후에는 어떤 이유로든지 소송촉진등에관한특례법 제3조 제1항의 적용을 배제할 수 없으나, 소장 또는 이에 준하는 서면이 채무자에게 송달된 다음날부터 그 심급의 판결선고 전이기만 하면 법원은 그 항쟁함에 상당한 기간의 범위를 적절히 정할 수 있음(대법원 1998. 7. 14. 선고 96다17202 판결).

따라서 불법행위로 인하여 발생한 사고에 대한 손해배상청구사건에 있어서도 손해배상금에 대한 지연손해금을 「불법행위로 인한 손해발생시부터 소장부본 송달일까지는 민법에서 정한 연 5%의, 그 다음날부터 다 갚는 날까지는 소송촉진등에관한특례법에서 정한 연 15%의 각 비율로」 청구해볼 수 있을 것이나, 피고가 그 의무 및 존부의 범위에 관하여 항쟁함이 상당하다고 인정되면 법원이 손해발생시부터 판결선고일까지는 민법에서 정한 연 5%의 비율에 의한 지연손해금을 부담하라고 선고할 수 있는 것이므로, 그러한 경우에는 소제기시에 지연손해금을「불법행위로 인한 손해발생시부터 판결선고시까지는 민법에서 정한 연 5%의, 그 다음날부터 다 갚는 날까지는 소송촉진등에관한특례법에서 정한 연 15%의 각 비율로」청구하기도 함.

※ (1) 관　할

1. 소(訴)는 피고의 보통재판적(普通裁判籍)이 있는 곳의 법원의 관할에 속하고, 사람의 보통재판적은 그의 주소에 따라 정하여지나, 대한민국에 주소가 없거나 주소를 알 수 없는 경우에는 거소에 따라 정하고, 거소가 일정하지 아니하거나 거소도 알 수 없으면 마지막 주소에 따라 정하여짐.

2. 불법행위에 관한 소를 제기하는 경우에는 행위지의 법원에 제기할 수 있음.

3. 따라서 위 사안에서 원고는 피고의 주소지를 관할하는 법원이나 의료사고발생지를 관할하는 법원에 소를 제기할 수 있음.

※ (2) 소멸시효 등

의료사고로 인한 배상책임이 문제되는 경우「불법행위로 인한 책임」과「채무불이행책임(또는 계약책임)」이 경합하게 됨. 즉, 치료가 잘못되어 병세가 악화되게 되는 경우 그것은 과실로 인하여 신체를 침해한 것이 되어 불법행위의 성립이 문제될 뿐만 아니라, 완치 또는 병세가 호전되도록 치료해줘야 할 치료계약을 이행하지 못한 결과가 되어 채무불이행이 될 수 있기 때문임. 그런데 이처럼 계약상의 채무불이행으로 인한 손해배상청구권과 불법행위로 인한 손해배상청구권을 아울러 취득하면 그 중 어느 쪽의 손해배상청구권이라도 선택적으로 행사할 수 있음(대법원 1983. 3. 22. 선고 82다카1533 전원합의체 판결, 1989. 4. 11. 선고 88다카11428 판결). 그러나 판례는 "불법행위를 원인으로 한 손해배상을 청구한데 대하여 채무불이행을 원인으로 한 손해배상을 인정한 것은 당사자가 신청하지 아니한 사항에 대하여 판결한 것으로서 위법이다."라고 하였고(대법원 1963. 7. 25. 선고 63다241 판결), "채무불이행으로 인한 손해배상청구권에 대한 소멸시효항변이 불법행위로 인한 손해배상청구권에 대한 소멸시효항변을 포함한 것으로 볼 수는 없다."라고 하였으므로(대법원 1998. 5. 29. 선고 96다51110 판결) 손해배상청구시 불법행위 또는 채무불이행 중 어느 쪽의 책임을 물을 것인지를 선택하여 청구하여야 할 것임. 그리고 불법행위책임과 채무불이행책임은 모두 과실책임을 원칙으로 하지만, 불법행위에 있어서는 피해자가 가해자에게 고의.과실 있음을 입증하여야 하지만(다만, 사용자책임의 경우는 사용자가 선임.감독에 과실 없음을 입증하여야 함), 채무불이행의 경우는 채권자는 채무자의 채무불이행사실을 입증함으로써 충분하고, 채무자가 책임을 면하려면 그에게 귀책사유 없음을 입증하여야 함. 또한, 불법행위책임의 소멸시효기간은 피해자나 그 법정대리인이 그 손해 및 가해자를 안 날로부터 3년, 불법행위시로부터 10년 이내에 청구하여야 하나(민법 제766조), 채무불이행으로 인한 손해배상청구권은 계약채권의 확장 내지 변형이므로 일반채권의 소멸시효기간인 10년이 경과함으로써 소멸하고(민법 제162조 제1항) 채무불이행으로 인한 손해배상청구권의 소멸시효는 채무불이행시로부터 진행함(대법원 1995. 6. 30. 선고 94다54269 판결). 참고로 의료사고에 대한 불법행위책임을 물을 경우 고용의사는 민법 제750조의 불법행위자로서, 병원은 민법 제756조의 사용자로서 책임을 지게 될 것이지만, 채무불이행책임의 경우에는 계약당사자만 책임을 지게 되므로 고용의사는 이행보조자가 될 뿐이고, 병원만이 상대방이 될 것임.

※ (3) 인 지

소장에는 소송목적의 값에 따라 민사소송등인지법 제2조 제1항 각 호에 따른 금액 상당의 인지를 붙여야 함. 다만, 대법원 규칙이 정하는 바에 의하여 인지의 첩부에 갈음하여 당해 인지액 상당의 금액을 현금이나 신용카드·직불카드 등으로 납부하게 할 수 있는바, 현행 규정으로는 인지첩부액이 1만원 이상일 경우에는 현금으로 납부하여야 하고 또한 인지액 상당의 금액을 현금으로 납부할 수 있는 경우 이를 수납은행 또는 인지납부대행기관의 인터넷 홈페이지에서 인지납부대행기관을 통하여 신용카드 등으로도 납부할 수 있음(민사소송등인지규칙 제27조 제1항 및 제28조의 2 제1항).

소   장

원   고   ○   ○   ○

　　　　　서울 ○○구 ○○동 45-4

　　　　　위 원고 소송대리인 변호사 ○　　○　　○

　　　　　　　　　　　　　서울 ○○구 ○○동 5-4

피　고 1.   주식회사 ○○건설

　　　　　서울 ○○구 ○○동 45-4

　　　　　대표이사 ○　　○　　○

　　　2.   의료법인 동산병원

　　　　　서울 ○○구 ○○동 5-4

　　　　　대표자 이사장 ○　　○　　○

손해배상청구의 소(의)

청 구 취 지

1. 피고들은 연대하여 원고 ○○○에게 금40,000,000원 및 이에 대
   하여 200○. 6. 15부터 이 사건 판결 선고일까지는 연 5푼의 그
   다음 날부터 완제일까지는 연 2 할의 비율에 의한 금원을 지급
   하라.

2. 소송비용은 피고의 부담으로 한다.

3. 위 제1항은 가집행할 수 있다.

라는 판결을 구합니다.

청 구 원 인

1. 당사자들의 신분관계

가. 원고

원고 ○○○은 이건 산업재해사고로 인하여 신체에 상해를 입은 피해자입니다.

나. 피고들

(1) 피고 주식회사 ○○건설(이하 피고회사라 한다)은 토목, 건축업 등을 경영하는 회사로서 이건 산업재해사고 피해자인 원고 ○○○의 사용자이고,

(2) 피고 의료법인 ○○병원은 산업제해사고 피해자인 원고 ○○○에 대한 이 건 의료과오를 일으킨 정형외과 전문의 소외 ○○○의 사용자입니다.

2. 손해배상책임의 발생

가. 사고경위

(1) 산업재해사고

원고 ○○○은 200○. 4. 11. 10 : 00경 피고회사 건축공사장인 강남오피스텔 전기파이프 배관작업장에서 작업감독자의 지시에 의하여 모타 밸브 파이프 배관 연결 작업을 하기 위하여 높이 3.5m의 각 육교 작업대 위에 임시 깔아놓은 발판 (공사용 아나방 : 둥근 구멍이 많이 뚫린 공사용 철제깔판)에

서서 같음 작업자 ○○○등으로부터 길이 3m의 스틸파이프
(steel pipe)를 받아 전선관을 설치중 가설한 발판(아나방)이
미끄러져 전선관 및 발판과 함께 가설작업대 위에서 3.5m
높이의 지상으로 추락하여 우측 슬관절 전방십자인데 결손
등의 중상을 입게 하였습니다.

(2) 의료과오

피고병원의 피용자인 정형외과 전문의 소외 ○○○는 200○.
6. 14. 11 : 00경 위 병원 정형외과 수술실에서 위 원고에 대
한우측 슬관절 전방십자인대수술을 시행하게 되었는 바, 척
수신경근을 압박하여 신경장애를 일으키는 질병이므로 이러
한 경우 정형외과 의사로서는 이를 제거하는 수술을 하기 위
하여 원고를 전신 마취시켜 반듯이 눕히고 전면척수동맥, 신
경근공맥, 요추신경 등을 과다하게 압박하거나 절단 등의 손
상을 입게 하지 말아야 할 주의 의무가 있음에도 불구하고
이를 게을리 한 과실로 인하여 척수혈류장애 및 척수신경 손
상을 가하여 위 원고로 하여금 대소변 감각을 상실시키는 등
요통, 요추부, 흉부요추부운동장해, 하지방사통 등 치료기간
불상의 상해를 입게 한 것입니다.

나. 피고의 귀책사유

(1) 피고회사

위 사고는 첫째, 임시 작업대인 공사용 가설 육교 위에 깔아
놓은 발판(아나방)을 움직이지 않도록 고정시키지 않고 임시
로 그대로 깔아 놓았기 때문에 작업발판이 흔들려 작업대에

서 미끄러져 내린 것이며,

둘째, 작업 감독자는 높은 작업대 위에서 무거운 파이프 등을 들고 작업중에는 작업발판이 움직이지 않도록 고정시키거나 다른 작업자로 하여금 움직이지 않도록 붙잡게 하는 등으로 작업중 추락사고가 나지 않도록 감독지시 해야 하고 기타 안전장치를 설치해야 됨에도 이를 소홀히 하였고, 작업능률만을 독촉하고 안전 대책강구나 안전교육을 시키지 아니한 작업지시 감독상의 과실 등에 기하여 발생한 것입니다.

그러므로 피고는 위 작업대의 소유자겸 점유자로서 공작물인 작업대(가설육교)의 설치, 보존, 관리상의 하자와 작업감독자의 사용으로서 피용자의 작업지시 감독상의 과실이 경합하여 발생한 이건 사고로 인하여 원고들에게 입힌 재삼손해를 배상할 책임이 있다 할 것입니다.

(2) 피고병원

피고는 원고를 성실히 치료하여야 할 주의의무가 있음에도 불구하고 이를 이행치 않았으므로 이에 대하여 채무불이행 책임을 져야 할 것입니다.

또한 피고의 피용자인 정형외과 전문의 위 ○○○는 위와 같은 주의의무가 있음에도 불구하고 이를 게을리 한 과실로 위 원고에 대한 우측슬관관절전방십자인대수술 후 발이 마비가 되는 등 상태를 더욱 악화시켰으므로 피고는 위 ○○○의 사용자로서의 책임을 져야 할 것입니다.

뿐만 아니라 원고의 가족들에게 원고의 상태와 수술방법 등을 설명해 주고 자의에 의하여 시술을 받아야 하는 데도, 이에 대하여 아무런 동의없이 의료행위를 하였으므로 설명의무위반으로 인한 손해배상책임도 있다할 것입니다.

3. 손해배상의 범위

가. 연령, 성별, 기대여명

원고는 190○. 11. 9. 생으로 이건 사고 당시인 200○. 6. 14. 현재 43년 6개월 된 신체 건강한 남자로서 그 또래 우리나라 남자의 평균 기대여명은 33.18년이므로 특별한 사정이 없는 한 77세까지는 생존이 가능하다 하겠습니다.

나. 직업 및 수입관계

원고는 가정주부로서 가사에 보탬이 되는 일을 하기 위하여 1. 피고회사에서 근로자로서 성실히 근무해 오면서 월평균 금 1,200,000원(금40,000원×30일)을 받아 왔었습니다.

다. 가동연한 및 일실수익 손해금

원고는 이건 사고로 부상당하지 않았더라면 경험칙상 최소한 60세가 다 할 때까지 가동할 수가 있다할 것이므로 이건 사고 당시를 기준으로 앞으로 위 원고는 16년 17월 즉 월로 환산하면 200개월 동안 위 직종에 종사하여 위와 같이 월평균 수익금 이상의 소득을 올릴 수가 있었을 것이므로 이를 상실하게 되었는바, 위와 같은 사실을 기초로 하여 월 5/12푼의 법정 중간이자를 공제하는 호프만식계산법에 따라 일시에 그 현가를 구하면 금190,000,000원(월평균 금950,000×200개월 호프만수치 150.8579원미만 버림)의 수익상실이 예상되나 앞으로 실시할 원고에 대한 신체감정 결과에 따라 확장 청구키로 하고 우선 금10,000,000원을 청구합니다.

라. 개호비 등

개호비 및 향후치료비는 추후 청구합니다.

4. 위 자 료

이건 사고로 인하여 원고는 평생 불구의 몸이 되어 그 정신적, 육체적 고통은 이루 다 헤아릴 수가 없다 할 것이므로 피고들은 연대하여 원고에게 금30,000,000원을 지급함이 상당하다 할 것입니다.

5. 결 론

피고들은 연대하여 원고에게 금40,000,000원(재산상 손해금 10,000,000원 + 위자료 금30,000,000원)및 이에 대하여 이 사건 발생 다음 날인 200○. 6. 15.부터 이건 판결 선고일까지는 민법 소정의 연 5푼의 지연이자를 그 다음날 완제일까지는 소송 촉진 등에 관한 특례법 소정의 연 2할 5푼의 비율에 의한 지연 손해금을 지급받고자 본소 청구에 이른 것입니다.

입 증 방 법

1. 갑제1호증   호적등본
1. 갑제2호증   주민등록등본
1. 갑제3호증의 1, 2 각 진단서
1. 갑제4호증의 1, 2 한국인의 표준생명표지, 내용

1. 갑제 5호증의 1, 2 급여결정명세서

첨 부 서 류

1. 위 입증서류   각 1통
1. 등기부등본   2통
1. 소송위임장   1통
1. 소장부본   2통

200○.   8.   .

위 원고 소송대리인 변호사   ○ ○ ○   (인)

서울○○지방법원   귀중

소   장

원   고   ○○○ (주민등록번호)

○○시 ○○구 ○○길 ○○(우편번호)

전화.휴대폰번호:

팩스번호, 전자우편(e-mail)주소:

피   고   ◇◇◇ (주민등록번호)

○○시 ○○구 ○○길 ○○(우편번호)

전화.휴대폰번호:

팩스번호, 전자우편(e-mail)주소:

손해배상(기)청구의 소

청 구 취 지

1. 피고는 원고에게 금 ○○○원 및 이에 대한 20○○. ○. ○.부터 이 사건 소장부본 송달일까지는 연 5%의, 그 다음날부터 다 갚는 날까지는 연 15%의 각 비율에 의한 돈을 지급하라.
2. 소송비용은 피고의 부담으로 한다.
3. 위 제1항은 가집행 할 수 있다.

라는 판결을 구합니다.

청 구 원 인

1. 손해배상책임의 발생

피고는 20○○. ○. ○. 16:00 ○○로타리에서 길을 걷고 있던 원고를 불러, 아무 이유도 없이 시비를 걸다가 원고가 이에 대꾸하지 않는다는 이유로 각목으로 원고의 머리를 때려 원고는 그 자리에서 쓰러져 병원으로 후송된 뒤 한 달간의 치료를 받은 사실이 있으므로, 피고는 이로 인해 원고가 입은 모든 손해를 배상할 책임이 있다고 할 것입니다.

2. 손해배상책임의 범위

가. 치료비

원고는 병원 치료비로 금 ○○○원을 지출하는 손해를 입었습니다.

나. 일실수입

원고는 원래 회사원으로서 월 평균 금 ○○○원을 급여로 받아왔는데 20○○. ○. ○.부터 20○○. ○. ○.까지 한 달 동안 병원을 다니며 치료를 받느라 한 달 간 일을 하지 못하였으므로, 이로 인한 일실수입은 금 ○○○원{금 ○○○원×1(100%)×0.9958(1개월간에 상당한 호프만수치)}입니다.

다. 위자료

원고는 위 사고로 인해 대인공포증 등으로 시달리는 등 정신적인 고통을 받았으므로 피고는 이를 금전으로나마 위자할 의무가 있다고 할 것인데, 원고의 나이, 직업, 학력, 가정적인 환경 등을 종합적으로 고려할 때 위자료로는 금 ○○○원이 상당하다고 할 것입니다.

3. 결론

따라서 원고는 피고로부터 금 ○○○원(치료비 금 ○○○원 + 일실수입 금 ○○○원 + 위자료 금 ○○○원) 및 이에 대한 20○○. ○. ○.부터 이 사건 소장부본 송달일까지는 민법에서 정한 연 5%의, 그 다음날부터 다 갚는 날까지는 소송촉진 등에 관한 특례법에서 정한 연 15%의 각 비율에 의한 지연손해금을 지급 받기 위하여 이 사건 청구에 이른 것입니다.

입 증 방 법

1. 갑 제1호증   고소장
1. 갑 제2호증   고소장접수증명원
1. 갑 제3호증   진단서
1. 갑 제4호증   치료비영수증
1. 갑 제5호증   재직증명서
1. 갑 제6호증   급여명세서
1. 갑 제7호증   근로소득세원천징수영수증

첨 부 서 류

1. 위 입증방법   각 1통

1. 소장부본   1통

1. 송달료납부서   1통

        20○○. ○. ○.

        위 원고 ○○○ (서명 또는 날인)

○○지방법원 귀중

관할법원	※ 아래(1)참조	소멸시효기간 제 척 기 간	○○년(☞소멸시효일 람표) ※ 아래(2)참조
제출부수	소장원본 1부 및 피고 수만큼의 부본 제출		
비　　용	.인지액 : ○○○원(☞산정방법) ※ 아래(3)참조 .송달료 : ○○○원(☞적용대상사건 및 송달료 예납 기준표)		
불복절 　차 및 기간	.항소(민사소송법 제390조) .판결서가 송달된 날부터 2주 이내(민사소송법 제396조 제1 항)		

기타 : 타인의 불법행위로 인하여 상해를 입은 피해자에게 신체장
애가 생긴 경우에 그 피해자는 그 신체장애 정도에 상응하는 가
동능력을 상실했다고 봄이 경험칙에 합치되고, 피해자가 종전과
같은 직종에 종사하면서 종전과 다름없는 수입을 얻고 있다고
하더라도 당해 직장이 피해자의 잔존 가동능력의 정상적 한계에
알맞은 것이었다는 사정까지 나타나지 않는 한, 피해자의 신체
훼손에도 불구하고 바로 피해자가 재산상 아무런 손해를 입지
않았다고 단정할 수는 없음. 피해자의 입원기간 동안의 노동능
력상실율을 100%로 평가하여 입원기간 동안의 일실수입을 계산
하고 입원기간 동안 직장에서 받은 급여가 공제되어야 한다는
가해자의 주장을 배척한 원심의 판단이 정당하다고 한 사례가
있음(대법원 2002. 9. 4. 선고 2001다80778 판결).

* 지연손해금 : 소송촉진등에관한특례법 제3조에서는 ①금전채무
의 전부 또는 일부의 이행을 명하는 판결(심판을 포함)을 선고
할 경우에 금전채무불이행으로 인한 손해배상액산정의 기준이

되는 법정이율은 그 금전채무의 이행을 구하는 소장 또는 이에 준하는 서면이 채무자에게 송달된 날의 다음날부터는 대통령령으로 정하는 이율(현재는 연 15%임)에 의하고(다만, 장래의 이행을 청구하는 소에 해당하는 경우는 제외), ②채무자가 그 이행의무의 존재를 선언하는 사실심판결이 선고되기까지 그 존부나 범위에 관하여 항쟁함이 상당하다고 인정되는 때에는 그 상당한 범위 안에서 제1항의 규정을 적용하지 아니한다고 규정하고 있음.

그런데 위 법조항의 「채무자가 그 이행의무의 존부나 범위에 관하여 항쟁함이 상당하다고 인정되는 때」는 「그 이행의무의 존부나 범위에 관하여 항쟁하는 채무자의 주장에 상당한 근거가 있는 것으로 인정되는 때」를 가리키는 것으로 해석되므로, 채무자가 위와 같이 항쟁함이 상당한 것인지의 여부는 당해 사건에 관한 법원의 사실인정과 그 평가에 관한 문제라고 할 것이고, 한편 「그 상당한 범위」는 「채무자가 항쟁함에 상당한 기간의 범위」를 뜻하는 것으로서 채무자가 당해 사건의 사실심(제1심 또는 항소심)에서 항쟁할 수 있는 기간은 「사실심 판결선고시」까지로 보아야 하므로, 그 선고시 이후에는 어떤 이유로든지 소송촉진등에관한특례법 제3조 제1항의 적용을 배제할 수 없으나, 소장 또는 이에 준하는 서면이 채무자에게 송달된 다음날부터 그 심급의 판결선고 전이기만 하면 법원은 그 항쟁함에 상당한 기간의 범위를 적절히 정할 수 있음(대법원 1998. 7. 14. 선고 96다17202 판결).

따라서 불법행위로 인하여 발생한 사고에 대한 손해배상청구사건에 있어서도 손해배상금에 대한 지연손해금을 「불법행위로 인한 손해발생시부터 소장부본 송달일까지는 민법에서 정한 연 5%의, 그 다음날부터 다 갚는 날까지는 소송촉진등에관한특례법에서 정한 연 15%의 각 비율로」청구해볼 수 있을 것이나, 피고가 그 의무 및 존부의 범위에 관하여 항쟁함이 상당하다고 인정되면 법원이 손해발생시부터 판결선고일까지는 민법에서 정한 연 5%의 비율에 의한 지연손해금을 부담하라고 선고할 수 있는 것이므로, 그러한 경우에는 소제기시에 지연손해금을 「불법행위로 인한 손해발생시부터 판결선고시까지는 민법에서 정한 연 5%의, 그 다음날부터 다 갚는 날까지는 소송촉진등에관한특례법에서 정한 연 15%의 각 비율로」청구하기도 함.

※ (1) 관 할

1. 소(訴)는 피고의 보통재판적(普通裁判籍)이 있는 곳의 법원의 관할에 속하고, 사람의 보통재판적은 그의 주소에 따라 정하여지나, 대한민국에 주소가 없거나 주소를 알 수 없는 경우에는 거소에 따라 정하고, 거소가 일정하지 아니하거나 거소도 알 수 없으면 마지막 주소에 따라 정하여짐.

2. 불법행위에 관한 소를 제기하는 경우에는 행위지의 법원에 제기할 수 있음.

3. 따라서 위 사안에서 원고는 피고의 주소지를 관할하는 법원이나 사고발생지를 관할하는 법원에 소를 제기할 수 있음.

※ (2) 인 지

소장에는 소송목적의 값에 따라 민사소송등인지법 제2조 제1항 각 호에 따른 금액 상당의 인지를 붙여야 함. 다만, 대법원 규칙이 정하는 바에 의하여 인지의 첩부에 갈음하여 당해 인지액 상당의 금액을 현금이나 신용카드·직불카드 등으로 납부하게 할 수 있는바, 현행 규정으로는 인지첩부액이 1만원 이상일 경우에는 현금으로 납부하여야 하고 또한 인지액 상당의 금액을 현금으로 납부할 수 있는 경우 이를 수납은행 또는 인지납부대행기관의 인터넷 홈페이지에서 인지납부대행기관을 통하여 신용카드 등으로도 납부할 수 있음(민사소송등인지규칙 제27조 제1항 및 제28조의 2 제1항).

고 소 장

고 소 인   ○ ○ ○ (주민등록번호)
　　　　　　　○○시 ○○구 ○○길 ○○

피고소인   김 △ △ (주민등록번호)
　　　　　　　○○시 ○○구 ○○길 ○○번지 ○○병원
　　　　　이 △ △ (주민등록번호)
　　　　　　　○○시 ○○구 ○○길 ○○번지 ○○병원

고 소 취 지

피고소인은 고소인에게 고혈압 및 편두통 치료를 하다가 업무상 과
실로 뇌동맥 파열로 인한 지주막하출혈로 사지부전마비 상태에 이
르게 한 사실이 있으므로 피고소인을 철저히 수사하여 엄벌에 처해
주시기 바랍니다.

고 소 사 실

1. 고소인은 20○○. ○.경 구토를 동반한 심한 두통으로 피고소인
을 사용하고 있는 ○○병원에 내원하여 소화기 내과 전문의인
김△△로부터 진찰을 받았는데, 고혈압으로 의심한 위 의사는 순

환기 내과 의사인 A에게 협의진료를 요청하였고, 위 김△△는 검
사를 시행한 다음 혈압강하제인 ○○○을 복용토록 하였습니다.

2. 고소인은 위 약물을 계속 복용하였으나 한달 후인 20○○. ○.
중순경 계속된 통증으로 다시 위 병원에 내원 하였는데, 당시
김△△는 고혈압, 일과성 뇌허혈, 뇌막염 의심 하에 정밀진단을
위하여 고소인을 입원토록 하였고 당시 고소인은 두통 및 구토
와 함께 목이 뻣뻣하고 목 뒤에서 맥박이 뛰는 듯하며, 말이 어
둔하고 전신이 쇠약한 상태였습니다. 한편 피고 김△△는 신경
학과 의사인 이△△에게 협진 의뢰를 한 바 별다른 이상 없다는
통보를 받고 편두통 진단을 하여 최종적으로 만성위염, 지방간,
고혈압 진단을 내리고 이에 대한 약물치료를 한 다음 혈압이 다
소 안정되자 같은 달 말경 고소인을 퇴원토록 하였습니다.

3. 고소인은 위 병원에 다녀온 뒤 조금 증상이 호전되는 듯하다가
퇴원후 ○개월이 지난 20○○. ○. ○경 새벽 무렵 수면 도중 갑
작스럽게 비명을 지르면서 의식을 잃고 쓰러져 즉시 응급실에
내원하게 되었고 이△△는 뇌 CT 촬영을 하였던바, 좌측 뇌실 내
출혈과 함께 좌측 측두엽 끝과 좌우 내실내 출혈 소견을 보여 일
단 동정맥기형 파열과 뇌실내 출혈, 종양 출혈과 뇌실 내 출혈,
모야모야병과 뇌실내 출혈, 고혈압성 뇌출혈과 뇌실내 출혈로 진
단하였습니다. 그러나 이△△는 고소인의 상태가 좋지 않아 수술
예정만 잡아놓고 합병증 발생 예방 치료만을 하였습니다.

4. 이에 고소인은 수술날짜를 기다릴 수 없어서 다른 병원으로 전

원하였던바, 위 병원 의료진은 동맥류파열에 의한 지주막하출혈로 진단하고 재출혈 방지를 위한 외동맥류 경부 결찰술을 시행하였습니다. 그러나 고소인은 수술전 이미 심한 뇌부종에 의한 뇌세포 괴사와 뇌혈관연축에 의한 뇌경색, 뇌수두증 등으로 뇌손상을 입어 위 병원에서 치료를 받다가 다음 해 ○월경 퇴원하였습니다.

5. 한편 위 병원의 진단 결과 현재의 증상(뇌동맥류 파열에 의한 지주막하출혈)은 이미 위 피고소인이 고소인을 진찰하고 치료할 당시인 20○○. ○. ○. 및 같은 해 ○경에 이미 나타났던 것으로 드러났습니다. 뇌동맥류 파열에 희한 지주막하출혈은 갑작스러운 두통 및 구토이외에는 뇌신경학적 증상이 없는 경우가 있으므로 이 경우 신경외과 의사인 이△△와 주치의인 김△△로서는 환자나 발병과정을 지켜본 사람에게서 자세한 병력을 들어 지주막하출혈 가능성을 추정하고 소량의 출혈시에는 반드시 뇌 CT 촬영, 뇌척수액검사 및 뇌혈관 촬영 등을 신속히 시행하여 뇌동맥류 파열로 인한 지주막하 출혈을 확인하였어야 하는 업무상 주의의무를 위반하여 만연히 즉시 위와 같은 조치를 하지 않고 혈압강하제 만을 투약케 한 업무상 과실로 피고소인을 사지부전마비 상태에 빠뜨렸으니, 조사하여 엄히 처벌하여 주시기 바랍니다.

첨 부 서 류

1. 진단서(A병원 피고소인 작성)
1. 진단서(B병원 의사 작성)

1. 진료기록부(A병원)

1. 진료기록부(B병원)

기타 추후 제출하겠습니다.

20○○년   ○년   ○월

고 소 인   ○   ○   ○ (인)

○○경찰서장(또는 ○○지방검찰청검사장) 귀 중

제출 기관	범죄지, 피의자의 주소, 거소 또는 현재지의 경찰서, 검찰청	공소 시효	○년(☞공소시효일 람표)
고소 권자	피해자(형사소송법223조) (※ 아래(1)참조)	소추 요건	
제출 부수	고소장 1부	관련 법규	형법 268조
범죄성 립요건	업무상과실 또는 중대한 과실로 인하여 사람을 사상에 이르게 한 때		
형 량	.5년 이하의 금고 또는 2천만원 이하의 벌금		
불기소처 분등에대 한 불복절 차 및 기간	(항고) .근거 : 검찰청법 10조 .기간 : 처분결과의 통지를 받은 날부터 30일(검찰청법 10조4항) (재정신청) .근거 : 형사소송법 제260조 .기간 : 항고기각 결정을 통지받은 날 또는 동법 제 260조 제2항 각 호의 사유가 발생한 날부터 10일 (형사소송법 제260조 제3항) (헌법소원) .근거 : 헌법재판소법 68조 .기간 : 그 사유가 있음을 안 날로부터 90일 이내에, 그 사유가 있은 날로부터 1년 이내에 청구하여야 한다. 다만, 다른 법률에 의한 구제절차를 거친 헌법 소원의 심판은 그 최종결정을 통지받은 날로부터 30 일 이내에 청구(헌법재판소법 69조)		

※ (1) 고소권자

(형사소송법 225조)

　1. 피해자가 제한능력자인 경우의 법정대리인

　2. 피해자가 사망한 경우의 배우자, 직계친족, 형제, 자매. 단, 피
　　　해자의 명시한 의사에 반하여 고소할 수 없음

(형사소송법 224조)

　자기 또는 배우자의 직계존속은 고소할 수 없음[단, 성폭력범죄의
　처벌 등에 관한 특례법 제18조에서는 "성폭력범죄에 대하여는 형
　사소송법 제224조(고소의 제한) 및 군사법원법 제266조에 불구하
　고 자기 또는 배우자의 직계존속을 고소할 수 있다."고 규정함]

항 소 이 유 서

피 고 인   ○ ○○,   ○ ○○

위 피고인들에 대한 귀원 20○○노○○○호 보건범죄단속에 관할
특별조치법(인정된 죄명 : 의료법)위반 피고 사건에 관하여 피고인
들의 변호인은 다음과 같이 항소이유를 개진합니다.

다   음

원심은 무면허의료행위의 법리를 오해하고, 심리미진 내지는 채증법
칙을 위배하여 사실을 오인한 결과 판결에 영향을 미친 위법이 있
습니다.

1. 무면허 의료행위에 관한 대법원 판례
가. 대법원 77. 7. 26. 선고 76도 2456사건 판결은 의사면허 없는
　　자가 의사의 보조자로서 그 감독과 지시에 따라 소위 대진하였다
　　면 이를 무면허 의료행위라고 할 수 없다고 판시하였고,
　　대법원 78. 2. 14. 선고 77도 3515 사건 판결은 의사의 조수로서
　　의사부재시에 의사 아님에도 불구하고 의사의 지시없이 함부로
　　한 무면허 의료행위라도… 라고 판시하여 무면허 의료행위를 밝
　　히고 있습니다.
나. 위 2개의 대법원 판결은 전자의 것은 무면허 의료행위라고 볼

수 없다는 경우이고 후자의 것은 무면허의료행위가 되는 경우의 것이어서 이를 분석하면, 의사면허 없는 의사보조자라도 의사의 감독과 지시를 받아 대진한 경우는 무면허의료행위라고 볼 수가 없고, 의사의 보조자인 조수가 의사 부재중에 의사의 감독과 지시 없이 함부로 치료행위를 하면 무면허 의료행위의 범주에 속하는 것입니다.

2. 원심거시의 증거 중 피고인들의 각 피의자신문조서는 검사 입회 서기가 일방적으로 타자 쳐서 피고인들에게 그 내용을 읽어보게 하거나 읽어주지 아니하고 도장 또는 지장을 찍게 한 것이고 또한 그 내용이 피고인들이 검찰 조사시에 진술한 내용과 달라서 임의성은 인정하고 내용은 부인하였던 증거이고, ○○○에 대한 진술조서는 부동의 하였으며, 진료일지는 피고인 ○○○이가 노령으로 글을 빨리 쓸수가 없어서 그의 감독과 지시에 따라 피고인 ○○○이가 작성한 것일 뿐이며, 증인 ○○○이가 ○○의원에서 위 ○○○이가 손 창상에 대한 봉합수술을 하였으나 그 때 옆에 위 ○○○이가 있었고 위 ○○○의 지시에 따라 위 ○○○이가 수술했다는 취지였는데 그 뒷부분은 의도적으로 생략되어 위 ○○○의 증언취지와 다르게 증언내용을 거시하고 있습니다.
오히려 원심에서 거시하지 않은 검찰측의 원심증인 ○○○, 같은 ○○, 같은 ○○○, 그리고 피고인측 증인 ○○○은 모두 일치하여 의사인 위 ○○○은 진료시간중에 병원을 비운 일이 없어서 환자인 위 ○○○, ○○○이 치료받을 때 그들을 진찰하였고 조수인 위 ○○○이가 대신 치료할때도 위 ○○○이가 옆에 있었으며, 위 ○○○은 항상 위 ○○○의 감독하에 그의 구체적인 환자치료 지시에 따라 치료행위를 한 것이고, 위 ○○○이가 위 ○○○의 구체적인 지시도 없는데 그가 독자적으로 함부로 환자치료를 한 적은 없다는 취지로 증언하였고, 위 증인들 전부가 만약 거짓말이 있으면 위증의 벌을 받기로 선서하여 신빙성이 있는데, 그들의 증언 내용은 대부분의 ○○○이가 진료하지만 위 ○○○이가 진료할 때에는 반드시 의사인 위 ○○○의 감독과 구체적인 지시에 따라 치료행위를 한 것이라고 증언한 것이고 그 어느 증인도 위 ○○○이가 위 ○○○의 지시를 받지 않고 독자적으로 함부로 치료행위를 했다는 취지의 증언은 없었습니다.

3. 그러므로 원심법정에서 선서를 하고 증언을 위 증인들의 증언에 의하면 ○○의원에서는 의사인 ○○○이가 대부분 진료를 하였고 조수인 위 ○○○이가 치료행위를 할때는 반드시 위 ○○○이가 옆에서 감독하고 구체적인 지시를 하여서 위 ○○○이가 독자적으로 치료한 것이 아니기 때문에 피고인들에게는 무죄가 선고되어야 할 것입니다.

4. 만약 귀원에서 견해를 달리 하시어 피고인들의 유죄를 인정하신다면 다음과 같은 정상을 참작하셔서 최대한의 관용을 베풀어 주시면 감사하겠습니다.
가. 피고인들의 공통적인 정상으로는, 1) ○○의원에서 위 ○○○이가 한 치료행위는 어느 의원에서나 관행되고 있는 경미한 정도이고, 2) 위 의원에서는 변두리지역이기 때문에 감기, 설사, 일하다가 손가락을 베인 경우등 경미한 환자가 주종을 이루며, 3) 위 의원에서는 그동안 부정의료로 인한 인사사고는 전혀 없었다

는 점.

4) ○○의원의 경우는 통상 무면허의료행위인 의사면허 없이 의료행위를 하거나 또 의사면허만 빌려서 의료행위를 한 경우와는 달리 의사인 위 ○○○은 진료시간중에는 병원을 비운 일이 없고 항상 병원내에서 병원일을 전부 감독하여 온 점을 참작하시고,

나. 위 ○○○은 19○○. 6.경 의사면허를 취득하여 그 당시는 아주 시골인 ○○군 ○○읍에 있는 현재의 위 의원소재지에 의원을 개설하여 현재까지 44년 동안의 긴세월 한 곳에서 가난한 농민들과 빈곤한 사람들을 위해 의료봉사를 하여 왔습니다.

또 위 의원은 ○○읍에서도 가장 변두리 지역에 위치하고 있어서 감기, 설사등 가벼운 환자나 인근의 무료환자들이 찾고 있기 때문에 의원의 진료수입으로는 의원 경영이 적자이지만, 위 최병직은 의사 생활을 계속하는 것이 자신의 건강을 유지하는 방법이 되고, 불우한 학생들에게 장학금을 지급하여 온 것에 긍지를 가져왔고, 또 면동의료원에서 근무하면서 올해 전문의 자격을 취득한 아들과 며느리에게 위 의원을 지어 인계하기 위해 의사생활을 계속하여 왔으며, 현재 위 의원을 헐고 그 자리에 현대식 병원을 건축중에 있습니다.

다. 다음 위 ○○○은 어린시절 집이 몹시 가난하여 중학교 졸업 무렵 병원에서 심부름을 해주면서 병원과 인연을 맺고 그후 계속 병원에서 일을 해 주고 야간에는 학교를 다녀 야간대학 3학년까지 다니다가 중퇴하고 군복무후 결혼하여 처와 5자녀를 부양하고 교육을 시켜야 할 부담 때문에 계속 병원 조수생활을 하면서 간호보조원 자격도 취득하였으며, 그 전에는 의료관계 전과가 많이 있으나 위 ○○의원에서는 위 ○○○의 지시에 따라 치료행위를 하기 때문에 죄가 되지 않는 것으로 생각하였으며, 만약 위 의원에서 그가 한 행

위가 죄가 된다면 다시는 조수생활을 하지 않겠다고 하고 있으며, 이제 전부 성장하여 시집 장가간 자식들은 이제 부친의 연세도 많으시고 또 이제는 자식들이 부모님을 잘 모실 수 있는 능력이 있으니 이제는 피고인이 병원에서 일하지 않도록 하겠다고 다짐하고 있습니다.

라. 이상과 같은 피고인들의 제반정상을 깊이 통찰하셔서 80고령의 피고인 ○○○이나 50대 중반을 넘어선 피고인 ○○○에게 벌금형 등의 은전을 베풀어 주시면 대단히 감사하겠습니다.

20○○.　.　.

위 피고인의 변호인　○　○　○ (인)

서울○○법원　귀중

피미성년후견인에 대한 의료행위의 동의에 대한 허가 청구

청구인   ○ ○ ○ (전화   )
                       주민등록번호
                       주소

사건본인   ○ ○ ○
                       주민등록번호(외국인등록번호)
                       주소
                       등록기준지(국적)

청 구 취 지

사건본인이 2013. 9. 30. ○○병원에서 ○○ 시술을 받는 것에 대하여 미성년후견인이 사건본인을 대신하여 동의하는 것을 허가한다. 라는 심판을 구합니다.

청 구 원 인

1. 사건본인에 대하여 2013. 00. 00. ○○법원 2013느단0000호로 미성년후견개시 심판이 있었고, 미성년후견인으로 청구인이 선임되었습니다.

2. 그런데, 사건본인은 현재 ○○병원에서 ○○ 수술을 받아야
   하는데 미성년자이므로 독자적인 동의를 하기 힘든 상황입니다.
3. 따라서 청구인이 사건본인을 대신하여 위 수술에 동의를 하려고
   합니다.

첨 부 서 류

1. 기본증명서, 가족관계증명서(사건본인)   각 1통
2. 주민등록등본 (사건본인)   각 1통
3. 기타(소명자료)   ○통

2013 . ○. ○.

위 청구인 ○ ○ ○   (인)

○○가정법원   귀중

▣ 유의사항
   수입인지 : 사건본인 수 × 5,000원을 붙여야 합니다.
   송 달 료 : 청구인수 × 3,550원 × 8회분을 송달료취급은행에 납
   부하고 영수증을 첨부하여야 합니다.
   관할법원 : 사건본인(피후견인이 될 사람)의 주소지의 가정법원
   (지방법원, 지원)입니다.

[서식 예] 피성년후견인에 대한 의료행위의 동의에 대한 허가 청구

피성년후견인에 대한 의료행위의 동의에 대한 허가 청구

청구인 　　　○ ○ ○ (전화　　　　　　　　)

　　　　　　　주민등록번호

　　　　　　　주소

　　　　　　　사건본인과의 관계

사건본인 　　　○ ○ ○

　　　　　　　주민등록번호(외국인등록번호)

　　　　　　　주소

　　　　　　　등록기준지(국적)

청 구 취 지

사건본인이 2013. 9. 30. ○○병원에서 ○○ 시술을 받는 것에 대하여 성년후견인이 사건본인을 대신하여 동의하는 것을 허가한다.

라는 심판을 구합니다.

청 구 원 인

1. 사건본인에 대하여 2013. 00. 00. ○○법원 2013느단0000호로 성년후견개시 심판이 있었고, 성년후견인으로 청구인이 선임되었습니다.

2. 그런데, 사건본인은 현재 …… 질병으로 인해 ……………… ○○ 병원에서 ○○ 시술을 받아야 하는데 정신지체 1급의 상태로서 스스로 시술에 대한 동의를 하기 힘든 상황입니다.

3. 따라서, 청구인이 사건본인을 대신하여 위 시술에 동의를 하려고 합니다.

첨 부 서 류

1. 가족관계증명서 및 기본증명서(사건본인)   각 1통
2. 주민등록등본 (사건본인)   1통
3. 사건본인의 후견등기사항전부증명서(말소 및 폐쇄사항 포함) 1통
4. 기타(소명자료)   ○통

2013 .   ○.   ○.

위 청구인 ○ ○ ○   (인)

○○가정법원   귀중

☞ 유의사항

수입인지 : 사건본인 수 × 5,000원을 붙여야 합니다.

송 달 료 : 청구인수 × 3,550원 × 10회분을 송달료취급은행에 납부하고 영수증을 첨부하여야 합니다.

관할법원 : 사건본인(피후견인이 될 사람)의 주소지의 가정법원 (지방법원, 지원)입니다.

피한정후견인에 대한 의료행위의 동의에 대한 허가 청구

청구인   ○ ○ ○ (전화   )
                 주민등록번호
                 주소
                 사건본인과의 관계

사건본인   ○ ○ ○
                 주민등록번호(외국인등록번호)
                 주소
                 등록기준지(국적)

청 구 취 지

사건본인이 2013. 9. 30. ○○병원에서 ○○ 시술을 받는 것에 대하여 한정후견인이 사건본인을 대신하여 동의하는 것을 허가한다.
라는 심판을 구합니다.

청 구 원 인

1. 사건본인에 대하여 2013. 00. 00. ○○법원 2013느단0000호로 한정후견개시 심판이 있었고, 한정후견인으로 청구인이 선임되었습니다.
2. 그런데, 사건본인은 현재 …… 질병으로 인해 ……………… ○○

병원에서 ○○ 시술을 받아야 하는데 정신지체 2급의 상태로서 스스로 시술에 대한 동의를 하기 힘든 상황입니다.

3. 따라서, 청구인이 사건본인을 대신하여 위 시술에 동의를 하려고 합니다.

첨 부 서 류

1. 가족관계증명서 및 기본증명서(사건본인) 각 1통
2. 주민등록등본 (사건본인) 1통
3. 사건본인의 후견등기사항전부증명서(말소 및 폐쇄사항 포함) 1통
4. 기타(소명자료) ○통

2013 . ○. ○.

위 청구인 ○ ○ ○ (인)

○○가정법원 귀중

☞ 유의사항

수입인지 : 사건본인 수 × 5,000원을 붙여야 합니다.

송 달 료 : 청구인수 × 3,550원 × 10회분을 송달료취급은행에 납부하고 영수증을 첨부하여야 합니다.

관할법원 : 사건본인(피후견인이 될 사람)의 주소지의 가정법원 (지방법원, 지원)입니다.

제3편

한국의료분쟁조정중재원을 통한 조정 및 중재

1. 한국의료분쟁조정중재원을 통한 조정

의료분쟁의 당사자 또는 그 대리인은 의료사고의 원인이 된 행위가 종료된 날부터 10년 또는 의료사고 피해자나 그 법정대리인이 그 손해 및 가해자를 안 날부터 3년 이내에 한국의료분쟁조정중재원에 분쟁의 조정을 신청할 수 있으며, 의료분쟁 당사자 쌍방이 동의하여 성립된 조정은 재판상 화해와 동일한 효력이 있습니다.

의료분쟁의 당사자 또는 그 대리인은 조정신청을 한 후 조정절차 진행 중에 피신청인과 합의할 수 있는데 이 경우 의료분쟁 당사자의 합의에 의해 작성된 조서는 재판상 화해와 동일한 효력을 가집니다.

1-1. 조정 신청

①조정신청권자

의료분쟁의 당사자 또는 그 대리인(이하 '신청인'이라 함)은 한국의료분쟁조정중재원에 의료분쟁의 조정을 신청할 수 있습니다. 의료분쟁 당사자는 다음의 사람을 대리인으로 선임할 수 있습니다.

㉮ 의료분쟁 당사자의 법정대리인, 배우자, 직계존비속 또는 형제자매

㉯ 의료분쟁 당사자인 법인의 임직원

㉰ 변호사

㉐ 의료분쟁 당사자로부터 서면으로 대리권을 수여받은 자 (의료분쟁 당사자의 법정대리인, 배우자, 직계존비속 또는 형제자매가 없는 경우에만 대리인이 될 수 있음)

② 조정신청 기간

의료분쟁의 조정신청은 다음의 기간 내에 해야 합니다.

㉠ 의료사고의 원인이 된 행위가 종료된 날부터 10년

㉡ 의료사고 피해자나 그 법정대리인이 그 손해 및 가해자를 안 날부터 3년

③ 조정신청 각하

다음의 경우에는 조정 신청이 각하됩니다.

㉠ 이미 해당 의료분쟁조정사항에 대하여 법원에 소가 제기된 경우

㉡ 이미 해당 의료분쟁조정사항에 대하여 소비자기본법 제60조에 따른 소비자분쟁조정위원회에 분쟁조정이 신청된 경우

㉢ 조정신청 자체로서 의료사고가 아닌 것이 명백한 경우

㉣ 신청인이 조사에 응하지 않거나 2회 이상 출석요구에 응하지 않은 때

㉤ 신청인이 조정신청 후에 의료사고를 이유로 의료법 제12조제2항을 위반하는 행위를 한 때 또는 형법 제314조제1항에 해당하는 행위를 한 때

㉥ 조정신청이 있은 후에 소가 제기된 때

㉦ 피신청인이 조정신청서를 송달받은 날부터 14일 이내에 조정절차에 응하고자 하는 의사를 통지하지 않은 경우

④ 조정신청의 통지 및 송달

조정신청이 접수되면 의료분쟁조정위원회와 의료사고감정단

에 각각 통지되고, 피신청인에게 조정신청서가 송달됩니다.

⑤ 조정신청 서류

조정신청은 방문 서면신청을 원칙으로 하고 있으나, 이용자의 편의성을 위해 인터넷 홈페이지, 우편, 팩스를 통한 신청도 가능합니다.(2012년 4월 8일 이후부터)

㉮ 필수서류

1. 조정신청서
2. 조정(중재)신청서 별지
3. 본인 신분증 사본
4. 본인 통장 사본
5. 민감정보 수집이용에 대한 동의서

㉯ 추가서류

전문적인 감정·조정업무 및 신속한 피해구제를 위해서는 아래의 서류가 추가로 필요할 수 있습니다.

1. 의료기관의 진료기록
2. 영상물(MRI, X-ray 등)
3. 진료비 영수증
4. 소득증빙자료
5. 시술 전·후 사진
6. 기타 관련자료 등

■ 의료사고 피해구제 및 의료분쟁 조정 등에 관한 법률 시행규칙 [별지 제1호서식]

의료분쟁 조정신청서(환자용)

※ [ ]에는 해당하는 곳에 √표를 하고 ( )에는 해당 내용을 선택하거나 적습니다. 연락처는 지역번호까지 적습니다. (앞쪽)

사건번호		접수일		조정일		처리기간	90일(120일)

신청인	① 당사자 (환자)	성명		생년월일		성별	
		주소	(우편번호) ※ 서류송달주소가 다른 경우 추가 표기				
		연락처	(휴대폰)		(직장)	(자택)	
		e-mail		팩스번호		문자메시지 수신	[ ]원함 [ ]원치 않음
	② 당사자 (상속인)	성명		생년월일		성별	
		환자와의 관계	망 (생년월일 □□□□□) 의 [ ] 배우자, [ ] 직계비속, [ ] 직계존속, [ ] 형제자매 [ ] 기타( )				
		주소	(우편번호) ※ 서류송달주소가 다른 경우 추가 표기				
		연락처	(휴대폰)		(직장)	(자택)	
		e-mail		팩스번호		문 자 메 시 지 수신	[ ]원함 [ ]원치 않음
	③ 신청인의 대리인	성명		생년월일		성별	
		신청인과의 관계	[ ] 법정대리인, [ ] 배우자, [ ] 직계존속, [ ] 직계비속, [ ] 형제자매 [ ] 변호사 [ ] 그 밖에 당사자로부터 대리권을 받은 사람( )				
		주소	(우편번호) ※ 서류송달주소가 다른 경우 추가 표기				
		연락처	(휴대폰)		(직장)	(자택)	
		e-mail		팩스번호		문 자 메 시 지 수신	[ ]원함 [ ]원치 않음

④ 피신청인 (보건의료기관개설자, 보건의료인)	성명/법인 명(기관명)		연락처		업무담당자 성명	
	주소	(우편번호) ※ 서류송달주소가 다른 경우 추가 표기		팩스번호		
	보건 의료인 성명			연락처		
	보건 의료인 진료 과목 및 분야	[ ] 내과(소화기, 심장, 기타) [ ] 외과(일반, 성형, 정형, 신경, 흉부) [ ] 산부인과/소아청소년과 [ ] 안과/이비인후과 [ ] 피부과/비뇨기과 [ ] 치과 [ ] 한방 병원·의원 [ ] 약국 [ ] 기타( )				

⑤ 조정신청 내용	의료분쟁 내용	※ 자세한 의료사고 경위 등 분쟁내용은 별지에 적습니다.		
	조정 신청액		수수료	※ 신청금액에 따라 소정의 수수료가 부과됩니다.

⑥ 의료분쟁 해결 시도 내용	위 조정신청 관련 의료분쟁의 해결을 위해 신청 이전에 시도한 내역을 해당 항목에 체크(√)하고, "기타"에 해당하는 경우에는 그 내용을 적어 주십시오(해당사항이 없는 경우에는 적지 않음). [ ] 민사소송의 제기 [ ] 소비자분쟁조정위원회에 조정신청 [ ] 기타( ) * "기타"의 예: 의료기관(의료인)과 합의 시도, 관련 기관(단체)에 구제신청, 법원에 조정신청 등

「의료사고 피해구제 및 의료분쟁 조정 등에 관한 법률」 제27조제1항 및 같은 법 시행규칙 제7조에 따라 의료분쟁의 조정을 신청합니다.

※ [ ] 조정신청 사건 관련 감정완료 시 감정서 배부를 신청합니다(수령방법: [ ] e-mail, [ ] 팩스).

년 월 일

⑦신청인 (또는 대리인) (서명 또는 날인)

한국의료분쟁조정중재원장 귀하

첨부서류	1. 환자와 상속인의 관계를 증명하는 서류(환자가 사망한 경우) 2. 위임장 및 신청인과 대리인의 관계를 증명하는 서류(대리인 신청의 경우) 3. 의료사고 경위 등 분쟁내용을 적은 서류

210mm×297mm[일반용지 70g/㎡(재활용품)]

신청서 작성요령

① **당사자(환자)** : 환자의 성명 등 인적사항, 연락처, e-mail을 기재하고, 문자메시지 수신 여부에 체크(√)합니다. 환자가 사망한 경우에는 ②항의 상속인을 당사자로 기재합니다.

② **당사자(상속인)** : 환자가 사망한 경우에만 기재하고(사망신고 여부와는 관계가 없음) 상속인인지 여부를 확인할 수 있도록 사망한 환자의 가족관계증명서를 첨부합니다. 신청하는 상속인의 인적사항, 연락처, e-mail을 기재하고, 해당란에 체크(√)합니다.

③ **신청인의 대리인** : 당사자를 대리하여 조정신청을 하는 사람의 인적사항, 연락처, e-mail을 기재하고 해당란에 체크(√)합니다. 「의료사고 피해구제 및 의료분쟁 조정 등에 관한 법률」 제27조제2항에 규정한 이외의 사람은 대리인이 될 수 없습니다. 신청인의 대리인으로 선임된 사람은 대리권을 증명할 수 있는 위임장을 첨부하여야 합니다.

④ **피신청인(보건의료기관개설자, 보건의료인)** : 의료사고가 발생된 보건의료기관을 개설한 자가 개인인 경우에는 개인의 성명, 법인인 경우에는 법인의 명칭(개인이나 법인의 명칭을 모르는 경우에는 보건의료기관의 명칭), 연락처, 업무담당자, 주소, 팩스번호를 기재하고, 의료행위를 한 보건의료인의 성명, 연락처를 기재한 후 진료과목 해당란에 체크(√)합니다. 보건의료기관의 기관명은 통칭이나 약칭은 피하고 정식명칭을 기재합니다. 업무담당자, 팩스번호를 모를 경우에는 생략할 수 있습니다.
피신청인이 복수인 경우에는 별지를 사용하여 동일한 방식으로 기재합니다.

⑤ **조정신청내용** : 의료분쟁 내용은 '의료사고 경위 등 분쟁내용을 적은 서류'에 기재한 내용을 간략하게 요약하여 기재합니다. 손해배상을 청구하는 치료비, 간병비, 휴업손해 등 일실이익, 위자료 등에 대한 세부사항은 '의료사고 경위 등 분쟁내용을 적은 서류'에 기재하고 조정신청액은 그 청구내역의 총액을 기재합니다. 조정신청액이 500만원 이하인 경우 기본 수수료 2만2천원을 납부하여야 하고 500만원 초과 시 1만원 당 20원(5천만원 초과시 10원)을 가산해서 납부하여야 합니다. 「국민기초생활 보장법」에 따른 수급자, 「국가유공자 등 예우 및 지원에 관한 법률」 등에 따른 국가유공자는 수수료를 면제하고, 「장애인복지법」에 따른 장애인은 수수료를 감액(장애인 1-3급은 50%, 4-6급은 30%) 받을 수 있습니다.

⑥ **의료분쟁 해결 시도 내용** : 해당 항목에 반드시 체크(√)하고 기타사항이 있을 경우 간략하게 기재합니다.

⑦ **신청인** : 당사자가 신청하는 경우 당사자 본인이, 당사자의 대리인이 신청하는 경우 대리인이 서명 또는 날인합니다.

※ 조정신청사건 관련 감정완료 시 감정서는 1회에 한하여 무료 배부될 수 있으므로, 배부를 신청하는 경우에는 수령 가능한 e-mail 또는 팩스번호 반드시 기재 요망

조정신청서 별지

■ 신청이유

가. 이 사건 진료 전 환자 상태, 기왕증(병력)
☞ 이 사건 진료 전에 치료받았던 사항을 기재합니다.

나. 이 사건 진료 후 환자 상태 및 다른 의료기관에서의 치료 내역
☞ 이 사건 진료 후 환자 상태, 다른 의료기관에서 치료받은 내역을 기재합니다.

다. 사건 경위

☞ 보건의료기관에서 진료 받았던 내용, 신청인에게 발생한 나쁜 결과와 그 발생 경위, 이후 치료 내역을 시간순서대로 구체적으로 기재합니다.

라. 환자측이 주장하는 보건의료인의 과실

☞ 진료과정에서 담당의사 등 보건의료인에 어떠한 잘못이 있다고 생각하는지 그 내용을 구체적으로 기재합니다.

마. 사건 발생 후의 협의 진행 내용

☞ 사건 발생 후, 보건의료인측에서 잘못을 인정하였는지 여부, 합의금에 관하여 협의한 내용이 있는지 여부 등에 대해 그 내용을 구체적으로 기재합니다.

■ 신청금액의 산정 내역

가. 치료비

☞ 이미 지출한 치료비, 향후 치료비 등을 기재합니다.

나. 간병비

☞ 간병비 지출 또는 가족의 간병을 받은 경우 그 금액을 산정하여 기재합니다.

다. 휴업손해

☞ 이 사건으로 인해 일하지 못하여 소득상실이 있는 경우 손해액을 기재합니다.

라. 일실수입

☞ 후유장해가 발생된 경우 노동능력상실률에 따른 소득상실금액을 기재합니다.

마. 위자료

☞ 정신적 피해에 대한 배상요구액을 기재합니다.

바. 기타

■ 신청이유 (해당하는 내용을 아래 빈칸에 자세하게 서술하시기 바랍니다.)

....
....
....
....
....

    – 작성내용의 분량에 따라 페이지 수를 줄이거나 추가할 수 있습니다. –

■ 신청금액의 산정 내역 (신청금액의 항목별 금액을 기재하시기 바랍니다)

....
....
....
....
....
....

20   년   월   일

신청인 / 대리인 : _____ (서명)

한국의료분쟁조정중재원장 귀하

[서식]

민감 정보 수집이용에 대한 동의서

한국의료분쟁조정중재원은 개인정보보호법 제23조(민감정보의 처리제한)에 따라 민감 정보 수집에 대한 동의를 받고 있으며 수집목적 범위 내에서 이용하고 있음을 알려드립니다.

[수집/이용목적]
조정(중재) 사건 관련 피신청인의 조정참여여부 확인, 감정 및 조정(중재) 업무, 통계에 활용되며 수집한 개인정보는 수집·이용 목적 외에 다른 목적으로 이용

되지 않습니다.

[이용 및 보유기간]

조정(중재)신청서, 조정(중재)신청서 별지는 영구보존하며 사건종료 후 3년이

경과하면 선택적 수집/이용항목은 폐기합니다.

[민감 정보 수집에 대한 동의를 거부할 권리 등]

민감 정보의 수집 및 이용을 거부할 수 있으나 그로 인해 의료사고 발생에 대

한 명확한 인과관계 분석이 불가능할 수 있습니다.

[수집/이용항목]

(필수 항목) 조정(중재)신청서, 조정(중재)신청서 별지

위 민감정보를 수집·이용하는 것에 □ 동의합니다.   □ 동의하지 않습니다.

(선택 항목) 신분관계 확인을 위한 서류, 진료기록부, 영상기록, 진단서 또

는 소견서, 신체감정서 등

위 민감정보를 수집·이용하는 것에 □ 동의합니다.   □ 동의하지 않습니다.

※ 신청인 등은 위 서류를 첨부함에 있어 주민등록번호 중 뒷자리 숫자 7개가 인식될 수 없도록 제출하여야 합니다.

20   .   .   .

신청인 (또는 대리인)   (서명)

[위임장 양식]

위 임 장

위임인 (환자)	성 명	(인)
	주민등록번호	☐☐☐☐☐☐ - ☐ * * * * * *
	주 소	
	연 락 처	

수임인	성 명	(인)	
	주민등록번호	☐☐☐☐☐☐-☐ ＊＊＊＊＊＊	
	주 소		
	연 락 처		
	환자와의 관계		

   본인(위임인)은 수임인을 대리인으로 선임하여 한국의료분쟁조정원에 조정신청과 취하, 의견진술, 조정절차 중 합의 및 조정결정에 대한 동의 등 본 사건의 조정과 관련된 일체의 권한을 위임합니다.

년   월   일

위임인 :

한국의료분쟁조정중재원장귀하

대리인 선임범위	1. 당사자의 법정대리인, 배우자, 직계존비속 또는 형제자매 2. 당사자인 법인의 임직원 3. 변호사 4. 당사자로부터 서면으로 대리권을 수여받은 자 (제4호의 경우, 제1호에 해당하는 사람이 없는 경우에 한함) ※ 근거 : 「의료사고 피해구제 및 의료분쟁 조정 등에 관한 법률」 제27조 제2항

※ 위임인(환자)은 인감도장을 날인하고 인감증명서를 첨부하여야 합니다.
※ 수임인(대리인)은 가족관계증명서 등 환자와의 관계를 증명할 수 있는 서면을 첨부하여야 합니다.

한국의료분쟁조정중재원장   귀하

■ 의료사고 피해구제 및 의료분쟁 조정 등에 관한 법률 시행규칙 [별지 제2호서식]

의료분쟁 조정신청서(보건의료기관개설자 · 보건의료인용)

※ [ ]에는 해당하는 곳에 √표를 하고 ( )에는 해당 내용을 선택하거나 적습니다. 연락처는 지역번호까지 적습니다.

(앞쪽)

사건번호			접수일		조정일		처리기간	90일(120일)
신청인	① 당사자 (보건 의료기관 개설자)	성명/법인명 (기관명)			사업자등록 번호		업무담당자 성명	
		주소	(우편번호) ※ 서류송달주소가 다른 경우 추가 표기				의료분쟁 진료 과목 및 분야	
		연락처 e-mail						
		성명			팩스번호 생년월일		문자메시지 수신	[ ]원함 [ ]원치 않음
	② 당사자 (보건 의료인)	소속 보건 의료기관명					직위	
		주소	(우편번호) ※ 서류송달주소가 다른 경우 추가 표기					
		연락처	(휴대폰)		(직장)		(자택)	

	진료 과목 및 분야	[ ] 내과(소화기, 심장, 기타) [ ] 외과(일반, 성형, 정형, 신경, 흉부) [ ] 산부인과/소아청소년과 [ ] 안과/이비인후과 [ ] 피부과/비뇨기과 [ ] 치과 [ ] 한방 병원·의원 [ ] 약국 [ ] 기타( )		
	e-mail	팩스번호	문자메시지 수신	[ ]원함 [ ]원치 않음

③ 신청인의 대리인	성명		생년월일		성별	
	관계	[ ]임직원 [ ]변호사 [ ] 그 밖에 당사자로부터 대리권을 받은 사람( )				
	주소	(우편번호) ※ 서류송달주소가 다른 경우 추가 표기				
	연락처	(휴대폰)	(직장)		(자택)	
	e-mail	팩스번호		문자메시지 수신	[ ]원함 [ ]원치 않음	

피신청인	④ 환자	성명		생년월일		성별	
		주소	(우편번호) ※ 서류송달주소가 다른 경우 추가 표기				
		연락처	(휴대폰)	(직장)		(자택)	
	⑤ 상속인	성명		생년월일		성별	
		환자와의 관계	망 ○○○(생년월일 □□□□□□)의 [ ] 배우자, [ ] 직계비속, [ ] 직계존속, [ ] 기타( )				
		주소	(우편번호) ※ 서류송달주소가 다른 경우 추가 표기				
		연락처	(휴대폰)	(직장)		(자택)	

⑥ 조정신청 내용	의료분쟁 내용	※ 자세한 의료사고 경위 등 분쟁내용은 별지에 적습니다.		
	조정신청액		수수료	※ 신청금액에 따라 소정의 수수료가 부과됩니다.

⑦ 의료분쟁 해결 시도 내용	위 조정신청 관련 의료분쟁의 해결을 위해 신청 이전에 시도한 내역을 해당 항목에 체크(√)하고, "기타"에 해당하는 경우에는 그 내용을 적어 주십시오(해당사항이 없는 경우에는 적지 않음). [ ] 민사소송의 제기 [ ] 소비자분쟁조정위원회에 조정신청 [ ] 기타( ) • "기타"의 예: 의료기관(의료인)과 합의 시도, 관련 기관(단체)에 구제신청, 법원에 조정신청 등

「의료사고 피해구제 및 의료분쟁 조정 등에 관한 법률」 제27조제1항 및 같은 법 시행규칙 제7조에 따라 의료분쟁의 조정을 신청합니다.
※ [ ] 조정신청 사건 관련 감정완료시 감정서 배부를 신청합니다(수령방법: [ ] e-mail, [ ] 팩스).

년 월 일

⑧ 신청인(또는 대리인) (서명 또는 날인)

한국의료분쟁조정중재원장 귀하

첨부서류	1. 법인 등기사항증명서(법인인 경우) 2. 보건의료기관 개설을 증명할 수 있는 증명서 사본(보건의료기관개설자의 경우) 3. 보건의료인임을 증명할 수 있는 면허증 또는 자격증 사본, 보건의료기관에 근무하고 있음을 증명하는 서류 (보건의료인의 경우) 4. 위임장 및 신청인과 대리인의 관계를 증명하는 서류(대리인 신청의 경우) 5. 의료사고 경위 등 분쟁 내용을 적은 서류

210mm×297mm[일반용지 70g/㎡(재활용품)]

(뒤쪽)

신청서 작성요령

① 당사자(보건의료기관개설자) : 보건의료행위가 이루어진 보건의료기관의개설자가 법인인 경우는 법인등기부 등본 상의 명칭을, 개인인 경우는 보건의료기관 개설 시 등록한 명칭을 정확하게 기재하고 사업자등록번호, 업무담당자 성명(③대리인 외의 담당자가 있을 경우 기재함), 주소, 의료본쟁 진료과목, 연락처, 팩스번호, e-mail을 기재 후 해당란에 체크(√)합니다.

② 당사자(보건의료인) : 의료행위를 한 보건의료인의 인적사항, 소속 보건의료기관명(①과 동일한 경우에는 해당 명칭), 연락처, e-mail을 기재하고 진료과목 해당란에 체크(√)합니다.

③ 신청인의 대리인 : 당사자를 대리하여 조정신청을 하는 사람의 인적사항을 기재하고, 해당란에 체크(√)합니다. 「의료사고 피해 구제 및 의료분쟁 조정 등에 관한 법률」 제27조제2항에 규정된 이외의 사람은 대리인이 될 수 없습니다. 신청인의 대리인으로 선임된 사람은 대리권을 증명할 수 있는 위임장을 첨부하여야 합니다.

④ 피신청인(환자) : 환자의 성명 등 인적사항, 연락처를 기재합니다. 환자가 사망한 경우에는 그 상속인이 피신청인이 되므로 기재할 필요가 없습니다.

⑤ 피신청인(상속인) : 환자가 사망한 경우에만 기재합니다(사망신고 더부외는 관계가 없음). 사망한 환자의 배우자, 직계비속, 직계존속 중 유족을 대표할 수 있는 사람을 특정하여 인적사항을 기재하고 해당란에 체크(√)합니다. 생년월일을 모를 경우에는 생략할 수 있습니다.

⑥ 조정신청내용 : 의료분쟁 내용은 '의료사고 경위 등 분쟁내용을 적은 서류'에 기재한 내용을 간략하게 요약하여 기재합니다. 피신청인에게 배상하고자 하는 치료비, 간병비, 휴업손해 등 일실이익, 위자료 등이 있다면 세부사항은 '의료사고 경위 등 분쟁내용을 적은 서류'에 기재하고 조정신청액은 그 배상내역의 총액을 기재합니다. 배상할 손해가 없는 경우에는 '채무부존재' 라 기재합니다. 조정신청액이 500만원 이하인 경우 기본 수수료 2만2천원을 납부하여야 하고 500만원 초과 시 1만원 당 20원(5천만원 초과 시 10원)을 가산해서 납부하여야 합니다.

⑦ 의료분쟁 해결 시도 내용 : 해당 항목에 체크(√)하고 기타 사항이 있을 경우에는 간략하게 기재합니다.

⑧ 신청인 : 당사자가 신청하는 경우 당사자 본인이, 당사자의 대리인이 신청하는 경우 대리인이 서명 또는 날인합니다.

※ 조정신청사건 관련 감정완료 시 감정서는 1회에 한하여 무료 배부될 수 있으므로, 배부를 신청하는 경우에는 수령 가능한 e-mail 또는 팩스번호 반드시 기재 요망

처 리 절 차

이 신청서는 아래와 같이 처리됩니다.

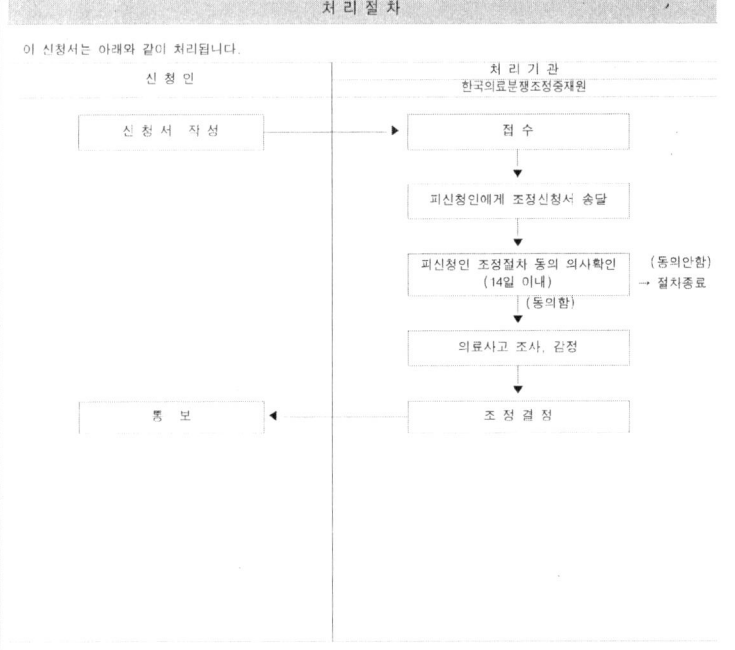

■ 의료사고 피해구제 및 의료분쟁 조정 등에 관한 법률 시행규칙 [별지 제2호서식]

견 본

의료분쟁 조정신청서(보건의료기관개설자 · 보건의료인용)

※ [ ]에는 해당하는 곳에 √표를 하고 ( )에는 해당 내용을 선택하거나 적습니다. 연락처는 지역번호까지 적습니다.

(앞쪽)

사건번호			접수일		조정일		처리기간	90일(120일)
신청인	① 당사자 (보건 의료기관 개설자)	성명/법인명 (기관명)	의료법인 갑을병정 의료재단	사업자등록 번호	104-82-12314		업무담당자 성명	원무팀장 OOO
		주소	(우편번호) 100-741 서울 중구 후암로 900 ※ 서류송달주소가 다른 경우 추가 표기				의료분쟁 진료 과목 및 분야	정형외과
		연락처	02-0000-0000				문자메시지 수신	[√]원함 [ ]원치 않음
		e-mail	kebj@email.com	팩스번호				
	② 당사자 (보건 의료인)	성명	김갑을	생년월일	1970. 10. 10.		성별	남
		소속 보건 의료기관명	의료법인 갑을병정의료재단 갑을병정 병원				직위	정형외과장
		주소	(우편번호) 100-741 서울 중구 후암로 900 ※ 서류송달주소가 다른 경우 추가 표기					

	연락처	(휴대폰)	(직장) 02-0000-0000	(자택)

	진료 과목 및 분야	[ ] 내과(소화기, 심장, 기타) [√] 외과(일반, 성형, 정형, 신경, 흉부) [ ] 산부인과/소아청소년과 [ ] 안과/이비인후과 [ ] 피부과/비뇨기과 [ ] 치과 [ ] 한방 병원·의원) [ ] 약국 [ ] 기타( )
	e-mail	팩스번호 문자메시지 수신 [√]원함 [ ]원치 않음

③ 신청인의 대리인	성명	김 조 정	생년월일	1975. 12. 1.	성별	남
	관계	[√] 임직원 [ ] 변호사 [ ] 그 밖에 당사자로부터 대리권을 받은 사람( )				
	주소	(우편번호) 100-741 서울 중구 후암로 900 ※ 서류송달주소가 다른 경우 추가 표기				
	연락처	(휴대폰) 010-0000-0000 (직장) 02-0000-0000 (자택)				
	e-mail	kbh@email.com 팩스번호 문자메시지 수신 [√]원함 [ ]원치 않음				

피 신 청 인	④ 환자	성명	(망)홍 길 동	생년월일	1920. 1. 1.	성별	남
		주소	(우편번호) 100-741 서울 중구 후암로 110 ※ 서류송달주소가 다른 경우 추가 표기				
		연락처	(휴대폰) (직장) (자택)				
	⑤ 상속인	성명	홍 조 정	생년월일	1950. 2. 2.	성별	남
		환자와의 관계	망 홍 길 동 (생년월일 1920. 1. 1.)의 [ ] 배우자, [√] 직계비속, [ ] 직계존속, [ ] 기타( )				
		주소	(우편번호) 100-741 서울 중구 후암로 110 ※ 서류송달주소가 다른 경우 추가 표기				
		연락처	(휴대폰)010-1234-0000 (직장) (자택)				

⑥ 조정신청 내용	의료분쟁 내용	무릎 인공관절 수술 후 사망 ※ 자세한 의료사고 경위 등 분쟁내용은 별지에 적습니다.	
	조정신청액	-	수수료 ※ 신청금액에 따라 소정의 수수료가 부과됩니다.

⑦ 의료분쟁
해결 시도
내용

위 조정신청 관련 의료분쟁의 해결을 위해 신청 이전에 시도한 내역을 해당 항목에 체크(√)하고, "기타"에 해당하는 경우에는 그 내용을 적어 주십시오(해당사항이 없는 경우에는 적지 않음).
[ ] 민사소송의 제기 [ ] 소비자분쟁조정위원회 조정신청 [ ] 기타
* "기타"의 예: 의료기관(의료인)과 합의 시도, 관련 기관(단체)에 구제신청, 법원에 조정신청 등

「의료사고 피해구제 및 의료분쟁 조정 등에 관한 법률」 제27조제1항 및 같은 법 시행규칙 제7조에 따라 의료분쟁의 조정을 신청합니다.

※ [ ] 조정신청 사건 관련 감정완료시 감정서 배부를 신청합니다(수령방법: [√] e-mail, [ ] 팩스).

년   월   일

⑧ 신청인(또는 대리인)   김 조 정   (서명 또는 날인) 김조정

한국의료분쟁조정중재원장 귀하

첨부서류	1. 법인 등기사항증명서(법인인 경우) 2. 보건의료기관 개설을 증명할 수 있는 증명서 사본(보건의료기관개설자의 경우) 3. 보건의료인임을 증명할 수 있는 면허증 또는 자격증 사본, 보건의료기관에 근무하고 있음을 증명하는 서류 (보건의료인의 경우) 4. 위임장 및 신청인과 대리인의 관계를 증명하는 서류(대리인 신청의 경우) 5. 의료사고 경위 등 분쟁 내용을 적은 서류

210mm×297mm[일반용지 70g/㎡(재활용품)]

[서식]

민감 정보 수집이용에 대한 동의서

한국의료분쟁조정중재원은 개인정보보호법 제23조(민감정보의 처리제한)에 따라 민감 정보 수집에 대한 동의를 받고 있으며 수집목적 범위 내에서 이용하고 있음을 알려드립니다.

[수집/이용목적]

조정(중재) 사건 관련 피신청인의 조정참여여부 확인, 감정 및 조정(중재)

업무, 통계에 활용되며 수집한 개인정보는 수집·이용 목적 외에 다른 목적으로 이용되지 않습니다.

[이용 및 보유기간]

조정(중재)신청서, 조정(중재)신청서 별지는 영구보존하며 사건종료 후 3년이 경과하면 선택적 수집/이용항목은 폐기합니다.

[민감 정보 수집에 대한 동의를 거부할 권리 등]

민감 정보의 수집 및 이용을 거부할 수 있으나 그로 인해 의료사고 발생에 대한 명확한 인과관계 분석이 불가능할 수 있습니다.

[수집/이용항목]

(필수 항목) 조정(중재)신청서, 조정(중재)신청서 별지

위 민감정보를 수집·이용하는 것에□ 동의합니다.□ 동의하지 않습니다.

(선택 항목) 신분관계 확인을 위한 서류, 진료기록부, 영상기록, 진단서 또는 소견서, 신체감정서 등

위 민감정보를 수집·이용하는 것에 □ 동의합니다.□ 동의하지 않습니다.

※ 신청인 등은 위 서류를 첨부함에 있어 주민등록번호 중 뒷자리 숫자 7개가 인식될 수 없도록 제출하여야 합니다.

20 .   .   .

신청인 (또는 대리인)   (서명)

한국의료분쟁조정중재원장   귀하

※ 기타 개인정보 취급에 관한 상세한 사항은 우리 원 홈페이지(http://www.k-medi.or.kr)
  "개인정보처리방침"을 참조하시기 바랍니다.

[의료인(의료기관)용 위임장 양식]

위 임 장

위임인 (의료인)	성 명	(인)
	주민등록번호	□□□□□□-□＊＊＊＊＊＊
	주 소	
	연 라 처	
위임인 (의료기관)	상 호 명	(인)
	사업자등록번호	

	주 소	
	연 락 처	

수임인 (대리인)	성 명	(인)
	주민등록번호	☐☐☐☐☐☐-☐ * * * * * ★
	주 소	
	연 락 처	(사무실)
		(휴대폰)
	위임인와의 관계	

   본인(위임인)은 수임인을 대리인으로 선임하여 한국의료분쟁조정중재
원에 의견진술, 조정절차 중 합의 및 조정결정에 대한 동의 등 이 사건의
조정 또는 중재와 관련된 일체의 권한을 위임합니다.

20 　 년 　 월 　 일

위 임 인 (의 료 인) :

위 임 인 (의 료 기 관) :

한국의료분쟁조정중재원장 귀하

대리인 선임범위	필수 증빙서류
1. 당사자의 법정대리인, 배우자, 직계존비속 또는 형제자매	『가족관계등록부』 중 해당내용 1부
2. 당사자인 법인의 임직원	재직증명서
3. 변호사	변호사 신분증

4. 당사자로부터 서면으로 대리권을 수여받은 자
  (제4호의 경우, 제1호에 해당하는 사람이 없는 경우에 한함)
※ 근거 :「의료사고 피해구제 및 의료분쟁 조정 등에 관한 법률」제27조
  제2항
	당사자 및 위임인 신분증

※ 법인이 아닌 의료기관의 직원은 참고인으로서 사건에 관여할 수 있으나 당사자로 인정되지는 않습니다.	

1-2. 조정개시

조정신청서를 송달받은 피신청인이 14일 이내에 조정에 응하고자 하는 의사를 한국의료분쟁조정중재원에 통지하면 조정절차는 개시됩니다.

1-3. 의견진술

신청인, 피신청인 또는 의료분쟁 관련 이해관계인은 통지된 출석기일에 의료분쟁조정위원회의 조정부에 출석하여 발언할 수 있습니다.

1-4. 조정결정

의료분쟁조정위원회의 조정부는 조정신청이 있은 날부터 90일 이내에 조정결정을 해야 하며 필요하다고 인정하는 경우에는 1회에 한해 그 기간을 30일까지 연장할 수 있습니다.

1-5. 배상금결정

의료분쟁조정위원회의 조정부가 조정결정을 하는 경우 의료사고로 인하여 환자에게 발생한 생명·신체 및 재산에 관한 손해, 보건의료기관개설자 또는 보건의료인의 과실 정도, 환자의 귀책사유 등을 고려하여 손해배상액을 결정하게 됩니다.

1-6. 조정결정의 통지 등

의료분쟁조정위원회의 조정부가 조정결정을 한 때에는 그 조정결정서 정본을 7일 이내에 신청인과 피신청인에게 송달해야 합니다.

1-7. 동의여부에 대한 통보

조정결정서 정본을 송달받은 신청인과 피신청인은 그 송달을 받은 날부터 15일 이내에 동의 여부를 한국의료분쟁조정중재원에 통보해야 하며 15일 이내에 의사표시가 없는 때에는 동의한 것으로 봅니다.

1-8. 조정의 효력

의료분쟁 당사자 쌍방이 동의하여 성립된 조정은 재판상 화해와 동일한 효력이 있습니다.

1-9. 조정절차 중 합의

신청인은 조정신청을 한 후 조정절차 진행 중에 피신청인과 합의할 수 있습니다. 합의가 이루어진 경우 의료분쟁조정위원회의 조정부는 조정절차를 중단하고 의료분쟁 당사자의 의사를 확인한 후 합의한 내용에 따라 조정조서를 작성하게 됩니다. 의료분쟁 당사자의 합의에 의해 작성된 조서는 재판상 화해와 동일한 효력을 가집니다.

2. 한국의료분쟁조정중재원을 통한 중재

의료분쟁 당사자는 의료분쟁에 관하여 의료분쟁조정위원회의 조정부의 종국적 결정에 따르기로 서면으로 합의하고 조정절차 중에도 중재를 신청할 수 있는데 중재판정이 이루어지면 이는 확정판결과 동일한 효력이 있습니다.

2-1. 중재신청

의료분쟁 당사자는 의료분쟁에 관하여 의료분쟁조정위원회의 조정부의 종국적 결정에 따르기로 서면으로 합의하고 조정절차 중에도 중재를 신청할 수 있습니다.

의료분쟁 중재신청서(환자측용)

※ [ ]에는 해당하는 곳에 √표를 하고 ( )에는 해당 사항을 기재. 연락처는 지역번호까지 기재.

1. 당사자

가. 신청인 ※ 여러 사람인 경우는 별지에 기재.

<table>
<tr><td rowspan="9">신
청
인</td><td rowspan="4">본 인</td><td>성 명</td><td colspan="2">주민등록상의
생년월일</td><td>성별</td></tr>
<tr><td rowspan="2">주 소</td><td colspan="3">(우편번호)</td></tr>
<tr><td colspan="3">※ 서류송달장소가 다른 경우에는 그 내용도 기재</td></tr>
<tr><td rowspan="1">연락처</td><td>(직장)　　　　　　(자택)　　　　　　(휴대폰)
(e-mail)　　　　　　@</td><td></td><td></td></tr>
<tr><td rowspan="5">대리인</td><td>성 명</td><td colspan="2">주민등록상의
생년월일</td><td>성별</td></tr>
<tr><td>당사자와의
관계</td><td colspan="3">[ ] 법정대리인[ ] 배우자[ ] 직계존속[ ] 직계비속[ ] 형제자매
[ ] 변호사
[ ] 그 밖에 당사자로부터 대리권을 수어받은 사람</td></tr>
<tr><td rowspan="2">주 소</td><td colspan="3">(우편번호)</td></tr>
<tr><td colspan="3">※ 서류송달장소가 다른 경우에는 그 내용도 기재</td></tr>
<tr><td>연락처</td><td colspan="3">(직장)　　　　　　(자택)　　　　　　(휴대폰)
(e-mail)　　　　　　@</td></tr>
</table>

나. 의료사고의 피해자

<table>
<tr><td>[ ] 사망
[ ] 상해
[ ] 기타</td><td>성 명</td><td colspan="2">주민등록상의
생년월일</td><td>성별</td></tr>
<tr><td></td><td>신청인과의
관계</td><td colspan="3"></td></tr>
</table>

다. 피신청인 ※ 의료사고가 발생한 보건의료기관 개설자의 이름을 기재. 여러 보건의료기관이 관련된 경우에는 별지에 기재.

<table>
<tr><td rowspan="8">피
신
청
인</td><td rowspan="3">개인인
경우</td><td>성 명</td><td>상호명</td></tr>
<tr><td>주 소</td><td>(우편번호)</td></tr>
<tr><td>연락처</td><td>전화 :　　　　팩스 :　　　　이메일 :　　　@</td></tr>
<tr><td rowspan="5">개인이
아닌
경우</td><td>법인·단체명</td><td>상호명</td></tr>
<tr><td>주 소</td><td>(우편번호)</td></tr>
<tr><td>대표자　성 명</td><td>직 책</td></tr>
<tr><td>업 무
담당자　성 명</td><td>직 책</td></tr>
<tr><td>연락처</td><td>(직장)　　　　　　(휴대폰)
(이메일)　　　　　@</td></tr>
</table>

라. 관련 의료인 ※ 직접 환자에 대하여 의료행위 등을 한 사람의 이름을 기재. 여러 사람이 관련된 경우에는 별지에 기재.

성 명	소속부서
* 의료사고가 문제된 진료과목을 기재	
진료과목 (분야)	

2. 신청취지

신청금액	원
수 수 료	원

* 신청인이 여럿인 경우에는 별지에 각 신청인 별 신청금액을 기재

3. 신청이유

가. 의료사고 경위 등 분쟁의 개요

* 별지에 상세하게 기재

나. 신청금액 내역

[ ]	이 사건 사고로 실제로 돈이 들어갔거나 들어가게 되어 입은 손해	원
[ ]	이 사건 사고로 장차 얻을 수 있는 돈을 얻지 못하게 되어 입은 손해	원
[ ]	이 사건 사고로 인하여 입은 정신적 손해	원

※ 내역 설명이 필요한 경우 별지에 구체적으로 기재

4. 첨부서류 ※ 신청인 등이 아래 서류를 첨부함에 있어 주민등록번호 등 뒷자리 숫자 7개가 인식될 수 없도록 제출

V 표시

1	당사자간 중재합의를 증명하는 서류
2	신청인과 의료사고의 피해자 사이의 관계를 증명하는 서류 (가족관계등록증명서 등)
3	피신청인이 개인이 아닌 경우 법인격 또는 대표자에 관한 자료 (법인등기부등본 등)
4	위임장(대리인 신청의 경우)

「의료사고 피해구제 및 의료분쟁 조정 등에 관한 법률」 제43조 제1항에 따라 위와 같이 의료분쟁의 중재를 신청합니다.

201   년   월   일

신청인 또는 대리인   (서명 또는 인)

한국의료분쟁조정중재원장 귀하

[서식]

민감 정보 수집이용에 대한 동의서

한국의료분쟁조정중재원은 개인정보보호법 제23조(민감정보의 처리제한)에 따라 민감 정보 수집에 대한 동의를 받고 있으며 수집목적 범위 내에서 이용하고 있음을 알려드립니다.

[수집/이용목적]
조정(중재) 사건 관련 피신청인의 조정참여여부 확인, 감정 및 조정(중재) 업무, 통계에 활용되며 수집한 개인정보는 수집·이용 목적 외에 다른 목적으로 이용되지 않습니다.

[이용 및 보유기간]
조정(중재)신청서, 조정(중재)신청서 별지는 영구보존하며 사건종료 후 3년이 경과하면 선택적 수집/이용항목은 폐기합니다.

[민감 정보 수집에 대한 동의를 거부할 권리 등]
민감 정보의 수집 및 이용을 거부할 수 있으나 그로 인해 의료사고 발생에 대한 명확한 인과관계 분석이 불가능할 수 있습니다.

[수집/이용항목]
 (필수 항목) 조정(중재)신청서, 조정(중재)신청서 별지
위 민감정보를 수집·이용하는 것에 □ 동의합니다.□ 동의하지 않습니다.

 (선택 항목) 신분관계 확인을 위한 서류, 진료기록부, 영상기록, 진단서 또는 소견서, 신체감정서 등
위 민감정보를 수집·이용하는 것에 □ 동의합니다. □ 동의하지 않습니다.

※ 신청인 등은 위 서류를 첨부함에 있어 주민등록번호 중 뒷자리 숫자 7개가 인식될 수 없도록 제출하여야 합니다.

20   .   .   .
신청인 (또는 대리인)   (서명)

한국의료분쟁조정중재원장 귀하

※ 기타 개인정보 취급에 관한 상세한 사항은 우리 원 홈페이지(http://www.k-medi.or.kr)
 "개인정보처리방침"을 참조하시기 바랍니다.[별지 제19호서식]

의료분쟁 중재신청서[의료인측용]

※ [ ]에는 해당하는 곳에 √표를 하고 ( )에는 해당 사항을 기재. 연락처는 지역번호까지 기재.

1. 당사자

가. 신청인 ※ 여러 사람인 경우는 별지에 기재.

개인인 경우	성 명		상호명	
	주 소 (우편번호)			
	연락처	전화:	팩스:	이메일: @

개인이 아닌 경우	법인·단체명			상호명	
	주 소 (우편번호)				
	대표자	성 명		직 책	
	업 무 담당자	성 명		직 책	
		연락처	(직장)		(휴대폰)
			(이메일)	@	

나. 피신청인 ※ 여러 사람인 경우는 별지에 기재.

성 명	
주 소	(우편번호) ※ 서류송달 장소가 다른 경우에는 그 내용도 기재
연락처	(직장) (자택) (휴대폰)
	(이메일) @

2. 신청취지 ※ 신청내용을 기재

중재신청액		원
수 수 료		원

3. 신청이유

* 필요한 경우 분쟁의 개요 및 신청에 이르게 된 이유를 별지에 기재

4. 첨부서류 ※ 신청인 등은 아래 서류를 첨부함에 있어 주민등록번호 중 뒷자리 숫자 7개가 인식될 수 없도록 제출

V 표시

1	당사자간 중재합의를 증명하는 서류
2	신청인이 개인이 아닌 경우 법인격 및 대표자에 관한 자료 (법인등기부등본 등)
3	위임장(대리인 신청의 경우)

「의료사고 피해구제 및 의료분쟁 조정 등에 관한 법률」 제43조 제1항에 따라 위와 같이 의료분쟁의 중재를 신청합니다.

201   년   월   일

신청인 또는 대리인   (서명 또는 인)

한국의료분쟁조정중재원장   귀하

중재신청서 별지

■ 신청이유

가. 이 사건 진료 전 환자 상태, 기왕증(병력)
☞ 이 사건 진료 전에 치료받았던 사항을 기재합니다.

나. 이 사건 진료 후 환자 상태 및 다른 의료기관에서의 치료 내역
☞ 이 사건 진료 후 환자 상태, 다른 의료기관에서 치료받은 내역을 기재합니다.

다. 사건 경위
☞ 보건의료기관에서 진료 받았던 내용, 신청인에게 발생한 나쁜 결과와 그 발생 경위, 이후 치료 내역을 시간순서대로 구체적으로 기재합니다.

라. 환자측이 주장하는 보건의료인의 과실
☞ 진료과정에서 담당의사 등 보건의료인에 어떠한 잘못이 있다고 생각하는지 그 내용을 구체적으로 기재합니다.

마. 사건 발생 후의 협의 진행 내용
☞ 사건 발생 후, 보건의료인측에서 잘못을 인정하였는지 여부, 합의금에 관하여 협의한 내용이 있는지 여부 등에 대해 그 내용을 구체적으로 기재합니다.

■ 신청금액의 산정 내역

가. 치료비
☞ 이미 지출한 치료비, 향후 치료비 등을 기재합니다.

나. 간병비
☞ 간병비 지출 또는 가족의 간병을 받은 경우 그 금액을 산정하여 기재합니다.

다. 휴업손해
☞ 이 사건으로 인해 일하지 못하여 소득상실이 있는 경우 손해액을 기재합니다.

라. 일실수입
☞ 후유장해가 발생된 경우 노동능력상실률에 따른 소득상실금액을 기재합니다.

마. 위자료
☞ 정신적 피해에 대한 배상요구액을 기재합니다.

바. 기타

■ **신청이유** (해당하는 내용을 아래 빈칸에 자세하게 서술하시기 바랍니다.)

– 작성내용의 분량에 따라 페이지 수를 줄이거나 추가할 수 있습니다. –

■ **신청금액의 산정 내역** (신청금액의 항목별 금액을 기재하시기 바랍니다)

20   년   월   일

신청인 / 대리인 : _____ (서명)

한국의료분쟁조정중재원장 귀하

중 재 합 의 서

· 합의인(갑) :
· 합의인(을) :

위 합의인들은 아래 내용의 분쟁을 한국의료분쟁조정중재원의 중재규칙 및
대한민국법에 따라 한국의료분쟁조정중재원의 중재판정에 의하여 해결하기
로 하며, 위 중재판정에 대하여 「의료사고 피해구제 및 의료분쟁 조정 등
에 관한 법률」 제44조에 따라 법원의 확정판결과 동일한 효력과 구속력을
가지는 것에 합의한다.

- 아 래 -

(1) 분쟁내용의 요지 :

(2) 부가사항 :

20 년 월 일

위 합의인(갑)   위 합의인(을)

당사자명 :_____   _____
주 소 :_____   _____
대 표 :_____   _____
          (서명 또는 기명날인)   (서명 또는 기명날인)
전화번호 :_____   _____
대 리 인 :_____   _____

* 법인의 경우 등기부등본, 대리인의 경우 위임장 첨부
※ 신청인 등은 위 서류를 첨부함에 있어 주민등록번호 중 뒷자리 숫자 7개가 인식될 수 없도록 제출하여야
합니다.

한국의료분쟁조정중재원 귀중

[서식]

민감 정보 수집이용에 대한 동의서

한국의료분쟁조정중재원은 개인정보보호법 제23조(민감정보의 처리제한)에 따라 민감 정보 수집에 대한 동의를 받고 있으며 수집목적 범위 내에서 이용하고 있음을 알려드립니다.

[수집/이용목적]

조정(중재) 사건 관련 피신청인의 조정참여여부 확인, 감정 및 조정(중재) 업무, 통계에 활용되며 수집한 개인정보는 수집·이용 목적 외에 다른 목적으로 이용되지 않습니다.

[이용 및 보유기간]

조정(중재)신청서, 조정(중재)신청서 별지는 영구보존하며 사건종료 후 3년이 경과하면 선택적 수집/이용항목은 폐기합니다.

[민감 정보 수집에 대한 동의를 거부할 권리 등]

민감 정보의 수집 및 이용을 거부할 수 있으나 그로 인해 의료사고 발생에 대한 명확한 인과관계 분석이 불가능할 수 있습니다.

[수집/이용항목]

(필수 항목) 조정(중재)신청서, 조정(중재)신청서 별지

위 민감정보를 수집·이용하는 것에 □ 동의합니다. □ 동의하지 않습니다.

(선택 항목) 신분관계 확인을 위한 서류, 진료기록부, 영상기록, 진단서 또는 소견서, 신체감정서 등

위 민감정보를 수집·이용하는 것에□ 동의합니다. □ 동의하지 않습니다.

※ 신청인 등은 위 서류를 첨부함에 있어 주민등록번호 중 뒷자리 숫자 7개가 인식될 수 없도록 제출하여야 합니다.

20 . . .

신청인 (또는 대리인)   (서명)

한국의료분쟁조정중재원장 귀하

※ 기타 개인정보 취급에 관한 상세한 사항은 우리 원 홈페이지(http://www.k-medi.or.kr) "개인정보처리방침"을   참조하시기   바랍니다.

한국의료분쟁조정중재원
조 정 참 여 의 사 확 인 서

사 건 번 호   <u>2016의조</u>   호

사 건 명

피 신 청 인   성   명 :   (생년월일)
             주   소 :

대 리 인   성   명 :   (생년월일)
             주   소 :

감 정 서   [ ] 조정사건 관련 감정완료 시 감정서 배부를 신청합니
배 부 신 청   ◎ 수령방법
             [ ] 이메일 _____
             [ ] 팩 스 _____

  피신청인은 「의료사고 피해구제 및 의료분쟁 조정 등에 관한 법률」 제27조
제8항에 따라 위 사건의 조정절차에 응하고자 하는 의사를 한국의료분쟁조정
중재원에 통지합니다.

               20   년   월   일

               피신청인   (서명
또는 날인)

한국의료분쟁조정중재원장 귀하

붙임 : 위임장 1부(대리인이 있는 경우)

답 변 서

1. 본건 조정신청서에 기재된 '신청내용'은 신청인의 주장이므로 사실과 다를 수 있습니다.
   사실과 다른 내용에 대해서는 입증자료를 제출하여 주시기 바랍니다.

2. 아래 질문사항에 대해 답변하여 주시기 바랍니다.(별지 사용가능)

1) 진료 받은 경위

2) 신청인의 주장에 대한 답변

3) 기타사항

3. 아래 자료를 제출하여 주시기 바랍니다.(※ 제출이 곤란한 경우 그 사유를 명시해 주시기
   바랍니다.)

1) 피신청인 주장을 입증할 수 있는 자료
   (진료기록, 투약기록, 마취기록, 간호기록, 검사기록, 진료비 명세서, 진단서, 영상자료
   CD,
   방사선 필름 등)

2) 당사자 적격성 확인 자료

형 태	피신청인(환자)	구 비 서 류
성인의 경우	당사자 본인	신분증 사본
미성년자인 경우	법정 대리인(친권자)	가족관계증명서
의사표시가 불가능한 경우	후견인	후견인선임증명서 (2013년 7월 이후 성년 후견인·한정후견인)
사망한 경우	상속인(당사자)	가족관계증명서(환자의 사망내용 포함)
태아사망인 경우	산모(당사자)	사산·사태증명서
대리인에게 위임할 경우(가족관계)		가족관계증명서, 위임자 인감증명서, 위임장
대리인에게 위임할 경우(비가족관계)		위임자 인감증명서, 위임장 (가족관계 대리인이 없을 경우에 한정)
변호사 대리		위임자 인감증명서, 위임장

3) 본건과 관련하여 신청인과 왕래된 의사 표시 문서

※ 첨부자료 목록
1)   2)
3)   4)

20   년   월   일

■ 의료사고 피해구제 및 의료분쟁 조정 등에 관한 법률 시행규칙 [별지 제3호서식]

감정서 등 [ ] 열람 [ ] 복사 신청서

※ [ ]에는 해당하는 곳에 √표를 하고 ( )에는 해당 내용을 적습니다.

접수번호		접수일	처리일	처리기간	즉시
신청인	성명		전화번호		
	자격	[ ] 신청인 [ ] 피신청인 [ ] 당사자 [ ] 대리인	소명자료	신분증 [ ] 기타 ( )	

신청내용	대상기록	사건번호	사건명	담당 조정부	
	열람 및 복사 내용	[ ] 감정서		[ ] 열람 [ ] 복사 ( )부	
		[ ] 조정결정서		[ ] 열람 [ ] 복사 ( )부	
		[ ] 조정조서		[ ] 열람 [ ] 복사 ( )부	
		[ ] 조정기일의 일시, 장소, 당사자의 출석여부를 기록한 문서		[ ] 열람 [ ] 복사 ( )부	
		[ ] 신청인 또는 피신청인 본인이 조정중재원에 제출한 문서 (문서의 종류·내용:)		[ ] 열람 [ ] 복사 ( )부	

「의료사고 피해구제 및 의료분쟁 조정 등에 관한 법률」 제38조 및 같은 법 시행규칙 제8조에 따라 감정서 등의 열람·복사를 신청합니다.

년   월   일

[붙임2] 조정 참여의사 확인서, 위임장, 답변서

한국의료분쟁조정중재원
조 정 참 여 의 사 확 인 서

사 건 번 호   2016의조   호

피 신 청 인   성명(의료인) :   (생년월일)
          주   소 :

          상호명(의료기관) :
          주   소 :
          대 표 자 :

대 리 인   성   명 :   (생년월일)
          주   소 :
          연 락 처 : (사무실)
                 (휴대폰)

감 정 서   [   ] 조정사건 관련 감정완료 시 감정서 배부를 신청합니다.
배 부 신 청   ◎ 수령방법
         [   ] 이메일 _____
         [   ] 팩   스 _____

피신청인은 「의료사고 피해구제 및 의료분쟁 조정 등에 관한 법률」 제27조 제8항에 따라 위 사건의 조정절차에 응하고자 하는 의사를 한국의료분쟁조정중재원에 통지합니다.

20   년   월   일

의료기관 대표자   (직인 또는 서명)

한국의료분쟁조정중재원장 귀하

붙임 : 위임장 1부(대리인이 있는 경우)

[답변서 양식]

답 변 서

1. 본건 조정신청서에 기재된 '신청내용'은 신청인의 주장이므로 사실과 다를 수 있습니다.
   사실과 다른 내용에 대해서는 입증자료를 제출하여 주시기 바랍니다.

2. 아래 질문사항에 대해 답변하여 주시기 바랍니다(**별지 사용가능**).

1) 진료경위

2) 신청인의 주장에 대한 답변

3) 기타사항

3. 아래 자료를 제출하여 주시기 바랍니다(※ 제출이 곤란한 경우 그 사유를 명시해 주시기 바랍니다).

1) 피신청인 주장을 입증할 수 있는 자료
   (진료기록, 투약기록, 마취기록, 간호기록, 검사기록, 진료비 명세서, 진단서, 영상자료 CD,
   방사선 필름 등)

2) 당사자 적격성 확인 자료
   o (법인인 병원) 법인등기부 등본
     (법인이 아닌 병원) 대표자 신분증 사본 및 재직증명서
   o 의료기관개설허가증(신고증) 사본(또는 의료기관개설신고증명서 사본)
   o 담당의사 전문의 자격증 사본(또는 의사면허증 사본)

3) 대표자의 권한을 위임 받은 처리 담당자 성명 및 연락처

4) 본건과 관련하여 신청인과 왕래된 의사 표시 문서

※ 첨부자료 목록
1)   2)
3)   4)

                                        20   년   월   일

            작성자 :   (서명 또는 날인)

                        (연락처)

            의료인(의료기관)과의 관계 :

※ 위 문항 순서에 따라 작성해 주시되, 관련 자료를 첨부해 주시기 바랍니다.
※ 자료제출 근거 : 「의료사고 피해구제 및 의료분쟁 조정 등에 관한 법률」 제28조 제1항 및 제2항

■ 의료사고 피해구제 및 의료분쟁 조정 등에 관한 법률 시행규칙 [별지 제3호서식]

감정서 등 [ ] 열람 신청서
[ ] 복사

※ [ ]에는 해당하는 곳에 √ 표를 하고 ( )에는 해당 내용을 적습니다.

접수번호	접수일	처리일	처리기간 즉시

신청인	성명		전화번호	
	자격	[ ] 신청인 [ ] 피신청인 [ ] 당사자 [ ] 대리인	소명자료	신분증 [ ] 기타 ( )

신청내용	대상기록	사건번호	사건명	담당 조정부
	열람 및 복사 내용	[ ] 감정서		[ ] 열람 [ ] 복사 ( )부
		[ ] 조정결정서		[ ] 열람 [ ] 복사 ( )부
		[ ] 조정조서		[ ] 열람 [ ] 복사 ( )부
		[ ] 조정기일의 일시, 장소, 당사자의 출석여부를 기록한 문서		[ ] 열람 [ ] 복사 ( )부
		[ ] 신청인 또는 피신청인 본인이 조정중재원에 제출한 문서 (문서의 종류·내용:)		[ ] 열람 [ ] 복사 ( )부

「의료사고 피해구제 및 의료분쟁 조정 등에 관한 법률」 제38조 및 같은 법 시행규칙 제8조에 따라 감정서 등의 열람·복사를 신청합니다.

년   월   일

신청인   (서명 또는 날인)

한국의료분쟁조정중재원장   귀하

신청수수료	원 (건당 500원)	비용납부 여부 확인란
복사비용	원 (장당 50원)	※ 감정서는 1회에 한하여 신청인에게 무료로 배부합니다

비고	
영수일시	

	영수인		(서명 또는 날인)

210mm×297mm[일반용지 70g/㎡(재활용품)]

견 본

의료분쟁 조정신청서(환자용)

※ [ ]에는 해당하는 곳에 √표를 하고 ( )에는 해당 내용을 선택하거나 적습니다. 연락처는 지역번호까지 적습니다.

(앞쪽)

사건번호		접수일		조정일		처리기간	90일(120일)

신청인	① 당사자 (환자)	성명	(망)홍 길 동	생년월일	1920. 1. 1.	성별	남
		주소	(우편번호) 100-741 서울 중구 후암로 110 ※ 서류송달주소가 다른 경우 추가 표기				
		연락처	(휴대폰) 010-1234-1234	(직장)		(자택)	
		e-mail		팩스번호		문자메시지 수신	[ ]원함 [ ]원치 않음
	② 당사자 (상속인)	성명	홍 조 정	생년월일	1950. 2. 2.	성별	남
		환자의의 관계	망 홍길동 (생년월일 2 0 0 1 1 0 1 1) 의 [ ] 배우자, [√] 직계비속, [ ] 직계존속, [ ] 형제자매 [ ] 기타( )				
		주소	(우편번호) 100-741 서울 중구 후암로 110 ※ 서류송달주소가 다른 경우 추가 표기				
		연락처	(휴대폰) 010-1234-0000	(직장)		(자택) 02-6210-0114	
		e-mail	hcj@email.com	팩스번호		문자메시지 수신	[√]원함 [ ]원치 않음
	③ 신청인의 대리인	성명	김 변 호	생년월일	1970. 3. 3.	성별	여
		신청인과의 관계	[ ] 법정대리인, [ ] 배우자, [ ] 직계존속, [ ] 직계비속, [ ] 형제자매 [√] 변호사 [ ] 그 밖에 당사자로부터 대리권을 받은 사람( )				
		주소	(우편번호) 135-100 서울 강남구 법조로 100 ※ 서류송달주소가 다른 경우 추가 표기				
		연락처	(휴대폰) 010-1670-2545	(직장) 02-1670-2545		(자택)	
		e-mail	kbh@email.com	팩스번호		문자메시지 수신	[√]원함 [ ]원치 않음

④ 피신청인 (보건의료기관개설자, 보건·의료인)	성명/법인 명(기관명)	의료법인 갑을병정 의료재단 갑을병정 병원	연락처	02-0000-0000	업무담당자 성명	원무팀장 OOO
	주소	(우편번호) 100-741 서울 중구 후암로 900 ※ 서류송달주소가 다른 경우 추가 표기			팩스번호	
	보건 의료인 성명	김갑을		연락처		
	보건 의료인 진료 과목 및 분야	[ ] 내과(소화기, 심장 기타) [√] 외과(일반, 성형, 정형, 신경, 흉부) [ ] 산부인과/소아청소년과 [ ] 안과/이비인후과 [ ] 피부과/비뇨기과 [ ] 치과 [ ] 한방 병원·의원 [ ] 약국 [ ] 기타( )				

⑤ 조정신청 내용	의료분쟁 내용	무릎 인공관절 수술 후 사망 ※ 자세한 의료사고 경위 등 분쟁내용은 별지에 적습니다.		
	조정 신청액	이천만원	수수료	※ 신청금액에 따라 소정의 수수료를 부과합니다.

⑥ 의료분쟁 해결 시도 내용	위 조정신청 관련 의료분쟁의 해결을 위해 신청 이전에 시도한 내역을 해당 항목에 체크(√)하고, "기타"에 해당하는 경우에는 그 내용을 적어 주십시오(해당사항이 없는 경우에는 적지 않음) [ ] 민사소송의 제기 [ ] 소비자분쟁조정위원회에 조정신청 [√] 기타 (의료기관측과 합의 시도) • "기타"의 예: 의료기관(의료인)과 합의 시도, 관련 기관(단체)에 구제신청, 법원에 조정신청 등

「의료사고 피해구제 및 의료분쟁 조정 등에 관한 법률」 제27조제1항 및 같은 법 시행규칙 제7조에 따라 의료분쟁의 조정을 신청합니다.

※ [√] 조정신청 사건 관련 감정완료 시 감정서 부본을 신청합니다(수령방법: [√] e-mail, [ ] 팩스).

2015년 6월 19일

⑦신청인 (또는 대리인) 김 변 호 (서명 또는 날인) 김 변 호

한국의료분쟁조정중재원장 귀하

첨부서류	1. 환자와 상속인의 관계를 증명하는 서류(환자가 사망한 경우) 2. 위임장 및 신청인과 대리인의 관계를 증명하는 서류(대리인 신청의 경우) 3. 의료사고 경위 등 분쟁내용을 적은 서류

210mm×297mm[일반용지 70g/㎡(재활용품)]

2-2. 중재절차

중재절차에 관하여는 의료사고 피해구제 및 의료분쟁 조정 등에 관한 법률에 따른 조정절차를 우선 적용하고 보충적으로 「중재법」이 적용됩니다.

2-3. 중재판정의 효력

중재판정은 확정판결과 동일한 효력이 있습니다.

2-4. 중재판정에 대한 불복 및 취소

의료분쟁 당사자가 중재판정에 대해 불복하는 경우 의료분쟁 당사자가 중재판정의 정본을 받은 날부터 3개월 이내에 의료분쟁조정위원회의 조정부에 중재판정의 취소를 요구할 수 있습니다.

중재판정은 다음의 경우에만 취소할 수 있습니다.

① 중재합의의 의료분쟁 당사자가 중재합의 당시 무능력자인 경우

② 중재판정의 취소를 요구하는 의료분쟁 당사자가 중재인의 선정 또는 중재절차에 관하여 적절한 통지를 받지 못하였거나 그 밖의 이유로 본안에 관한 변론을 할 수 없었던 경우

③ 중재판정이 중재합의의 대상이 아닌 의료분쟁을 다루었거나 중재판정이 중재합의의 범위를 벗어난 사항을 다룬 경우

④ 중재판정부의 구성 또는 중재절차가 의료분쟁 당사자 간의 합의에 따르지 않았거나 그런 합의가 없는 경우에는 의료

사고 피해구제 및 의료분쟁 조정 등에 관한 법률에 따르지
않은 경우

⑤ 중재판정의 대상이 된 의료분쟁이 대한민국의 법에 따라
중재로 해결될 수 없는 경우

⑥ 중재판정을 승인하거나 집행하는 것이 대한민국의 선량한
풍속이나 그 밖의 사회질서에 위배되는 경우

제4편

의료소송 판례

제1장 진단 및 검사단계에서 일어난 사고

제1절 의료인의 과실이 있다고 본 경우

1. 내과

1-1. 검사로 인해 발생할 수 있는 부작용에 대한 설명을 듣지 못한 경우

사례 : 담췌관조영술 검사 후에 급성췌장염이 발생하여 사망한 경우 의료인의 과실 인정여부가 문제되는 사례입니다.

법원의 판결 : 담췌관조영술 검사 후 환자에게 급성췌장염이 발생하였다는 사실만으로 병원 의료진에게 그 검사과정에서 과실을 인정하기 어려우나, 의사가 설명의무를 위반한 사실은 인정되어 설명의무 위반으로 인한 위자료는 인정할 수 있다고 판시하였습니다(대법원 2007.5.31. 선고, 2005다5867 판결).

1-2. 오진과 잘못된 약물 처방으로 인해 약물 부작용(사망)이 발생한 경우

사례 : 환자는 처음 의원에 내원하여 진료 받을 당시 이미 화농성 폐렴 증상이 있었습니다. 의료인은 이를 위염과 신경증으로 진단하여 이에 대한 약을 처방하였고, 이후 상복부 통

증이 나타나 환자가 다시 내원하였으나 정밀한 검진 없이 앞서 진단한 결과에 따라 약물을 투여하여 약물 부작용으로 사망한 경우 의료인의 과실 여부가 문제되는 사례입니다.

법원의 판결 : 약물투여 후 환자의 증세를 관찰하여야 하는 의무를 다하지 않은 의료인의 과실이 인정된다고 판시하였습니다(대법원 1997.5.9. 선고, 97다1815 판결).

1-3. 정확한 진단 없이 성급하게 개복 수술을 한 경우

사례 : 수술주관의사 또는 마취담당의사가 할로테인을 사용한 전신마취에 의하여 난소종양절제수술을 함에 앞서 혈청의 생화학적 반응에 의한 간기능검사로 환자의 간 상태를 정확히 파악하지 아니한 채 개복수술을 시행하여 환자가 급성전격성간염으로 인하여 사망한 경우 의료인의 과실 인정 여부가 문제가 되는 사례입니다.

법원의 판결 : 간상태를 정확히 파악하지 아니한 채 할로테인으로 전신마취를 실시하고, 이로 인해 환자가 사망한 경우에는 담당 의료인에게 업무상과실이 있다고 판시하였습니다(대법원 1990.12.11. 선고, 90도694 판결).

2. 산부인과

2-1. 오진으로 인해 치료시기를 놓친 경우

사례 : 환자에게 임신성 고혈압(임신중독증)을 의심할 만한

징후가 있음에도 이를 발견하지 못하였고, 결국 태반조기박리로 신생아가 사망한 경우 의료인의 과실 인정 여부가 문제 되는 사례입니다.

법원의 판결 : 임산부에게 기본적인 검사를 시행하지 아니하고 별 이상이 없다는 진단을 내린 의사와, 부실한 진단결과에 의존하여 귀가케 한 병원장에게 태반조기박리로 인한 신생아의 사망에 대하여 공동불법행위책임을 인정한다고 판시하였습니다(대법원 2003.11.27. 선고, 2001다2013 판결).

2-2. 이상 징후가 있었으나 방치하고 추가 진료를 하지 않은 경우

사례 : 환자는 수술 후 약 16시간 동안 마취에서 완전히 깨어나지 않았고, 체온 상승·혈압 하강·빈맥·호흡 과다 등의 이상증세를 보였습니다. 의사는 이를 방치하여 심부정맥혈전증 및 폐전색증의 발병 사실을 진단하지 못하였고, 이후 환자가 사망하여 의료인의 과실 인정 여부가 문제 되는 사례입니다.

법원의 판결 : 이상증세를 보인 환자를 방치하여 폐전색증으로 사망케 한 의료인의 과실은 인정되나, 폐전색증의 진단이나 사전 예방은 용이하지 않음 점을 감안하여 환자 가족이 주장한 손해배상책임의 40퍼센트만 인정한다고 판시하였습니다(대법원 2000.1.21. 선고, 98다50586 판결).

2-3. 정확히 진단했으면 대비할 수 있었던 상황에 대비하지 못한 경우

사례 : 거대아인 태아를 잉태하고 있던 산모는 일반인에 비해 골반크기가 작았으나, 이에 대한 대비를 하지 않아 분만 후 신생아가 마비 증세를 지니고 태어난 경우 의료인의 과실 인정 여부가 문제되는 사례입니다.

법원의 판결 : 임신 당시 정기진찰 및 산전검사를 통하여 태아가 거대아인 점과 산모의 골반 크기를 예측하고 제왕절개 수술 등 적절한 대비책을 강구하지 못한 의료인의 과실이 인정된다고 판시하였습니다(대법원 1999.6.11. 선고, 99다3709 판결).

2-4. 오진으로 인해 치료시기를 놓친 경우

사례 : 계류유산 증세를 보이는 환자에 대해 단순 유산이라고 진단하여 환자가 제 때 치료받지 못한 경우 의료인의 과실 인정 여부가 문제가 되는 사례입니다.

법원의 판결 : 의료인이 신중하게 위 검사를 하였다면 이를 발견할 수가 있었음에도 불구하고, 이러한 조치를 취하지 아니하여 환자가 신속하고 적절한 검사와 치료를 받을 기회를 놓치게 한 의료상의 과실이 있다고 판시하였습니다(대법원 1995.12.5. 선고, 94다57701 판결).

2-5. 오진으로 인해 불필요한 수술을 받은 경우

사례 : 자궁 외 임신을 한 환자를 자궁근종으로 오진하고 자궁을 적출한 경우 의료인의 과실여부가 문제되는 사례입니다.

법원의 판결 : 오진한 의사가 불필요한 수술을 마치 필요한 수술인 듯이 설명하여 수술승낙을 받았다면 위 승낙은 유효한 승낙이라고 볼 수 없고, 자궁을 제거한 것은 상해에 해당하기 때문에 의료인의 과실이 인정된다고 판시하였습니다 (대법원 1993.7.27. 선고, 92도2345 판결).

2-6. 정확히 진단했으면 대비할 수 있었던 상황에 대비하지 못한 경우

사례 : 분만 중 의사는 아두골반불균형상태 등의 가능성을 의심할 수 있었음에도, 이를 진단하지 못한 채 흡인분만의 방법을 무리하게 지속하다 태아가 뇌손상을 입고 두개강내출혈이 생겨 뇌성마비가 발생한 경우 의료인의 과실 여부가 문제되는 사례입니다.

법원의 판결 : 통상의 주의력을 가진 산부인과 의사라면 아두골반불균형상태의 가능성이 있음을 의심할 수 있다고 보이는데도 이러한 가능성을 전혀 예상하지 아니하여 이에 대한 대비를 하지 아니한 의료상의 과실이 있다고 판시하였습니다(대법원 1992.5.12. 선고, 91다23707 판결).

3. 일반외과

3-1. 방사선 사진 오판으로 수술시기를 놓친 경우

사례 : 의료인이 환자의 방사선 사진을 오판하여 선상골절상을 발견하지 못하였고, 이로 인해 수술 시기를 놓친 경우

의료인의 과실여부가 문제되는 사례입니다.

법원의 판결 : 방사선 사진 상에 나타나 있는 선상골절상을 발견 내지 예견하지 못하여 환자가 사망에 이르렀고, 이와 같은 증세가 미리 발견하여 치료하였으면 생존할 가능성이 50퍼센트 이상이었을 경우 의료인의 과실을 인정할 수 있다고 판시하였습니다.(대법원 1989.7.11. 선고, 88다카26246 판결).

4. 흉부외과

4-1. 진단과정에서 발견하지 못한 질환으로 인해 후유장애가 생긴 경우

사례 : 체육시험 중 앞·뒤 구르기를 하다가 흉부에 통증을 느껴 장기간 흉근염좌의 치료를 받은 환자가 수술 후에도 계속 통증을 호소하다가 치료를 종료한 상황에서 진료 당시 의사가 발견하지 못한 흉추골절로 인한 후유장해가 있다는 판정을 받았습니다. 이 때 진료과정에서 의사의 과실 여부가 문제된 사례입니다.

법원의 판결 : 의료인이 진단 시에 최선의 주의의무를 다했으면 흉추골절을 찾아냈을 것인데, 이를 진단하지 못해 결국 환자가 후유장애를 입게 되었으므로 의료인의 과실이 인정된다고 판시하였습니다(대법원 1998.2.27. 선고, 97다38442 판결).

5. 마취과

5-1. 정밀한 검사 없이 전신마취를 시행한 경우

사례 : 심장질환의 의심이 있는 환자에 대하여 정밀검사를 시행하지 아니한 채 전신마취를 시행하여 수술 도중 사망한 경우 의료인의 과실 인정 여부가 문제가 되는 사례입니다.

법원의 판결 : 병원의 마취과 의사가 정밀검사 없이 성급하게 전신마취를 한 경우, 병원이 현재의 의학수준 및 당시 임상의학분야에서 실천되고 있는 의료행위의 수준에 비추어 필요하고 적절한 진료조치를 다하였다고 볼 수는 없으므로 병원의 의료과실에 해당한다고 판시하였습니다(대법원 1997.8.29. 선고, 96다46903 판결).

제2절 의료인의 과실이 없다고 본 경우

1. 산부인과

1-1. 초음파 검사 전 경과를 관찰하기로 한 경우

사례 : 태아가 역위로 조기분만 되면서 태아가 난산으로 인하여 분만 후 사망한 사안에서, 내진이나 초음파검사 없이 경과를 관찰하기로 한 의료인의 과실 인정 여부가 문제가 되는 사례입니다.

법원의 판결 : 출산진통이 정상위보다 단축되어 분만이 급속

도로 진행된다고 볼 만한 자료가 없는 이상, 경과를 관찰하기로 한 의료인의 진료행위에 있어서 합리적인 재량의 범위를 벗어난 것이라고 보기 어려울 뿐만 아니라, 일반적으로 산부인과 의사에게 요구되는 주의의무를 위반한 것이라고 보기는 어렵다고 판시하였습니다(대법원 2006.12.7. 선고, 2006도1790 판결).

1-2. 진단 및 검사를 하였으나 통상적으로 발견이 어려운 질환인 경우

사례 : 의사가 임산부에 대한 상담과 각종 검사 및 초음파검사를 실시하였으나 태아의 왼쪽 손목 이하 발육부전을 발견하지 못한 경우 의료인의 과실 인정 여부가 문제가 되는 사례입니다.

법원의 판결 : 의사가 오진을 하였다고 하여 곧바로 고의나 과실이 있다고 할 수는 없고, 태아의 발육부전을 발견하는 것이 용이하지 아니한 점 등에 비추어 의료인에게 진단상의 과실이 있었다고 볼 수 없다고 판시하였습니다(대법원 1999.6.11. 선고, 98다33062 판결).

1-3. 환자의 경미한 증세만으로는 질병의 진단이 어려운 경우

사례 : 저혈압이며 심장이 약한 임신부가 16주 정도된 태아의 낙태수술 후 이완성 자궁출혈로 사망한 경우, 임부의 자궁출혈이 통상보다 과도하였다는 사실만으로 이완성 자궁출혈을 미리 알아 내지 못한 의료인에게 진료상의 과실이 있

다고 할 수 있는지 여부가 문제된 사례입니다.

법원의 판결 : 낙태수술 후 임부의 자궁출혈이 통상보다 과
도하였다는 사실만으로 이완성 자궁출혈을 예견할 수는 없
다고 보아, 진료상 과실을 인정할 수 없다고 판시하였습니
다(대법원 1984.7.10. 선고, 84다카466 판결).

2. 내과

2-1. 협의진료 과정에서 별다른 의심 없이 이전 진료 의사의 결과를 믿고 진료한 경우

사례 : 내과의사는 신경과 전문의에 대한 협의진료 결과 피해
자의 증세와 관련하여 신경과 영역에서 이상이 없다는 회신
을 받았고, 그 회신 전후의 진료 경과에 비추어 그 회신 내
용에 의문을 품을 만한 사정이 있다고 보이지 않자 그 회신
을 신뢰하여 뇌혈관계통 질환의 가능성을 염두에 두지 않
고, 내과 영역의 진료 행위를 계속하다가 피해자의 증세가
호전되기에 이르자 퇴원하도록 조치하였습니다. 그러나 환
자의 뇌지주막하출혈로 인하여 식물인간 상태에 이른 경우,
이를 미리 발견하지 못한 의료인의 과실 인정 여부가 문제
가 되는 사례입니다.

법원의 판결 : 뇌출혈 분야를 전문하는 의사가 아니라면 경미
한 뇌동맥류 파열에 의한 소량의 지주막하출혈을 진단하기
어려운 사실이 있고, 뇌척수액 검사를 하였다고 하더라도 이

를 발견하기는 결코 쉽지 않았을 것이므로 환자의 지주막하 출혈을 발견하지 못한 데 대한 내과의사의 업무상과실이 인정되지는 않는다고 판시하였습니다(대법원 2003.1.10. 선고, 2001도3292 판결).

3. 안과

3-1. 후유증 발생기간이 지나 해당 검사를 시행하지 않은 경우

사례 : 백내장 수술 후 검진 당시 환자가 비문증을 호소한 데 대하여 망막박리 여부의 검사를 시행하지 않은 의료인의 과실 인정 여부가 문제가 되는 사례입니다.

법원의 판결 : 진료당시 통상 예상되는 후유증 발생기간인 수술 후 6개월이 이미 경과한 시점이고 환자의 시력이나 안압 등의 상태도 망막박리 등 백내장 수술로 인한 후유증의 징후가 있는 것으로 볼 수 없는 상황이었으므로, 의료인이 검사를 시행하지 아니한 것이 과실이라고 단정하기 어렵다고 판시하였습니다(대법원 1997.7.22. 선고, 95다49608 판결).

4. 구강악안면외과

4-1. 일반적으로 예상 불가능한 증세에 대해 진료하지 않은 경우

사례 : 환자는 사랑니를 뺀 후 환부에 열과 부종이 심하여 상급병원으로 옮겨 입원하였습니다. 봉와직염에 감염된 증세를 보이던 만 18세 환자는 태아를 임신한 상태였으나, 상급병원

의료인들은 일차 병원의 진료 결과만을 신뢰하여 임신여부를 검사하지 않은 상태로 치료를 진행하다 환자가 사망하여 의료인의 과실 인정 여부가 문제가 되는 사례입니다.

법원의 판결 : 환자는 만 18세이고 기혼상태가 아닌 부녀로 임신이 통상적으로 예견되는 상황이 아니기 때문에 진료상의 과실을 인정하기 어렵다고 판시하였습니다(대법원 1996.11.8. 선고, 95도2710 판결).

5. 응급의학과

5-1. 증세의 원인을 찾지 못했으나 의료인의 최선의 진료의무를 다한 경우

사례 : 교통사고 환자가 복통을 호소하는 외에 다른 외상이 없는데도 혈압이 극히 낮아, 출혈원인을 규명하기 위해 복강천자, 방광 및 신장에 대한 특수검사를 실시하고 정밀검사를 위한 초음파검사를 준비하던 중 하대정맥 파열 등으로 인한 과도출혈로 사망한 경우 내출혈의 원인을 밝히지 못한 의료인의 과실 인정 여부가 문제가 되는 사례입니다.

법원의 판결 : 교통사고 환자가 복통을 호소할 뿐 다른 외상이 없고, 혈압이 극히 낮아 담당의사들로서는 수혈을 통하여 환자의 혈압을 정상으로 끌어 올림으로써 위급한 상황을 넘겨 어느 정도 시간을 확보하는 것이 통상 의사들에게 요구되는 극히 정상적인 진료활동이라 할 수 있고, 환자가 외형상

위독한 상태가 아닌데도 각종 검사기법을 통한 원인규명을 생략한 채 내출혈의 원인을 밝혀내기 위하여 환자나 가족의 동의도 없이 새벽에 개복수술부터 시행하도록 요구하거나 이를 기대할 수는 없으므로, 담당의사들에게 의료과실이 있다고 볼 수 없다고 판시하였습니다(대법원 1995.4.25. 선고, 94다27151 판결).

6. 신경외과

6-1. 오진을 하였으나 그로인해 사망한 것이 아닌 경우

사례 : 머리에 상처를 입은 환자가 엑스레이를 찍었으나 담당 의사는 우전두골 선상골절, 전두와 기저부복잡골절, 기뇌증 등의 상처를 발견하지 못하고 전두부좌창, 후두부좌상, 우측 안와부좌상 등의 상처만 있는 것으로 오진하습니다. 오진 결과를 토대로 치료하다 증상이 심해져 상급병원으로 전원 조치였으나, 결국 환자가 사망한 경우 의료인의 과실 인정 여부가 문제가 되는 사례입니다.

법원의 판결 : 환자의 사망이라는 결과에 대하여 책임을 묻기 위하여는 의료인의 과실과 환자의 사망 사이에 상당인과 관계가 있어야 하는 것인데, 사망의 원인이 된 뇌척수액 누출로 의심되는 콧물이 나온 이후 담당 의사는 환자를 바로 종합병원으로 전원 조치하였고, 현대의학상 취할 수 있는 조치를 충분히 하였다고 판단되어 의료인의 과실은 인정되지 않는다고 판시하였습니다(대법원 1987.9.29. 선고, 86다

카2780 판결).

7. 일반외과

7-1. 조기감별이 어려운 질환인 경우
사례 : 외상성 장파열로 인한 복막염을 임비성 장폐색증 등으로 오진한 경우 의료인의 과실 인정 여부가 문제가 되는 사례입니다.

법원의 판결 : 외상성 장파열과 장폐색증은 조기감별이 어렵고, 담당 의료인은 그 증상에 대한 통상의 진료방법을 사용하였다 할 것이어서 의료인에게 과실이 있다고 단정하기 어렵다고 판시하였습니다(대법원 1984.4.24. 선고, 82도1882 판결).

8. 결핵과

8-1. 진단 및 검사를 하였으나 통상적으로 발견이 어려운 질환인 경우
사례 : 의사가 청진, 촉진, 흉곽촬영등의 진단방법만으로 환자의 질환을 위종양이나 위궤양으로 속단하여 개복수술을 하였으나, 그 질환이 확진하기 어려운 대장결핵성 임파선염으로 판명된 경우 의료인의 과실 인정 여부가 문제가 되는 사례입니다.

법원의 판결 : 대장결핵성 임파선염(복강내 결핵)은 그 증상

및 증후가 다양하여 오진율이 70퍼센트 ~ 95퍼센트에 달하고, 이의 확진방법으로서는 시험적 개복수술이 널리 행해지고 있는 점, 또 개복수술은 그 시술이 비교적 간단 용이하고 환자에게 미치는 영향도 경미하다는 점으로 인해 의료인의 과실을 인정할 수 없다고 판시하였습니다(대법원 1980.3.25. 선고, 79다2280 판결).

제3절 환자가 의료사고 원인의 일부를 제공한 경우

1. 소아과

1-1. 환자의 신체적 소인으로 인해 의료인의 손해배상 책임이 경감된 경우

사례 : 조산한 저체중 쌍태아가 생존가능성이 없는 것으로 보고 필요한 의료조치를 시행하지 아니한 경우 의료인의 과실 인정 여부가 문제가 되는 사례입니다.

법원의 판결 : 신생아가 조산아, 쌍태아, 저체중아라 하더라도 제반 사정에 비추어 볼 때 출생 직후부터 보육기 등에 의한 적절하고 집중적인 소생, 보육을 받았더라면 생존할 가능성이 50퍼센트 정도는 되었다고 봄이 상당하다면, 의사가 신생아의 생존가능성이 전혀 없는 것으로 속단하고 그를 살리기 위하여 산부인과에서 할 수 있는 응급조치 내지 소생술을 시행하거나 미숙아를 위한 인력과 시설을 갖추고 있는 소아과로의 전과를 시행하지 아니한 과실과 그 신생아의

사망 사이에는 인과관계가 인정되나, 신생아의 열악한 신체적 소인이 그의 사망에 30퍼센트 정도 기여한 사실이 인정되어, 의료인의 손해배상책임은 70퍼센트만 인정한다고 판시하였습니다(대법원 1995.4.14. 선고, 94다29218 판결).

2. 정형외과

2-1. 환자의 특이성으로 인해 의료인의 손해배상 책임이 경감된 경우

사례 : 환자가 낙하사고를 당하여 골절이 생겨 수술을 받은 후 항생제를 처방받아 복용하던 중 변비와 소화불량 증세를 보여 소화제와 관장약을 조제 받았습니다. 이를 복용한 뒤 항문 주위가 부어오르며 통증이 나타났고, 정형외과 담당의사는 일반외과 및 내과에 진료를 의뢰하여 대장염·장관염·패혈증이 의심된다는 소견을 받고 환자를 상급병원으로 전원 조치하였지만 결국 환자가 패혈증으로 인한 쇼크로 사망한 경우 의료인의 과실 인정 여부가 문제가 되는 사례입니다.

법원의 판결 : 치료당시 의료수준에 비추어 패혈증을 의심하고 조속히 필요한 처치가 가능했음에도 불구하고 이 시기를 놓친 의료인의 과실은 인정되나, 해당 환자의 경우 신체저항력이 낮은 특이성으로 인해 나쁜 결과가 확대된 점이 인정되어 의료인의 손해배상책임의 40퍼센트만 인정한다고 판시하였습니다(대법원 1998.7.24. 선고, 98다12270 판결).

제2장 치료 및 처치 단계에서 일어난 사고

제1절 의료인의 과실이 있다고 본 경우

1. 산부인과

1-1. 조산사가 환자에게 필요한 긴급조치를 하지 않은 경우

사례 : 병원에서 조산사가 분만을 관장하던 중 태변착색 등 이상 징후를 발견하였음에도 출생한 신생아가 뇌성마비 상태가 된 경우 조산사의 의료과실이 문제된 사례입니다.

법원의 판결 : 조산사가 산부인과 전문의 등에게 보고를 지연하여 응급조치의 기회를 상실시켰을 뿐만 아니라, 마스크와 백을 이용한 인공호흡 등 조산사 스스로 가능한 범위 내의 심폐소생술도 제대로 하지 않아 환자의 상태를 악화시킨 것으로 조산사의 의료과실이 인정된다고 판시하였습니다(대법원 2010.5.27. 선고, 2006다79520 판결).

1-2. 환자의 치료가 어려운 경우 상급병원으로 옮겨야하는 전원의 의무를 소홀히 한 경우

사례 : 의료인은 환자의 제왕절개수술을 시행 중 태반조기박리를 발견하고 환자의 출혈 여부 관찰을 간호사에게 지시하였습니다. 수술 후 약 45분이 지나 대량출혈을 확인하고 상

급병원으로 환자를 옮겼으나 피해자가 사망한 경우 의료인의 과실 인정 여부가 문제 되는 사례입니다.

법원의 판결 : 의료인의 전원지체 과실로 적절한 조치가 지연되었고, 그로인해 환자가 사망하였다고 할 수 있어 의료인의 과실이 인정된다고 판시하였습니다(대법원 2010.4.29. 선고, 2009도7070 판결).

1-3. 수술 후 합병증이 생긴 경우

사례 : 환자는 출산 직후 태반이 자연적으로 떨어지지 않자 태반용수제거술을 받게 되었습니다. 그러나 뱃속에 남은 태반조각으로 인해 합병증을 얻게 된 경우 의료인의 과실여부가 문제된 사례입니다.

법원의 판결 : 수술 후 후유증을 예견할 수 있었음에도 불구하고 적절한 조치를 취하지 아니한 의료인의 과실이 인정된다고 판시하였습니다(대법원 2006.11.23. 선고, 2005다11688 판결).

1-4. 태어난 아기가 분만수술 상의 과실로 사망한 경우

사례 : 질식분만을 하던 중 환자가 여의치 않아 제왕절개술을 시행하였습니다. 수술로 태어난 신생아가 12시간 만에 사망한 사안에서 의료인의 과실여부가 문제된 사례입니다.

법원의 판결 : 수술과 사망사이에 다른 원인이 있을 가능성

이 낮고, 의료상의 과실과 결과 사이의 인과관계가 추정되어 의료인의 과실이 인정된다고 판시하였습니다(대법원 2006.10.27. 선고, 2004다2342 판결).

1-5. 분만 중 위험에 노출된 신생아에 대한 적절한 조치를 취하지 못한 경우

사례 : 분만 중 태아에게 심장박동 감소가 있었고, 태어난 신생아에게 뇌성마비가 발견되었을 경우 분만시술을 담당한 의료인의 과실 여부가 문제된 사례입니다.

법원의 판결 : 의사는 분만 시술 중 태아의 심장박동 감소 등 위험이 인식되는 상황이 생긴 경우 이에 대처해야할 주의의무가 있음에도 불구하고 이를 다하지 않은 과실이 있다고 판시하였습니다(대법원 2005.10.28. 선고, 2004다13045 판결).

1-6. 오진과 처치 상의 과실이 합쳐진 경우

사례 : 산모가 산전 소변검사 결과 요당 약양성 반응을 보이는 등의 사정이 있었는데 이에 대해 별다른 조치를 취하지 않은 채 질식분만 방식으로 분만을 유도하던 중 태아가 거대아인 관계로 견납난산을 하게 되어 태아에게 상완신경총 손상이 발생한 경우 의료인의 과실 여부가 문제된 사례입니다.

법원의 판결 : 환자의 거대아 출산과 견갑난산을 예견하지 못함으로써 질식분만 방법을 택하게 된 사실에는 의료인의 진단 및 시술상 과실이 인정된다고 판시하였습니다(대법원

2003.1.24. 선고, 2002다3822 판결).

1-7. 분만수술을 하면서 수혈용 혈액을 미리 준비해 놓지 않은 경우

사례 : 응급 제왕절개 수술 중 산모의 출혈이 과다하였으나, 수혈용 혈액을 준비하지 않아 적절한 조치를 하지 못한 경우 의료인의 과실여부가 문제되는 사례입니다.

법원의 판결 : 의료인에게는 제왕절개 수술 시행 결정과 아울러 산모에게 수혈을 할 필요가 있을 것이라고 예상되는 경우 미리 혈액을 준비하여야 할 업무상 주의의무가 있기 때문에, 미리 준비하지 못한 의료상의 과실이 인정된다고 판시하였습니다(대법원 2000.1.14. 선고, 99도3621 판결).

1-8. 환자에게 설명하지 않고 과잉 진료를 한 경우

사례 : 정기검사 시기에 맞추어 자궁암검사를 의뢰하기 위하여 처음 찾아온 의뢰인에게 세포진검사와 질확대경검사를 실시하였을 뿐 아니라 조직검사로 인하여 발생할지도 모르는 후유증에 대하여 아무런 설명도 없이 조직검사를 실시한 경우 의료인의 과잉진료 및 설명의무 위반 여부가 문제된 사례입니다.

법원의 판결 : 환자의 생명과 건강을 담당하는 의사는 그 업무의 성질에 비추어 치료에 앞서 실시하는 검사가 특히 신체의 손상을 가져올 우려가 있는 경우에 불필요한 검사를 실시

하지 아니할 주의의무가 있으나, 이를 행하지 않은 의료인은 과잉진료 내지 설명의무 위반에 해당할 여지가 있다고 판시하였습니다(대법원 1998.3.27. 선고, 97다56761 판결).

1-9. 의료인의 재량을 넘어선 의료행위가 있었던 경우

사례 : 과도한 흡입분만행위가 의사의 재량이나 의료수준에 비추어 허용된 범위를 넘은 것으로 인정된 경우, 출산 직후 발생한 태아 사망 사고에 대한 의사의 과실 여부가 문제된 사례입니다.

법원의 판결 : 의사의 재량의 판단은 당시 의학규범의 수준으로 할 것이지 의사 개개인의 구체적 상황에 따라 판단할 것은 아닌 것으로, 의사의 재량을 넘어선 의료행위로 인해 환자의 사망이 발생했다면 이는 의료인의 과실이 인정된다고 판시하였습니다(대법원 1997.2.11. 선고, 96다5933 판결).

1-10. 분만과정에서 태아에게 무리한 압박이 있었던 경우

사례 : 산모가 태아를 분만하는 과정에서 머리부분에 압박을 받은 태아가 두개내출혈 등의 손상이 있었고, 이 후 뇌성마비가 발생한 경우 의료인의 과실 여부가 문제된 사례입니다.

법원의 판결 : 태아의 두개내출혈 등 두부손상이 분만 당시 의사의 과오에 의한 것으로 보이고, 출산 전후를 통하여 달리 뇌성마비의 원인이 될 만한 모체 또는 태아의 감염이나 이상을 인정할 자료가 없다면 태아의 두부손상이 뇌성마비

의원인이 된 것으로 추정된다고 하여 의사의 의료과오를 인정한다고 판시하였습니다(대법원 1992.12.8. 선고, 92다29924 판결).

1-11. 마취 주사 후 후유증이 나타난 경우

사례 : 임신중절수술을 받는 환자가 마취주사를 받았는데, 이후 조직괴사 등 후유증이 나타난 경우 의료인의 과실여부가 문제된 사례입니다.

법원의 판결 : 부작용이 다른 주사에 비해 많은 약을 주사하는 경우 의사가 직접하거나 간호사에게 시켜도 입회하에 할 것인데, 마취주사를 시술해야 하는 신체의 위치 등을 자세히 지시하지 않아 부작용이 발생하였고 이에 의무를 다하지 않은 의료인의 과실이 인정된다고 판시하였습니다(대법원 1990.5.22. 선고, 90도579 판결).

2. 정형외과

2-1. 의사가 잘못 처방한 약을 간호사가 주사한 경우

사례 : 담당 의사가 약을 잘못 처방하였고, 간호사가 처방대로 환자에게 주사하여 환자가 의식불명 상태에 이르게 된 사안에서 의료인의 과실 인정여부가 문제된 사례입니다.

법원의 판결 : 담당 의사가 약을 잘못 처방하였고, 종합병원의 간호사가 처방 약제의 기본적인 약효나 부작용 및 주사

투약에 따르는 주의사항 등을 미리 확인·숙지하였다면 과실로 처방된 것임을 알 수 있었음에도 그대로 주사하여 환자가 의식불명 상태에 이르게 된 것으로 볼 수 있어 간호사에게 업무상과실을 인정하였습니다(대법원 2009.12.24. 선고, 2005도8980 판결).

2-2. 산재사고 이후 의료사고로 환자의 증세가 악화된 경우

사례 : 공장에서 근무 중 양손이 기계에 압착되어 팔이 절단되는 사고를 당한 후 병원에서 수지 절단 및 접합수술을 받았으나 이후 심장을 둘러싸고 있는 심낭에 물이차서 심폐기능 장애로 사망한 경우 의료인의 과실여부가 문제된 사례입니다.

법원의 판결 : 산재사고로 인하여 상해를 입은 환자가 치료를 받던 중 의료행위로 증상이 악화되거나 새로운 증상이 생겨 손해가 더 커진 경우에는 의료행위와 산재사고 사이에도 상당인과관계가 있다고 보아야 하므로 공동불법행위가 성립되어 공동불법행위자들이 연대하여 그 손해를 배상할 책임이 있다고 판시하였습니다(대법원 2005.9.30. 선고, 2004다52576 판결).

2-3. 정밀한 검사 없이 마취를 시행한 경우

사례 : 심전도 검사 상 이상이 발견된 환자에 대하여 정밀검사를 시행하지 아니한 채 전신마취를 시행하여 수술 도중 마취로 인해 사망한 경우 의료인의 과실이 문제된 사례입니다.

법원의 판결 : 전신마취에 의한 수술을 함에 있어 사전에 실시한 심전도검사에서 이상이 발견되었으나, 심전도검사 결과가 전신마취에 부적합한 정도에 이르는지 여부를 보다 정밀한 검사를 통하여 확인하는 등의 절차 없이 그대로 일반적인 마취 방법으로 수술을 시행하던 중 마취로 인한 부작용으로 환자가 사망한 경우 병원 의사들의 의료행위에 과실이 인정된다고 판시하였습니다(대법원 1998. 11. 24. 선고, 98다32045 판결).

2-4. 수술 후 마비증세가 일어난 경우

사례 : 척추전방유합수술 후에 환자에게 하반신 마비증세가 나타난 경우 의료인의 과실여부가 문제된 사례입니다.

법원의 판결 : 하반신 완전마비증세가 척추전방유합술 시술 직후에 나타난 것으로 다른 원인이라 볼 수 있는 것이 없고, 집도의가 부주의로 척추신경을 수술칼로 끊거나 소파술시 수술기구로 신경을 세게 압박한 잘못으로 인하여 초래된 것이라고 추정할 수밖에 없기 때문에 의료인의 과실이 인정된다고 판시하였습니다(대법원 1993.7.27. 선고, 92다15031 판결).

3. 내과

3-1. 환자가 간호사를 통해 다른 환자에게 수혈되어야 할 피를 수혈 받은 경우

사례 : 간호사가 다른 환자에게 수혈할 혈액을 환자에게 잘못

수혈하여 환자가 사망한 경우, 간호사에게 환자의 수혈을 맡긴 의사의 과실 여부가 문제된 사례입니다.

법원의 판결 : 의사는 의료행위가 환자에게 위해가 미칠 위험이 있는 이상 간호사가 과오를 범하지 않도록 충분히 지도·감독을 하여 사고의 발생을 미연에 방지하여야 할 주의의무가 있는데 일임한 간호사의 과오로 환자에게 문제가 발생하였다면 의사는 그에 대한 과실책임이 있다고 할 수 있다(대법원 1998.2.27. 선고, 97도2812 판결).

4. 소아과

4-1. 주사 시술 중의 과실과 주사약의 부작용이 합쳐진 경우

사례 : 의사는 염화카리를 주사하기 전에 환자의 혈액검사를 하여 보충되어야 할 염화카리의 양을 측정하지 않은 상태에서 간호사로 하여금 주사하도록 하였습니다. 간호사는 주사 중 부작용 반응이 나타났음에도 주사를 중단하지 않고 주사하였고 이후 환자가 사망한 경우 의료인의 과실 여부가 문제된 사례입니다.

법원의 판결 : 의사가 간호사로 하여금 주사케 하는 경우에는 주사의 부작용으로 일어날지 모르는 생명의 위험을 방지할 업무상 주의의무가 있음에도 불구하고 이를 게을리하였고, 간호사는 환자에게 청색증반응이 나타난 것을 발견하고도 주사액 전량을 주입하여 주사 부작용으로 인한 심장마비

로 환자를 사망케 한 과실이 인정된다고 판시하였습니다(대
법원 1981.6.23. 선고, 81다413 판결).

5. 일반외과

5-1. 수술 직후 마비증세가 발생한 경우

사례 : 의사의 전방경추융합술 시행 이후에 환자에게 사지 부
전마비증세가 발생한 경우, 의료인의 과실 여부가 문제된
사례입니다.

법원의 판결 : 의사의 시술과 환자에게 나타난 증세 사이에
다른 원인이 있을 가능성이 없을 경우, 수술과 증세 사이에
원인과 결과 관계가 있다고 볼 수 있고, 이는 수술 중 수술
기구 등으로 환자의 전면척추동맥 또는 신경근 동맥을 과다
압박 또는 손상함이 원인이라고 볼 수 있어 의료인의 과실
을 인정한다고 판시하였습니다(대법원 1995.3.10. 선고, 94
다39567 판결).

5-2. 적합하지 않은 수술방법을 시행한 경우

사례 : 일반외과 의사가 환자에게 안검부 건막이식 수술을 시
행한 이후 환자에게 안검하수증(눈을 뜨지 못하는 증세)이
나타난 경우 의사의 과실 여부가 문제된 사례입니다.

법원의 판결 : 안검부 건막이식 수술은 환자에게 치료방법으
로 적합한 것이 아니었는데도 의사가 이를 시술하였고, 그

수술방법도 적절치 못하여 환자가 안검하수증을 입었다면 이는 의료상의 과실로 인한 것으로 의사는 환자에게 손해배상책임을 져야한다고 판시하였습니다(대법원 1974.5.14. 선고, 73다2027 판결).

6. 흉부외과

6-1. 수술 중 환자가 사망한 경우

사례 : 심장수술 도중 발생한 대동맥박리현상으로 인하여 환자가 사망한 경우 의료인의 과실 여부가 문제된 사례입니다.

법원의 판결 : 심장수술 도중 발생한 대동맥박리현상으로 인하여 환자가 사망한 경우, 그 대동맥박리는 캐뉼라 삽관 직후에 나타나 그 수술 이외에는 다른 원인이 개재하였을 가능성이 없고, 캐뉼라 삽관으로 인해 대동맥내막 소상 등이 있었다면 의료인의 과실이 인정된다고 판시하였습니다(대법원 2000.7.7. 선고, 99다66328 판결).

6-2. 마취 후 수술 중 심장정지가 발생하여 사망한 경우

사례 : 환자가 전신마취 후 수술을 받는 도중에 심장정지가 발생하여 뇌손상을 입었고, 그로인해 전신마비 증세가 생긴 경우 의료인의 과실 여부가 문제된 사례입니다.

법원의 판결 : 마취 시술과 마비 증세 사이에 다른 원인이 개제될 가능성이 낮고, 의료행위와 결과 사이에 인과관계가

추정되기 때문에 의료인의 과실을 인정할 수 있다고 판시하였습니다(대법원 1996.6.11. 선고, 95다41079 판결).

7. 신경외과

7-1. 수술 중 과대 출혈에 적절히 대비하지 못해 후유장애가 남은 경우

사례 : 신장 적출수술 중 과다출혈이 있었고, 수술 후 저산소성 뇌손상에 의한 후유장애가 발생한 경우 의료인의 과실 여부가 문제된 사례입니다.

법원의 판결 : 환자의 경우 하대정맥의 유착가능성이 높아 신장을 절제함에 있어서 더욱 세심한 주의가 요구되었는데, 수술 중 과대출혈과 이에 대한 지혈조치 및 수혈이 적절한 때 이루어지지 못하였고, 환자의 후유장애에 다른 원인이 있다고 보기 어렵기 때문에 의료인에게 과실이 있다고 판시하였습니다(대법원 1996.12.10. 선고, 96다28158 판결).

7-2. 의사가 약물의 부작용에 대해 설명을 안 한 경우

사례 : 의사가 환자의 치료를 위해 사용한 약제의 일부에서 발생할 수 있는 부작용에 대하여 설명을 안한 경우, 의료인의 과실여부가 문제되는 사례입니다.

법원의 판결 : 의사는 긴급한 경우 기타의 특별한 사정이 없는 한, 그 침습에 대한 승낙을 얻기 위한 전제로서 환자에

대하여 질환의 증상, 치료방법 및 내용, 그 필요성, 예후 및 예상되는 생명·신체에 대한 위험성과 부작용 등, 환자의 의사결정을 위하여 중요한 사항에 관하여 사전에 설명함으로써 환자로 하여금 수술이나 투약에 응할 것인가의 여부를 스스로 결정할 기회를 가지도록 할 의무가 있고, 이러한 설명을 아니한 채 승낙 없이 침습한 경우에 환자에게 신체장해 등에 의한 재산적 손해를 배상할 책임은 없다 하더라도 환자와 그의 가족들에게 위 정신적 고통에 대한 위자료는 지급할 책임이 있다고 판시하였습니다(대법원 1994.4.15.선고, 92다25885 판결).

8. 성형외과

8-1. 군인이 군병원에서 수술하다 의료인의 과실로 사망한 경우

사례 : 환자의 언청이 수술을 위해 전신마취를 하고 수술하던 중 몸에 주사한 약제의 부작용으로 사망한 경우 의료인의 과실이 문제되고, 특히 환자가 방위병이므로 국가배상책임이 문제되었던 사례입니다.

법원의 판결 : 마취 중에 에피네프린을 사용하면 심한 경우 심장정지까지 초래할 수 있다는 사실은 의학계에 잘 알려진 사실이나 의료인이 이를 투여하며 주의의무를 다하지 않은 점이 인정되고, 의료인이 군의이고 환자는 군인이므로 이에 대한 국가 배상이 인정된다고 판시하였습니다(대법원 1994.12.27. 선고, 94다35022 판결).

9. 안과

9-1. 마취 시술 이후 신경마비가 일어난 경우

사례 : 망막박리유착수술을 위한 전신마취를 한 이후 환자에게 저산소뇌후유증으로 인한 신경마비가 일어난 경우, 의료인의 과실 여부가 문제된 사례입니다.

법원의 판결 : 전신마취를 한 이후 환자에게 신경마비가 일어난 경우, 마취로 인한 신경마비 외에 다른 원인이 있을 가능성이 없었고, 환자가 특이체질도 아니었던 경우 마취시술 중 의료인의 과실이 인정된다고 판시하였습니다(대법원 1995.3.17. 선고, 93다41075 판결).

10. 정신과

10-1. 약물투여 후 약물쇼크가 발생한 경우

사례 : 정신병(조증)으로 입원한 환자에게 투여한 조증치료제인 클로르포르마진의 부작용으로 발생한 기립성저혈압을 치료하기 위하여 포도당액을 과다히 주사하여, 환자가 전해질 이상 등으로 인한 쇼크로 사망한 경우 의료인의 과실이 문제된 사례입니다.

법원의 판결 : 조증 환자가 약물 투여를 받고 갑자기 상태가 안 좋았다면 좀 더 정확한 진찰과 치료를 위하여 내과전문병

원 등으로 전원조치를 하여야 할 것인데, 환자의 혈압상승을 위하여 포도당액을 주사하였고, 그 과정에서 환자의 전해질 이상 유무를 확인하고 투여하여야 함에도 의사에게 요구되는 이러한 일련의 조치를 취하지 아니한 과실이 인정된다고 판시하였습니다(대법원 1994.12.9. 선고, 93도2524 판결).

11. 보건소

11-1. 처방받은 약으로 인해 부작용이 일어난 경우

사례 : 환자는 보건소에서 결핵판정을 받고 결핵약을 복용하였는데, 이로 인해 부작용인 시력약화가 일어난 경우 의료인의 과실여부가 문제된 사례입니다.

법원의 판결 : 중대한 부작용을 초래할 수 있는 약을 투약하는 경우 이를 환자에게 설명하여 줄 의료상의 주의의무가 있으나 의료인이 이를 위반한 과실이 있다고 판시하였습니다(대법원 2005.4.29. 선고, 2004다64067 판결).

12. 대한적십자사

12-1. 오염된 혈액을 공급받아 환자에게 수혈한 경우

사례 : 대한적십자는 헌혈자에 대해서 직업이나 생활관계 및 에이즈 감염 여부에 대해서 설문사항에 포함시키지 아니하고, 기타 다른 문진 없이 헌혈 지원을 받았습니다. 이 후 해당 혈액을 수혈 받은 환자가 에이즈에 감염되어 감염된

혈액을 제공한 대한적십자사와 이 혈액을 확인도 없이 수혈한 의사의 과실이 문제되는 사례입니다.

법원의 판결 : 법원은 대한적십자사에게 혈액원의 업무를 수행하는 자로서의 주의의무를 다하지 아니한 과실이 있고, 의사에게는 수술 중 수혈에 의한 에이즈 바이러스 감염 위험 등을 환자에게 설명하지 않은 과실이 있다고 판시하였습니다(대법원 1998.2.13. 선고, 96다7854 판결).

※ 문진이란 의료인이 환자를 진료하는 과정에서 환자가 가지고 있는 기존의 병력, 가족력, 사회력 등을 확인하여 현 증상과 앞으로 발생할 수 있는 병력을 확인하는 것입니다.

제2절 환자가 의료사고 원인의 일부를 제공한 경우

1. 신경외과

1-1. 환자의 체질적 특징으로 부작용이 확대된 경우

사례 : 환자가 구토를 한 후 보채다가 의식을 잃었으나, 보호자가 이를 간호사들에게 미리 알리지 않았고, 환자 본인이 가진 체질적 소인이 있어 부작용이 확대된 경우 의료인의 과실여부가 문제된 사례입니다.

법원의 판결 : 환자의 체질적인 소인 또는 질병이 환자의 잘못과 무관한 것이라고 할지라도, 그 질환의 종류·정도 등에 비추어 의사에게 손해의 전부를 배상하게 하는 것이 공평의 이

념에 반하는 경우에는, 법원은 손해배상액을 정하면서 과실상
계의 법리를 유추적용할 수 있는 바, 의사의 손해배상책임을
70퍼센트로 한정한다고 판시하였습니다(대법원 2010.2.25. 선
고, 2009다75574 판결).

2. 결핵과

2-1. 환자가 처방받은 약제에 대해 특이성이 있었던 경우

사례 : 환자가 특정 약제 부작용으로 약제복용을 중단하였다
가 다시 투약한 약제 역시 특이성으로 사망한 경우, 이를
투약한 약제 및 시기가 적합한 것이었는지 등의 의료인의
과실 여부가 문제된 사례입니다.

법원의 판결 : 약제복용을 중단하였다가 재 투약하는 과정에
서 재 투약시기의 선택에 과실이 있는 경우, 이를 예견 가
능하였다면 의료인의 과실이 인정되지만, 환자에게 특이체
질이 있는 사정으로 인해 의료인의 손해배상 책임을 일부
감경한다고 판시하였습니다(대법원 2007.7.26. 선고, 2005
다64774 판결).

3. 안과

3-1. 일반 사고와 수술로 인한 후유증이 합쳐진 경우

사례 : 환자의 눈에 이물질이 들어가는 사고로 인해 안구 수
술을 받았으나, 수술 후유증으로 시력손상을 입은 경우 의

료인의 과실여부가 문제된 사례입니다.

법원의 판결 : 의료과실은 인정되나 사고로 인해 어느정도 시력손상은 피할 수 없는 상태인 점을 감안하여, 사고로 인한 기여분 만큼은 손해배상 대상에서 제외하는 것이 손해의 공평부담이라는 견지에서 타당하다고 판시하였습니다(대법원 2002.7.12. 선고, 2001다2068 판결).

4. 구강외과

4-1. 환자의 체질적 특징으로 부작용이 확대된 경우
사례 : 19세 여자 환자가 사랑니 발치를 위해 진료를 받으러 온 상황에서 임신 중임을 밝히지 않았고, 이후 구강저봉와 직염에 걸린 환자에 대한 치과의사의 진료상의 과실여부가 문제된 사례입니다.

법원의 판결 : 의료인의 과실이 인정되지만, 의사의 문진에 대하여 임신 중이라는 사실을 고지하지 아니한 환자에게 답변상의 과실이 있고, 또한 임신 중이라는 환자의 신체적 특징이 질병의 발생에 기여하였다고 보아서 의료인의 손해배상책임을 80퍼센트로 한정한다고 판시하였습니다(대법원 1998. 9. 4. 선고, 96다11440 판결).

- 251 -

제3장 간호 및 관리 단계에서 일어난 사고

제1절 의료인의 과실이 있다고 본 경우

1. 내과

1-1. 간호사가 의사에게 보고하지 않아 필요한 조치가 늦어진 경우
사례 : 야간 당직간호사가 담당 환자의 심근경색 증상을 당직 의사에게 제대로 보고하지 않음으로써 당직의사가 필요한 조치를 취하지 못한 채 환자가 사망한 경우 의료인의 과실이 문제된 사례입니다.

법원의 판결 : 병원의 야간당직 운영체계상 당직간호사에게 환자의 사망을 예견하거나 회피하지 못한 업무상 과실이 있고, 당직의사에게는 업무상 과실을 인정하기 어렵다고 판시하였습니다(대법원 2007.9.20. 선고, 2006도294 판결).

1-2. 약물 투여 후 부작용이 있음에도 방치한 경우
사례 : 간질환으로 치료받던 피해자에게 진균증 감염 사실이 발견되어 항진균제인 니조랄을 투약한 후 반복적인 흉통, 발작, 일시적인 혼수상태 등의 현상이 있었으나, 이에 대한 적절한 조치를 취하지 아니하고 방치한 의사의 과실여부가 문제된 사례입니다.

법원의 판결 : 환자에게 약물을 투여한 후 발작 등이 있으면 부작용 여부를 판단하여 투약을 중단시키거나 심장계통 등의 이상을 의심하여 이에 적절히 대처하는 등의 조치를 취하지 않은 의료인의 과실이 인정된다고 판시하였습니다(대법원 1999. 2. 12. 선고, 98다10472 판결).

2. 일반외과

2-1. 환자를 치료가 불가능한 병원으로 옮겨 환자가 사망한 경우

사례 : 즉각적인 응급수술을 받아야 할 환자임에도 불구하고 환자의 상태를 잘못 판단하여 즉각적인 응급수술이 불가능한 병원으로 전원시키고, 또한 전원과정에서 환자의 초기상황과 시행된 처치에 대한 정보를 제공하지 아니한 결과 환자에 대한 즉각적인 응급수술의 실시가 지연됨으로써 환자가 사망한 경우 의료인의 과실여부가 문제된 사례입니다.

법원의 판결 : 병원 측의 환자를 다른 병원으로 옮기는 과정에서 의료인의 과실이 인정된다고 판시하였습니다(대법원 2005.6.24. 선고, 2005다16713 판결).

2-2. 보호자의 요청대로 환자를 다른 병원으로 이송시키던 중 사망한 경우

사례 : 진찰 결과 장파열, 복강내출혈 및 비장손상 등의 가능성이 있어 응급개복술의 시행이 필요한 부상자를 그 처의 요청으로 집 근처 병원으로 이송시키던 중 부상자가 복강내

출혈 등으로 사망한 경우 의료인의 과실 여부가 문제된 사례입니다.

법원의 판결 : 의사가 수술을 실시하지 아니한 채 만연히 부상자를 다른 병원으로 이송하도록 한 과실로 부상자가 사망하였다고 추정할 수 있어, 의료인의 과실이 인정된다고 판시하였습니다(대법원 2000.9.8. 선고, 99다48245 판결).

2-3. 긴급치료가 필요한 환자를 방치한 경우

사례 : 환자인 산모가 제왕절개 수술을 받아야 하는 긴급상황에서 당직의사는 일반외과 의사였기 때문에 환자에게 처치하지 않은 경우, 의료인의 과실 여부가 문제된 사례입니다.

법원의 판결 : 산부인과 전문의가 아닌 일반외과 의사라고 하더라도 당직 의사였다면, 환자의 위험을 방지하기 위하여 요구되는 최선의 처치를 하지 않은 과실이 인정된다고 판시하였습니다(대법원 1997.3.11. 선고, 96다49667 판결).

2-4. 간호 소홀로 환자에게 이상이 생긴 경우

사례 : 갑상선아전절제술 및 전경부임파절청소술을 받고 기도부종을 보이는 환자에 대해 주치의 겸 당직의사가 그의 활력체크지시를 제대로 이행하지 아니하였고, 환자가 호흡 곤란을 일으켜 보호자가 의사를 불러달라고 요청하였으나, 요청을 듣지 아니한 담당간호사들로 인해 환자가 식물인간상태에 이르게 된 경우, 의료인의 업무상 과실 인정이 문제된

사례입니다.

법원의 판결 : 기도부종은 수술후 서서히 진행되어 환자가 식물인간상태 또는 사망이라는 치명적인 결과에 이르는 원인이 될 수 있는 것이므로, 기도부종이 진행되고 있을 경우 주의 깊게 관찰하여 증상의 악화여부를 파악하고 필요한 경우 기도삽관 또는 기관절제술을 시행하는 등 적절한 조치로써 호흡장애로 인한 위험을 방지하여야 하는바, 담당의사에게는 피해자의 상태만을 물어보고는 환자를 살피지 아니하고 오랜 시간 방치한 업무상의 과실이 있다고 인정되고, 당직간호사들에게는 피해자의 보호자가 수차례 환자의 상태악화를 말하며 의사를 불러줄 것을 요청하였음에도 환자를 관찰하지도 아니한 채 그 요청을 제대로 이행하지 아니한 업무상의 과실이 인정된다고 판시하였습니다(대법원 1994.12.22. 선고, 93도3030 판결).

2-5. 상급병원에서 치료가 필요한 환자의 전원을 지체한 경우
사례 : 일반외과전문의가 환자를 치료하면서 방사선 사진 상에 나타나 있는 선상골절상이나 이에 따른 뇌실질내출혈 등을 발견이나 예견하지 못하여 환자를 제때에 상급병원으로 옮기지 못했고, 결국 환자가 사망한 경우 의료인의 과실이 문제된 사례입니다.

법원의 판결 : 뇌를 손상한 환자는 신경외과 전문의에게 의뢰하여 치료하는 것이 바람직하기 때문에(뇌의 손상이 중할

수록 위 전문의의 치료를 받는 것이 바람직함) 전원의 의무를 다하지 못한 의료인의 과실이 인정된다고 판시하였습니다(대법원 1989.7.11. 선고, 88다카26246 판결).

3.흉부외과

3-1. 진료기록을 부실하게 작성하여 적절한 관리 및 치료가 이루어지지 않은 경우

사례 : 심장 수술 후 진정상태를 유지하고 있던 환자에게 뇌로 공급되는 산소의 전반적인 감소로 인한 저산소성 뇌손상이 발생하였으나, 의무기록에는 이에 관한 아무런 기재가 없는 경우 의료인의 과실 여부가 문제된 사례입니다.

법원의 판결 : 의료인이 환자의 임상상태를 발견하였음에도 그 내용을 의무기록에 제대로 기재하지 아니함으로 말미암아 적절한 관리 및 치료가 이루어지지 못한 것으로 추정할 수 있다고 보아 의료인의 과실을 인정한다고 판시하였습니다(대법원 2008.7.24. 선고, 2007다80657 판결)

4. 정형외과

4-1. 주치의가 수련의의 처방 내용을 확인하지 않은 경우

사례 : 환자의 주치의 겸 정형외과 전공의가 같은 과 수련의의 처방에 대한 감독의무를 소홀히 한 나머지, 환자가 수련의의 잘못된 처방으로 인하여 상해를 입게 된 사안에서 전

공의의 업무상 과실여부가 문제된 사례입니다.

법원의 판결 : 의사가 다른 의사와 의료행위를 분담하는 경우에도 자신의 환자에 대하여 사실상 지휘 감독하는 지위에 있다면, 감독하에 있는 다른 의사가 하는 의료행위의 내용이 적절한 것인지의 여부를 확인하고 감독하여야 할 업무상 주의의무가 있으나, 위 의무를 소홀히 하였고 결국 환자가 수련의의 잘못된 처방으로 인하여 환자가 상해를 입게 되었다고 보아 전공의의 업무상 과실을 인정한다고 판시하였습니다(대법원 2007.2.22. 선고, 2005도9229 판결).

5. 정신과

5-1. 환자가 병원에서 투신한 후 생긴 부작용을 비관하여 자살한 경우

사례 : 정신분열증 환자가 안전장치 없는 폐쇄병실의 창문을 열고 투신하여 신체에 중대한 기질적 상해를 수반하는 후유증이 남게 되자 이를 비관하여 자살한 사안에서 의료인의 관리 의무 위반이 문제된 사례입니다.

법원의 판결 : 환자가 병실 창문으로 투신하여 이 사건 사고를 당하였는데, 정신분열병 환자인 소외인의 경우 병실 밖으로 나가기 위해 여러 수단을 사용할 것이라는 점이 예측됨에도, 폐쇄병실의 창문에 아무런 안전장치를 하지 않은 과실이 있고, 환자가 심신상실 또는 정신착란의 상태에 빠

지지 않았다 하더라도 그 후유장해는 환자가 자살에 이르게 된 주된 원인으로 작용하였다 할 수 있어 의료인의 과실을 인정한다고 판시하였습니다(대법원 2007.1.11. 선고, 2005 다44015 판결).

6. 산부인과

6-1. 의사가 관리의무를 소홀히 한 채 퇴근한 경우

사례 : 담당 의사가 분만수술 후 환자의 상태로 보아 합병증인 산후출혈 등을 예견할 수 있었음에도 불구하고 이에 대비한 관찰과 검사를 태만히 한 채 수술 직후 바로 퇴근한 경우, 환자의 사망에 대한 담당 의사의 과실 여부가 문제된 사례입니다.

법원의 판결 : 담당 의사가 부작용을 예견할 수 있었음에도 불구하고 그에 대비한 관찰과 검사를 태만하게 한 과실이 인정된다고 판시하였습니다(대법원 1997.8.22. 선고, 96다 43164 판결).

7. 보건진료원

7-1. 주사 후 안전조치 및 관찰이 부족하여 쇼크가 발생한 경우

사례 : 보건진료원이 결핵환자에게 스트랩토마이신을 주사한 후 환자에게 과민성쇼크가 일어난 경우 보건진료원의 과실 여부가 문제된 사례입니다.

법원의 판결 : 스트렙토마이신이 쇼크가 매우 드물다고 하더라도 이 사건 당시의 의학수준에 비추어 객관적인 견지에서 쇼크사에 대한 인식이 가능하였다면 보건진료원으로서는 만일에 일어날지 모르는 쇼크에 대비하여 응급처치수단을 강구한 후 주사하여야 하고, 특히 주사 후에 쇼크가 발생할 수 있는 시간동안 환자를 안정시키고 용태를 관찰하여야 할 의무를 하지 않은 과실이 있다고 판시하였습니다.
(대법원 1990.1.23. 선고, 87다카2305 판결)

제2절 의료인의 과실이 없다고 본 경우

1. 신경외과

1-1. 의사의 입회 없이 간호사가 주사한 경우

사례 : 간호사가 의사의 처방에 의한 정맥주사(Side Injection 방식)를 의사의 입회 없이 간호실습생(간호학과 대학생)에게 실시하도록 하여 발생한 의료사고에 대한 의사의 과실여부가 문제된 사례입니다.

법원의 판결 : 간호사가 '진료의 보조'를 함에 있어서는 모든 행위 하나하나마다 항상 의사가 현장에 입회하여 일일이 지도·감독할 필요는 없고, 간호사의 자질과 숙련도에 따라 개별적으로 결정하여야 합니다. 이 사건의 경우 의료사고에 대해 입회하지 않은 의료인의 과실이 없다고 판시하였습니

다(대법원 2003.8.19. 선고, 2001도3667 판결).

2. 안과

2-1. 수술 후 예측 불가능한 부작용이 나타난 경우

사례 : 안과수술 후 갑자기 나타난 예측 불가능한 시신경염으로 환자의 시력이 상실된 경우 의료인의 과실이 문제된 사례입니다.

법원의 판결 : 안과수술 후 갑자기 나타난 예측 불가능한 시신경염으로 환자의 시력이 상실된 경우, 수술 전에 그 수술의 필요성, 방법, 합병증에 대하여 자세히 설명하였고, 수술 전후에 걸쳐 환자의 기왕병력인 신경섬유종의 변화 유무를 관찰하였으나 아무런 변화가 없었으며, 수술 부위가 시신경과는 무관한 안검 부위로서 시신경염으로 인한 시력상실은 통상적으로 예견되는 후유증이 아니라는 점에 비추어 그에 대한 의사의 설명의무 및 의료과실이 없다고 판시하였습니다(대법원 1999.9.3. 선고, 99다10479 판결).

3. 일반외과

3-1. 의료인이 환자를 상급병원으로 옮기지 않은 경우

사례 : 교통사고로 우측대퇴골 골절상을 입은 환자를 일반적인 진찰방법에 의하여 혈행장애로 판단하여 치료하였고, 종합병원으로 옮길 필요성은 느끼지 않아 옮기지 아니하였는데 그에 대해 의료인의 과실이 있었는지 여부가 문제가 된

사례입니다.

법원의 판결 : 일반외과전문의인 의료인이 환자의 증상을 통상의 혈행 장애로 판단하고 그에 상응한 치료를 한 것에 잘못이 없는 경우에는, 즉시환자를 종합병원에 넘기지 않았다 하여 그것만으로 의료상의 처치과정에 잘못이 있다고 할 수 없다고 판시하였습니다(대법원 1989.11.14.선고, 89도1568판결).

제3절 환자가 의료사고 원인의 일부를 제공한 경우

1. 일반외과

1-1. 보호자의 요청에 따라 환자의 치료중단 및 퇴원 조치를 한 경우

사례 : 추가적인 치료가 필요한 환자였으나 보호자의 간청에 따라 의료인은 환자의 치료중단 및 퇴원을 허용하였습니다. 퇴원 직후 환자가 사망에 이른 경우 의료인의 과실 여부가 문제된 사례입니다.

법원의 판결 : 치료중단 및 퇴원을 요청한 환자의 보호자는 부작위에 의한 살인죄에 해당하고, 담당 전문의와 주치의는 환자의 사망이라는 결과 발생에 대한 정범의 고의는 인정되나, 환자의 사망이라는 결과나 그에 이르는 사태의 핵심적 경과를 계획적으로 조종하거나 저지·촉진하는 등으로 지배하고 있었다고 보기는 어려워, 공동정범의 객관적 요건인

이른바 기능적 행위지배가 흠결되어 있다는 이유로 작위에
의한 살인방조죄만 성립한다고 판시하였습니다(대법원
2004.6.24. 선고, 2002도995 판결).

2. 신경외과

2-1. 환자의 신중하지 못한 동의가 의료사고 발생에 영향을 끼친 경우

사례 : 환자가 손바닥과 발바닥에 땀이 많이 나는 증상을 치료하기 위하여 교감신경 절제수술을 받고, 경련을 일으키다 사망한 경우 의료인의 과실여부가 문제되는 사례입니다.

법원의 판결 : 의료인은 환자가 수술 후 부작용을 보이는 상태에서 적기에 처치하지 못한 과실이 있고 환자에게 수술과 정상 발생 가능한 실제적인 위험성을 진지하고 성의있게 설명하지 아니하고 완치의 측면만을 강조하여 그 설명이 부족했던 과실이 인정됩니다. 이 사건 수술은 환자에 대한 설명의무를 다하지 아니하고 환자의 승낙권을 침범하여 이루어진 위법한 것으로 볼 수 있지만, 환자가 의료인의 부실한 설명을 듣고 쉽게 승낙하여 손해가 확대된 과실이 있는 경우에 해당하여 배상책임의 범위를 정함에 있어서 이를 참작하여야 한다고 판시하였습니다(대법원 1995.2.10. 선고, 93다52402 판결).

부록

의료법
(의료법 위반에 대한 처벌 규정)

의료법

[시행 2016.9.30.]
[법률 제13658호, 2015.12.29., 일부개정]

제1장 총칙

제1조(목적) 이 법은 모든 국민이 수준 높은 의료 혜택을 받을 수 있도록 국민의료에 필요한 사항을 규정함으로써 국민의 건강을 보호하고 증진하는 데에 목적이 있다.

제2조(의료인) ①이 법에서 "의료인"이란 보건복지부장관의 면허를 받은 의사·치과의사·한의사·조산사 및 간호사를 말한다. <개정 2008.2.29., 2010.1.18.>
②의료인은 종별에 따라 다음 각 호의 임무를 수행하여 국민보건 향상을 이루고 국민의 건강한 생활 확보에 이바지할 사명을 가진다.
1. 의사는 의료와 보건지도를 임무로 한다.
2. 치과의사는 치과 의료와 구강 보건지도를 임무로 한다.
3. 한의사는 한방 의료와 한방 보건지도를 임무로 한다.
4. 조산사는 조산(助産)과 임부(姙婦)·해산부(解産婦)·산욕부(産褥婦) 및 신생아에 대한 보건과 양호지도를 임무로 한다.
5. 간호사는 상병자(傷病者)나 해산부의 요양을 위한 간호 또는 진료 보조 및 대통령령으로 정하는 보건활동을 임무로 한다.

제2조(의료인) ①이 법에서 "의료인"이란 보건복지부장관의 면허를 받은 의사·치과의사·한의사·조산사 및 간호사를 말한다. <개정 2008.2.29., 2010.1.18.>
②의료인은 종별에 따라 다음 각 호의 임무를 수행하여 국민보건 향상을 이루고 국민의 건강한 생활 확보에 이바지할 사명을 가진다. <개정 2015.12.29.>
1. 의사는 의료와 보건지도를 임무로 한다.
2. 치과의사는 치과 의료와 구강 보건지도를 임무로 한다.
3. 한의사는 한방 의료와 한방 보건지도를 임무로 한다.
4. 조산사는 조산(助産)과 임부(姙婦)·해산부(解産婦)·산욕부(産褥婦) 및 신생아에 대한 보건과 양호지도를 임무로 한다.
5. 간호사는 다음 각 목의 업무를 임무로 한다.
   가. 환자의 간호요구에 대한 관찰, 자료수집, 간호판단 및 요양을 위한 간호
   나. 의사, 치과의사, 한의사의 지도하에 시행하는 진료의 보조
   다. 간호 요구자에 대한 교육·상담 및 건강증진을 위한 활동의 기획과 수행, 그 밖의 대통령령으로 정하는 보건활동
   라. 제80조에 따른 간호조무사가 수행하는 가목부터 다목까지의 업무보조에 대한 지도
[시행일 : 2017.1.1.] 제2조제2항제5호

의료법위반
[대법원 2014.9.4, 선고, 2013도7572, 판결]

【판시사항】
[1] 의사가 한방 의료행위에 속하는 침술행위를 하는 것이 '면허된 것 이외의 의료행

위'를 한 경우에 해당하는지 여부(적극)

[2] 의사인 피고인이 자신이 운영하는 정형외과의원에서 환자들에게 침을 놓아 치료를 함으로써 '면허된 것 이외의 의료행위'를 하였다고 하여 구 의료법 위반으로 기소된 사안에서, 피고인의 행위는 한방 의료행위인 침술행위에 해당할 여지가 많은데도, 이와 달리 보아 무죄를 인정한 원심판결에 법리오해 등의 위법이 있다고 한 사례

【판결요지】

[1] 한방 의료행위란 '우리 선조들로부터 전통적으로 내려오는 한의학을 기초로 한 질병의 예방이나 치료행위'로서 의료법 관련 규정에 따라 한의사만이 할 수 있고, 이에 속하는 침술행위는 '침을 이용하여 질병을 예방, 완화, 치료하는 한방 의료행위'로서, 의사가 위와 같은 침술행위를 하는 것은 면허된 것 이외의 의료행위를 한 경우에 해당한다.

[2] 의사인 피고인이 자신이 운영하는 정형외과의원에서 환자 甲, 乙에게 침을 놓아 치료를 함으로써 '면허된 것 이외의 의료행위'를 하였다고 하여 구 의료법(2012. 2. 1. 법률 제11252호로 개정되기 전의 것) 위반으로 기소된 사안에서, 피고인은 당시 甲의 이마에 20여 대 등의 침을, 乙의 허리 중앙 부위를 중심으로 10여 대의 침을 놓는 등 한 부위에 여러 대의 침을 놓았고, 그 침도 침술행위에서 통상적으로 사용하는 침과 다를 바 없는 점, 침을 놓은 부위가 대체로 침술행위에서 통상적으로 시술하는 부위인 경혈, 경외기혈 등에 해당하고, 깊숙이 침을 삽입할 수 없는 이마 등도 그 부위에 포함된 점 등에 비추어 피고인의 행위는 한방 의료행위인 침술행위에 해당할 여지가 많은데도, 이와 달리 보아 무죄를 인정한 원심판결에 한방 의료행위인 침술행위에 관한 법리오해 및 심리미진의 위법이 있다고 한 사례.

제3조(의료기관) ①이 법에서 "의료기관"이란 의료인이 공중(公衆) 또는 특정 다수인을 위하여 의료·조산의 업(이하 "의료업"이라 한다)을 하는 곳을 말한다.

② 의료기관은 다음 각 호와 같이 구분한다. <개정 2009.1.30., 2011.6.7.>

1. 의원급 의료기관: 의사, 치과의사 또는 한의사가 주로 외래환자를 대상으로 각각 그 의료행위를 하는 의료기관으로서 그 종류는 다음 각 목과 같다.
   가. 의원
   나. 치과의원
   다. 한의원
2. 조산원: 조산사가 조산과 임부·해산부·산욕부 및 신생아를 대상으로 보건활동과 교육·상담을 하는 의료기관을 말한다.
3. 병원급 의료기관: 의사, 치과의사 또는 한의사가 주로 입원환자를 대상으로 의료행위를 하는 의료기관으로서 그 종류는 다음 각 목과 같다.
   가. 병원
   나. 치과병원
   다. 한방병원
   라. 요양병원(「정신보건법」 제3조제3호에 따른 정신의료기관 중 정신병원, 「장애인복지법」 제58조제1항제2호에 따른 의료재활시설로서 제3조의2의 요건을 갖춘 의료기관을 포함한다. 이하 같다)
   마. 종합병원

③ 보건복지부장관은 보건의료정책에 필요하다고 인정하는 경우에는 제2항제1호부터 제3호까지의 규정에 따른 의료기관의 종류별 표준업무를 정하여 고시할 수 있다. <개정 2009.1.30., 2010.1.18.>

④ 삭제 <2009.1.30.>

⑤ 삭제 <2009.1.30.>

⑥ 삭제 <2009.1.30.>
⑦ 삭제 <2009.1.30.>
⑧ 삭제 <2009.1.30.>

제3조의2(병원등) 병원·치과병원·한방병원 및 요양병원(이하 "병원등"이라 한다)은 30개 이상의 병상(병원·한방병원만 해당한다) 또는 요양병상(요양병원만 해당하며, 장기입원이 필요한 환자를 대상으로 의료행위를 하기 위하여 설치한 병상을 말한다)을 갖추어야 한다. [본조신설 2009.1.30.]

제3조의3(종합병원) ① 종합병원은 다음 각 호의 요건을 갖추어야 한다. <개정 2011.8.4.>
1. 100개 이상의 병상을 갖출 것
2. 100병상 이상 300병상 이하인 경우에는 내과·외과·소아청소년과·산부인과 중 3개 진료과목, 영상의학과, 마취통증의학과와 진단검사의학과 또는 병리과를 포함한 7개 이상의 진료과목을 갖추고 각 진료과목마다 전속하는 전문의를 둘 것
3. 300병상을 초과하는 경우에는 내과, 외과, 소아청소년과, 산부인과, 영상의학과, 마취통증의학과, 진단검사의학과 또는 병리과, 정신건강의학과 및 치과를 포함한 9개 이상의 진료과목을 갖추고 각 진료과목마다 전속하는 전문의를 둘 것
② 종합병원은 제1항제2호 또는 제3호에 따른 진료과목(이하 이 항에서 "필수진료과목"이라 한다) 외에 필요하면 추가로 진료과목을 설치·운영할 수 있다. 이 경우 필수진료과목 외의 진료과목에 대하여는 해당 의료기관에 전속하지 아니한 전문의를 둘 수 있다.
[본조신설 2009.1.30.]

제3조의4(상급종합병원 지정) ① 보건복지부장관은 다음 각 호의 요건을 갖춘 종합병원 중에서 중증질환에 대하여 난이도가 높은 의료행위를 전문적으로 하는 종합병원을 상급종합병원으로 지정할 수 있다. <개정 2010.1.18.>
1. 보건복지부령으로 정하는 20개 이상의 진료과목을 갖추고 각 진료과목마다 전속하는 전문의를 둘 것
2. 제77조제1항에 따라 전문의가 되려는 자를 수련시키는 기관일 것
3. 보건복지부령으로 정하는 인력·시설·장비 등을 갖출 것
4. 질병군별(疾病群別) 환자구성 비율이 보건복지부령으로 정하는 기준에 해당할 것
② 보건복지부장관은 제1항에 따른 지정을 하는 경우 제1항 각 호의 사항 및 전문성 등에 대하여 평가를 실시하여야 한다. <개정 2010.1.18.>
③ 보건복지부장관은 제1항에 따라 상급종합병원으로 지정받은 종합병원에 대하여 3년마다 제2항에 따른 평가를 실시하여 재지정하거나 지정을 취소할 수 있다. <개정 2010.1.18.>
④ 보건복지부장관은 제2항 및 제3항에 따른 평가업무를 관계 전문기관 또는 단체에 위탁할 수 있다. <개정 2010.1.18.>
⑤ 상급종합병원 지정·재지정의 기준·절차 및 평가업무의 위탁 절차 등에 관하여 필요한 사항은 보건복지부령으로 정한다. <개정 2010.1.18.>
[본조신설 2009.1.30.]

제3조의5(전문병원 지정) ① 보건복지부장관은 병원급 의료기관 중에서 특정 진료 과목이나 특정 질환 등에 대하여 난이도가 높은 의료행위를 하는 병원을 전문병원으로 지정할 수 있다. <개정 2010.1.18.>

② 제1항에 따른 전문병원은 다음 각 호의 요건을 갖추어야 한다. <개정 2010.1.18.>

1. 특정 질환별·진료과목별 환자의 구성비율 등이 보건복지부령으로 정하는 기준에 해당할 것

2. 보건복지부령으로 정하는 수 이상의 진료과목을 갖추고 각 진료과목마다 전속하는 전문의를 둘 것

③ 보건복지부장관은 제1항에 따라 전문병원으로 지정하는 경우 제2항 각 호의 사항 및 진료의 난이도 등에 대하여 평가를 실시하여야 한다. <개정 2010.1.18.>

④ 보건복지부장관은 제1항에 따라 전문병원으로 지정받은 의료기관에 대하여 3년마다 제3항에 따른 평가를 실시하여 전문병원으로 재지정할 수 있다. <개정 2010.1.18., 2015.1.28.>

⑤ 보건복지부장관은 제1항 또는 제4항에 따라 지정받거나 재지정받은 전문병원이 다음 각 호의 어느 하나에 해당하는 경우에는 그 지정 또는 재지정을 취소할 수 있다. 다만, 제1호에 해당하는 경우에는 그 지정 또는 재지정을 취소하여야 한다. <신설 2015.1.28.>

1. 거짓이나 그 밖의 부정한 방법으로 지정 또는 재지정을 받은 경우

2. 지정 또는 재지정의 취소를 원하는 경우

3. 제4항에 따른 평가 결과 제2항 각 호의 요건을 갖추지 못한 것으로 확인된 경우

⑥ 보건복지부장관은 제3항 및 제4항에 따른 평가업무를 관계 전문기관 또는 단체에 위탁할 수 있다. <개정 2010.1.18., 2015.1.28.>

⑦ 전문병원 지정·재지정의 기준·절차 및 평가업무의 위탁 절차 등에 관하여 필요한 사항은 보건복지부령으로 정한다. <개정 2010.1.18., 2015.1.28.>

[본조신설 2009.1.30.]

제2장 의료인
제1절 자격과 면허

제4조(의료인과 의료기관의 장의 의무) ①의료인과 의료기관의 장은 의료의 질을 높이고 병원감염을 예방하며 의료기술을 발전시키는 등 환자에게 최선의 의료서비스를 제공하기 위하여 노력하여야 한다. <개정 2012.2.1.>

② 의료인은 다른 의료인의 명의로 의료기관을 개설하거나 운영할 수 없다. <신설 2012.2.1.>

③ 의료기관의 장은 「보건의료기본법」 제6조·제12조 및 제13조에 따른 환자의 권리 등 보건복지부령으로 정하는 사항을 환자가 쉽게 볼 수 있도록 의료기관 내에 게시하여야 한다. 이 경우 게시 방법, 게시 장소 등 게시에 필요한 사항은 보건복지부령으로 정한다. <신설 2012.2.1.>

④ 의료인은 제5조(의사·치과의사 및 한의사를 말한다), 제6조(조산사를 말한다) 및 제7조(간호사를 말한다)에 따라 발급받은 면허증을 다른 사람에게 빌려 주어서는 아니 된다. <신설 2015.12.29.>

제4조의2(간호 · 간병통합서비스 제공 등) ① 간호 · 간병통합서비스란 보건복지부 령으로 정하는 입원 환자를 대상으로 보호자 등이 상주하지 아니하고 간호사, 제80조에 따른 간호조무사 및 그 밖에 간병지원인력(이하 이 조에서 "간호 · 간 병통합서비스 제공인력"이라 한다)에 의하여 포괄적으로 제공되는 입원서비스를 말한다.

② 보건복지부령으로 정하는 병원급 의료기관은 간호 · 간병통합서비스를 제공할 수 있도록 노력하여야 한다.

③ 제2항에 따라 간호 · 간병통합서비스를 제공하는 병원급 의료기관(이하 이 조 에서 "간호 · 간병통합서비스 제공기관"이라 한다)은 보건복지부령으로 정하는 인력, 시설, 운영 등의 기준을 준수하여야 한다.

④ 「공공보건의료에 관한 법률」 제2조제3호에 따른 공공보건의료기관 중 보 건복지부령으로 정하는 병원급 의료기관은 간호 · 간병통합서비스를 제공하여야 한다. 이 경우 국가 및 지방자치단체는 필요한 비용의 전부 또는 일부를 지원할 수 있다.

⑤ 간호 · 간병통합서비스 제공기관은 보호자 등의 입원실 내 상주를 제한하고 환자 병문안에 관한 기준을 마련하는 등 안전관리를 위하여 노력하여야 한다.

⑥ 간호 · 간병통합서비스 제공기관은 간호 · 간병통합서비스 제공인력의 근무환 경 및 처우 개선을 위하여 필요한 지원을 하여야 한다.

⑦ 국가 및 지방자치단체는 간호 · 간병통합서비스의 제공 · 확대, 간호 · 간병통 합서비스 제공인력의 원활한 수급 및 근무환경 개선을 위하여 필요한 시책을 수립하고 그에 따른 지원을 하여야 한다.

[본조신설 2015.12.29.]

제5조(의사 · 치과의사 및 한의사 면허) ① 의사 · 치과의사 또는 한의사가 되려는 자는 다음 각 호의 어느 하나에 해당하는 자격을 가진 자로서 제9조에 따른 의 사 · 치과의사 또는 한의사 국가시험에 합격한 후 보건복지부장관의 면허를 받아 야 한다. <개정 2010.1.18.>

1. 의학 · 치의학 또는 한의학을 전공하는 대학을 졸업하고 의학사 · 치의학사 또 는 한의학사 학위를 받은 자

2. 의학 · 치의학 또는 한의학을 전공하는 전문대학원을 졸업하고 석사학위 또는 박사학위를 받은 자

3. 보건복지부장관이 인정하는 외국의 제1호나 제2호에 해당하는 학교를 졸업하 고 외국의 의사 · 치과의사 또는 한의사 면허를 받은 자로서 제9조에 따른 예비시험에 합격한 자

② 의학 · 치의학 또는 한의학을 전공하는 대학 또는 전문대학원을 6개월 이내에 졸업하고 해당 학위를 받을 것으로 예정된 자는 제1항제1호 및 제2호의 자격 을 가진 자로 본다. 다만, 그 졸업예정시기에 졸업하고 해당 학위를 받아야 면 허를 받을 수 있다.

[전문개정 2008.10.14.]

제5조(의사 · 치과의사 및 한의사 면허) ① 의사 · 치과의사 또는 한의사가 되려는 자는 다음 각 호의 어느 하나에 해당하는 자격을 가진 자로서 제9조에 따른 의 사 · 치과의사 또는 한의사 국가시험에 합격한 후 보건복지부장관의 면허를 받아

야 한다. <개정 2010.1.18., 2012.2.1.>
1. 「고등교육법」 제11조의2에 따른 인정기관(이하 "평가인증기구"라 한다)의 인증(이하 "평가인증기구의 인증"이라 한다)을 받은 의학·치의학 또는 한의학을 전공하는 대학을 졸업하고 의학사·치의학사 또는 한의학사 학위를 받은 자
2. 평가인증기구의 인증을 받은 의학·치의학 또는 한의학을 전공하는 전문대학원을 졸업하고 석사학위 또는 박사학위를 받은 자
3. 보건복지부장관이 인정하는 외국의 제1호나 제2호에 해당하는 학교를 졸업하고 외국의 의사·치과의사 또는 한의사 면허를 받은 자로서 제9조에 따른 예비시험에 합격한 자
② 평가인증기구의 인증을 받은 의학·치의학 또는 한의학을 전공하는 대학 또는 전문대학원을 6개월 이내에 졸업하고 해당 학위를 받을 것으로 예정된 자는 제1항제1호 및 제2호의 자격을 가진 자로 본다. 다만, 그 졸업예정시기에 졸업하고 해당 학위를 받아야 면허를 받을 수 있다. <개정 2012.2.1.>
③ 제1항에도 불구하고 입학 당시 평가인증기구의 인증을 받은 의학·치의학 또는 한의학을 전공하는 대학 또는 전문대학원에 입학한 사람으로서 그 대학 또는 전문대학원을 졸업하고 해당 학위를 받은 사람은 같은 항 제1호 및 제2호의 자격을 가진 사람으로 본다. <신설 2012.2.1.>
[전문개정 2008.10.14.]
[시행일 : 2017.2.2.] 제5조

의료법위반
[대법원 2014.2.13. 선고, 2010도10352, 판결]

【판시사항】
의사나 한의사의 의료행위가 '면허된 것 이외의 의료행위'에 해당하는지 판단하는 기준 및 한의사가 전통적으로 내려오는 의료기기나 의료기술 이외에 새로 개발·제작된 의료기기 등을 사용하는 것이 한의사의 '면허된 것 이외의 의료행위'에 해당하는지 판단하는 기준

【판결요지】
의료법령에는 의사, 한의사 등의 면허된 의료행위의 내용을 정의하거나 구분 기준을 제시한 규정이 없으므로, 의사나 한의사의 구체적인 의료행위가 '면허된 것 이외의 의료행위'에 해당하는지 여부는 구체적 사안에 따라 이원적 의료체계의 입법 목적, 당해 의료행위에 관련된 법령의 규정 및 취지, 당해 의료행위의 기초가 되는 학문적 원리, 당해 의료행위의 경위·목적·태양, 의과대학 및 한의과대학의 교육과정이나 국가시험 등을 통해 당해 의료행위의 전문성을 확보할 수 있는지 여부 등을 종합적으로 고려하여 사회통념에 비추어 합리적으로 판단하여야 한다.
한의사가 전통적으로 내려오는 의료기기나 의료기술(이하 '의료기기 등'이라 한다) 이외에 의료공학의 발전에 따라 새로 개발·제작된 의료기기 등을 사용하는 것이 한의사의 '면허된 것 이외의 의료행위'에 해당하는지 여부도 이러한 법리에 기초하여, 관련 법령에 한의사의 당해 의료기기 등 사용을 금지하는 취지의 규정이 있는지, 당해 의료기기 등의 개발·제작 원리가 한의학의 학문적 원리에 기초한 것인지, 당해 의료기기 등을 사용하는 의료행위가 한의학의 이론이나 원리의 응용 또는 적용을 위한 것으로 볼 수 있는지, 당해 의료기기 등의 사용에 서양의학에 관한 전문지식과 기술을 필요로 하지 않아 한의사가 이를 사용하더라도 보건위생상 위해가 생길 우려가 없는지 등을 종합적으로 고려하여 판단하여야 한다.

제6조(조산사 면허) 조산사가 되려는 자는 다음 각 호의 어느 하나에 해당하는 자로서 제9조에 따른 조산사 국가시험에 합격한 후 보건복지부장관의 면허를 받아야 한다. <개정 2008.2.29., 2010.1.18.>

1. 간호사 면허를 가지고 보건복지부장관이 인정하는 의료기관에서 1년간 조산 수습과정을 마친 자
2. 보건복지부장관이 인정하는 외국의 조산사 면허를 받은 자

제7조(간호사 면허) 간호사가 되려는 자는 다음 각 호의 어느 하나에 해당하는 자로서 제9조에 따른 간호사 국가시험에 합격한 후 보건복지부장관의 면허를 받아야 한다. <개정 2008.2.29., 2010.1.18.>

1. 간호학을 전공하는 대학이나 전문대학[구제(舊制) 전문학교와 간호학교를 포함한다]을 졸업한 자
2. 보건복지부장관이 인정하는 외국의 제1호에 해당하는 학교를 졸업하고 외국의 간호사 면허를 받은 자

제7조(간호사 면허) ① 간호사가 되려는 자는 다음 각 호의 어느 하나에 해당하는 자로서 제9조에 따른 간호사 국가시험에 합격한 후 보건복지부장관의 면허를 받아야 한다. <개정 2008.2.29., 2010.1.18., 2012.2.1.>

1. 평가인증기구의 인증을 받은 간호학을 전공하는 대학이나 전문대학[구제(舊制) 전문학교와 간호학교를 포함한다]을 졸업한 자
2. 보건복지부장관이 인정하는 외국의 제1호에 해당하는 학교를 졸업하고 외국의 간호사 면허를 받은 자

② 제1항에도 불구하고 입학 당시 평가인증기구의 인증을 받은 간호학을 전공하는 대학 또는 전문대학에 입학한 사람으로서 그 대학 또는 전문대학을 졸업하고 해당 학위를 받은 사람은 같은 항 제1호에 해당하는 사람으로 본다.
<신설 2012.2.1.>
[시행일 : 2017.2.2.] 제7조

제8조(결격사유 등) 다음 각 호의 어느 하나에 해당하는 자는 의료인이 될 수 없다. <개정 2007.10.17.>

1. 「정신보건법」 제3조제1호에 따른 정신질환자. 다만, 전문의가 의료인으로서 적합하다고 인정하는 사람은 그러하지 아니하다.
2. 마약·대마·향정신성의약품 중독자
3. 금치산자·한정치산자
4. 이 법 또는 「형법」 제233조, 제234조, 제269조, 제270조, 제317조제1항 및 제347조(허위로 진료비를 청구하여 환자나 진료비를 지급하는 기관이나 단체를 속인 경우만을 말한다), 「보건범죄단속에 관한 특별조치법」, 「지역보건법」, 「후천성면역결핍증 예방법」, 「응급의료에 관한 법률」, 「농어촌 등 보건의료를 위한 특별 조치법」, 「시체해부 및 보존에 관한 법률」, 「혈액관리법」, 「마약류관리에 관한 법률」, 「약사법」, 「모자보건법」, 그 밖에 대통령령으로 정하는 의료 관련 법령을 위반하여 금고 이상의 형을 선고받고 그 형의 집행이 종료되지 아니하였거나 집행을 받지 아니하기로 확정되지 아니한 자

제9조(국가시험 등) ①의사 · 치과의사 · 한의사 · 조산사 또는 간호사 국가시험과 의사 · 치과의사 · 한의사 예비시험(이하 "국가시험등"이라 한다)은 매년 보건복지부장관이 시행한다. <개정 2008.2.29., 2010.1.18.>
②보건복지부장관은 국가시험등의 관리를 대통령령으로 정하는 바에 따라 「한국보건의료인국가시험원법」에 따른 한국보건의료인국가시험원에 맡길 수 있다. <개정 2008.2.29., 2010.1.18., 2015.6.22.>
③보건복지부장관은 제2항에 따라 국가시험등의 관리를 맡긴 때에는 그 관리에 필요한 예산을 보조할 수 있다. <개정 2008.2.29., 2010.1.18.>
④국가시험등에 필요한 사항은 대통령령으로 정한다.

제10조(응시자격 제한 등) ①제8조 각 호의 어느 하나에 해당하는 자는 국가시험 등에 응시할 수 없다. <개정 2009.1.30.>
②부정한 방법으로 국가시험등에 응시한 자나 국가시험등에 관하여 부정행위를 한 자는 그 수험을 정지시키거나 합격을 무효로 한다.
③제2항에 따라 수험이 정지되거나 합격이 무효가 된 자는 그 다음에 치러지는 2회의 국가시험등에 응시할 수 없다.

제11조(면허 조건과 등록) ①보건복지부장관은 보건의료 시책에 필요하다고 인정하면 제5조에서 제7조까지의 규정에 따른 면허를 내줄 때 3년 이내의 기간을 정하여 특정 지역이나 특정 업무에 종사할 것을 면허의 조건으로 붙일 수 있다. <개정 2008.2.29., 2010.1.18.>
②보건복지부장관은 제5조부터 제7조까지의 규정에 따른 면허를 내줄 때에는 그 면허에 관한 사항을 등록대장에 등록하고 면허증을 내주어야 한다. <개정 2008.2.29., 2010.1.18.>
③제2항의 등록대장은 의료인의 종별로 따로 작성 · 비치하여야 한다.
④면허등록과 면허증에 필요한 사항은 보건복지부령으로 정한다. <개정 2008.2.29., 2010.1.18.>

제12조(의료기술 등에 대한 보호) ①의료인이 하는 의료 · 조산 · 간호 등 의료기술의 시행(이하 "의료행위"라 한다)에 대하여는 이 법이나 다른 법령에 따라 규정된 경우 외에는 누구든지 간섭하지 못한다.
②누구든지 의료기관의 의료용 시설 · 기재 · 약품, 그 밖의 기물 등을 파괴 · 손상거나 의료기관을 점거하여 진료를 방해하여서는 아니 되며, 이를 교사하거나 방조하여서는 아니 된다.

제13조(의료기재 압류 금지) 의료인의 의료 업무에 필요한 기구 · 약품, 그 밖의 재료는 압류하지 못한다.

제14조(기구 등 우선공급) ①의료인은 의료행위에 필요한 기구 · 약품, 그 밖의 시설 및 재료를 우선적으로 공급받을 권리가 있다.
②의료인은 제1항의 권리에 부수(附隨)되는 물품, 노력, 교통수단에 대하여서도 제1항과 같은 권리가 있다.

제15조(진료거부 금지 등) ①의료인은 진료나 조산 요청을 받으면 정당한 사유 없이 거부하지 못한다.
②의료인은 응급환자에게 「응급의료에 관한 법률」에서 정하는 바에 따라 최선의 처치를 하여야 한다.

제16조(세탁물 처리) ①의료기관에서 나오는 세탁물은 의료인·의료기관 또는 특별자치시장·특별자치도지사·시장·군수·구청장(자치구의 구청장을 말한다. 이하 같다)에게 신고한 자가 아니면 처리할 수 없다. <개정 2015.1.28.>
②제1항에 따라 세탁물을 처리하는 자는 보건복지부령으로 정하는 바에 따라 위생적으로 보관·운반·처리하여야 한다. <개정 2008.2.29., 2010.1.18.>
③ 의료기관의 개설자와 제1항에 따라 의료기관세탁물처리업 신고를 한 자(이하 이 조에서 "세탁물처리업자"라 한다)는 제1항에 따른 세탁물의 처리업무에 종사하는 사람에게 보건복지부령으로 정하는 바에 따라 감염 예방에 관한 교육을 실시하고 그 결과를 기록하고 유지하여야 한다. <신설 2015.1.28.>
④ 세탁물처리업자가 보건복지부령으로 정하는 신고사항을 변경하거나 그 영업의 휴업(1개월 이상의 휴업을 말한다)·폐업 또는 재개업을 하려는 경우에는 보건복지부령으로 정하는 바에 따라 특별자치시장·특별자치도지사·시장·군수·구청장에게 신고하여야 한다. <신설 2015.1.28.>
⑤제1항에 따른 세탁물을 처리하는 자의 시설·장비 기준, 신고 절차 및 지도·감독, 그 밖에 관리에 필요한 사항은 보건복지부령으로 정한다.
<개정 2008.2.29., 2010.1.18., 2015.1.28.>

제17조(진단서 등) ①의료업에 종사하고 직접 진찰하거나 검안(檢案)한 의사[이하 이 항에서는 검안서에 한하여 검시(檢屍)업무를 담당하는 국가기관에 종사하는 의사를 포함한다], 치과의사, 한의사가 아니면 진단서·검안서·증명서 또는 처방전[의사나 치과의사가 「전자서명법」에 따른 전자서명이 기재된 전자문서 형태로 작성한 처방전(이하 "전자처방전"이라 한다)을 포함한다. 이하 같다]을 작성하여 환자(환자가 사망한 경우에는 배우자, 직계존비속 또는 배우자의 직계존속을 말한다) 또는 「형사소송법」 제222조제1항에 따라 검시(檢屍)를 하는 지방검찰청검사(검안서에 한한다)에게 교부하거나 발송(전자처방전에 한한다)하지 못한다. 다만, 진료 중이던 환자가 최종 진료 시부터 48시간 이내에 사망한 경우에는 다시 진료하지 아니하더라도 진단서나 증명서를 내줄 수 있으며, 환자 또는 사망자를 직접 진찰하거나 검안한 의사·치과의사 또는 한의사가 부득이한 사유로 진단서·검안서 또는 증명서를 내줄 수 없으면 같은 의료기관에 종사하는 다른 의사·치과의사 또는 한의사가 환자의 진료기록부 등에 따라 내줄 수 있다. <개정 2009.1.30.>
②의료업에 종사하고 직접 조산한 의사·한의사 또는 조산사가 아니면 출생·사망 또는 사산 증명서를 내주지 못한다. 다만, 직접 조산한 의사·한의사 또는 조산사가 부득이한 사유로 증명서를 내줄 수 없으면 같은 의료기관에 종사하는 다른 의사·한의사 또는 조산사가 진료기록부 등에 따라 증명서를 내줄 수 있다.
③의사·치과의사 또는 한의사는 자신이 진찰하거나 검안한 자에 대한 진단서·검안서 또는 증명서 교부를 요구받은 때에는 정당한 사유 없이 거부하지 못한다.
④의사·한의사 또는 조산사는 자신이 조산(助産)한 것에 대한 출생·사망 또는

사산 증명서 교부를 요구받은 때에는 정당한 사유 없이 거부하지 못한다.
⑤제1항부터 제4항까지의 규정에 따른 진단서, 증명서의 서식·기재사항, 그 밖에 필요한 사항은 보건복지부령으로 정한다.
<신설 2007.7.27., 2008.2.29., 2010.1.18.>

의료법위반
[대법원 2013.4.11. 선고, 2011도14690, 판결]

【판시사항】
의사 등이 처방전에 환자로 기재한 사람이 아닌 제3자를 진찰하고도 환자의 성명 및 주민등록번호를 허위로 기재하여 처방전을 작성·교부한 행위가 의료법 제17조 제1항에 위배되는지 여부(적극)

【판결요지】
의사나 치과의사(이하 '의사 등'이라고 한다)와 약사 사이의 분업 내지 협업을 통한 환자의 치료행위는 의사 등에 의하여 진료를 받은 환자와 약사에 의한 의약품 조제와 복약지도의 상대방이 되는 환자의 동일성을 필수적 전제로 하며, 그 동일성은 의사 등이 최초로 작성한 처방전의 기재를 통하여 담보될 수밖에 없으므로, 의사 등이 의료법 제18조에 따라 작성하는 처방전의 기재사항 중 의료법 시행규칙 제12조 제1항 제1호에서 정한 '환자의 성명 및 주민등록번호'는 치료행위의 대상을 특정하는 요소로서 중요한 의미를 가진다고 보아야 한다. 따라서 의사 등이 의료법 제17조 제1항에 따라 직접 진찰하여야 할 상대방은 처방전에 환자로 기재된 사람을 가리키고, 만일 의사 등이 처방전에 환자로 기재한 사람이 아닌 제3자를 진찰하고도 환자의 성명 및 주민등록번호를 허위로 기재하여 처방전을 작성·교부하였다면, 그러한 행위는 의료법 제17조 제1항에 위배된다고 보아야 한다.

제18조(처방전 작성과 교부) ①의사나 치과의사는 환자에게 의약품을 투여할 필요가 있다고 인정하면 「약사법」에 따라 자신이 직접 의약품을 조제할 수 있는 경우가 아니면 보건복지부령으로 정하는 바에 따라 처방전을 작성하여 환자에게 내주거나 발송(전자처방전만 해당된다)하여야 한다. <개정 2008.2.29., 2010.1.18.>
②제1항에 따른 처방전의 서식, 기재사항, 보존, 그 밖에 필요한 사항은 보건복지부령으로 정한다. <개정 2008.2.29., 2010.1.18.>
③누구든지 정당한 사유 없이 전자처방전에 저장된 개인정보를 탐지하거나 누출·변조 또는 훼손하여서는 아니 된다.
④제1항에 따라 처방전을 발행한 의사 또는 치과의사(처방전을 발행한 한의사를 포함한다)는 처방전에 따라 의약품을 조제하는 약사 또는 한약사가 「약사법」 제26조제2항에 따라 문의한 때 즉시 이에 응하여야 한다. 다만, 다음 각 호의 어느 하나에 해당하는 사유로 약사 또는 한약사의 문의에 응할 수 없는 경우 사유가 종료된 때 즉시 이에 응하여야 한다. <신설 2007.7.27.>
1. 「응급의료에 관한 법률」 제2조제1호에 따른 응급환자를 진료 중인 경우
2. 환자를 수술 또는 처치 중인 경우
3. 그 밖에 약사의 문의에 응할 수 없는 정당한 사유가 있는 경우

제18조의2(의약품정보의 확인) ① 의사 및 치과의사는 제18조에 따른 처방전을 작성하거나 「약사법」 제23조제4항에 따라 의약품을 자신이 직접 조제하는 경우에는 다음 각 호의 정보(이하 "의약품정보"라 한다)를 미리 확인하여야 한다.
1. 환자에게 처방 또는 투여되고 있는 의약품과 동일한 성분의 의약품인지 여부

2. 식품의약품안전처장이 병용금기, 특정연령대 금기 또는 임부금기 등으로 고시한 성분이 포함되는지 여부
3. 그 밖에 보건복지부령으로 정하는 정보
② 제1항에도 불구하고 의사 및 치과의사는 급박한 응급의료상황 등 의약품정보를 확인할 수 없는 정당한 사유가 있을 때에는 이를 확인하지 아니할 수 있다.
③ 제1항에 따른 의약품정보의 확인방법·절차, 제2항에 따른 의약품정보를 확인할 수 없는 정당한 사유 등은 보건복지부령으로 정한다.
[본조신설 2015.12.29.]
[시행일 : 2016.12.30.] 제18조의2

제19조(비밀 누설 금지) 의료인은 이 법이나 다른 법령에 특별히 규정된 경우 외에는 의료·조산 또는 간호를 하면서 알게 된 다른 사람의 비밀을 누설하거나 발표하지 못한다.

제20조(태아 성 감별 행위 등 금지) ①의료인은 태아 성 감별을 목적으로 임부를 진찰하거나 검사하여서는 아니 되며, 같은 목적을 위한 다른 사람의 행위를 도와서도 아니 된다.
②의료인은 임신 32주 이전에 태아나 임부를 진찰하거나 검사하면서 알게 된 태아의 성(性)을 임부, 임부의 가족, 그 밖의 다른 사람이 알게 하여서는 아니 된다. <개정 2009.12.31.>
[2009.12.31. 법률 제9906호에 의하여 2008.7.31. 헌법재판소에서 헌법불합치 결정된 이 조 제2항을 개정함.]

제21조(기록 열람 등) ①의료인이나 의료기관 종사자는 환자가 아닌 다른 사람에게 환자에 관한 기록을 열람하게 하거나 그 사본을 내주는 등 내용을 확인할 수 있게 하여서는 아니 된다. <개정 2009.1.30.>
② 제1항에도 불구하고 의료인이나 의료기관 종사자는 다음 각 호의 어느 하나에 해당하면 그 기록을 열람하게 하거나 그 사본을 교부하는 등 그 내용을 확인할 수 있게 하여야 한다. 다만, 의사·치과의사 또는 한의사가 환자의 진료를 위하여 불가피하다고 인정한 경우에는 그러하지 아니하다. <개정 2009.1.30., 2010.1.18., 2011.4.7., 2011.12.31., 2012.2.1., 2015.12.22., 2015.12.29.>
1. 환자의 배우자, 직계 존속·비속 또는 배우자의 직계 존속이 환자 본인의 동의서와 친족관계임을 나타내는 증명서 등을 첨부하는 등 보건복지부령으로 정하는 요건을 갖추어 요청한 경우
2. 환자가 지정하는 대리인이 환자 본인의 동의서와 대리권이 있음을 증명하는 서류를 첨부하는 등 보건복지부령으로 정하는 요건을 갖추어 요청한 경우
3. 환자가 사망하거나 의식이 없는 등 환자의 동의를 받을 수 없어 환자의 배우자, 직계 존속·비속 또는 배우자의 직계 존속이 친족관계임을 나타내는 증명서 등을 첨부하는 등 보건복지부령으로 정하는 요건을 갖추어 요청한 경우
4. 「국민건강보험법」 제14조, 제47조, 제48조 및 제63조에 따라 급여비용 심사·지급·대상여부 확인·사후관리 및 요양급여의 적정성 평가·가감지급 등을 위하여 국민건강보험공단 또는 건강보험심사평가원에 제공하는 경우
5. 「의료급여법」 제5조, 제11조, 제11조의3 및 제33조에 따라 의료급여 수급

권자 확인, 급여비용의 심사·지급, 사후관리 등 의료급여 업무를 위하여 보장기관(시·군·구), 국민건강보험공단, 건강보험심사평가원에 제공하는 경우

6. 「형사소송법」 제106조, 제215조 또는 제218조에 따른 경우
7. 「민사소송법」 제347조에 따라 문서제출을 명한 경우
8. 「산업재해보상보험법」 제118조에 따라 근로복지공단이 보험급여를 받는 근로자를 진료한 산재보험 의료기관(의사를 포함한다)에 대하여 그 근로자의 진료에 관한 보고 또는 서류 등 제출을 요구하거나 조사하는 경우
9. 「자동차손해배상 보장법」 제12조제2항 및 제14조에 따라 의료기관으로부터 자동차보험진료수가를 청구받은 보험회사등이 그 의료기관에 대하여 관계 진료기록의 열람을 청구한 경우
10. 「병역법」 제11조의2에 따라 지방병무청장이 징병검사와 관련하여 질병 또는 심신장애의 확인을 위하여 필요하다고 인정하여 의료기관의 장에게 징병검사대상자의 진료기록·치료 관련 기록의 제출을 요구한 경우
11. 「학교안전사고 예방 및 보상에 관한 법률」 제42조에 따라 공제회가 공제급여의 지급 여부를 결정하기 위하여 필요하다고 인정하여 「국민건강보험법」 제42조에 따른 요양기관에 대하여 관계 진료기록의 열람 또는 필요한 자료의 제출을 요청하는 경우
12. 「고엽제후유의증 등 환자지원 및 단체설립에 관한 법률」 제7조제3항에 따라 의료기관의 장이 진료기록 및 임상소견서를 보훈병원장에게 보내는 경우
13. 「의료사고 피해구제 및 의료분쟁 조정 등에 관한 법률」 제28조제1항 또는 제3항에 따른 경우
14. 「국민연금법」 제123조에 따라 국민연금공단이 부양가족연금, 장애연금 및 유족연금 급여의 지급심사와 관련하여 가입자 또는 가입자였던 사람을 진료한 의료기관에 해당 진료에 관한 사항의 열람 또는 사본 교부를 요청하는 경우
15. 「장애인복지법」 제32조제7항에 따라 대통령령으로 정하는 공공기관의 장이 장애 정도에 관한 심사와 관련하여 장애인 등록을 신청한 사람 및 장애인으로 등록한 사람을 진료한 의료기관에 해당 진료에 관한 사항의 열람 또는 사본 교부를 요청하는 경우
③ 의료인은 다른 의료인으로부터 제22조 또는 제23조에 따른 진료기록의 내용 확인이나 환자의 진료경과에 대한 소견 등을 송부할 것을 요청받은 경우에는 해당 환자나 환자 보호자의 동의를 받아 송부하여야 한다. 다만, 해당 환자의 의식이 없거나 응급환자인 경우 또는 환자의 보호자가 없어 동의를 받을 수 없는 경우에는 환자나 환자 보호자의 동의 없이 송부할 수 있다. <개정 2009.1.30.>
④ 진료기록을 보관하고 있는 의료기관이나 진료기록이 이관된 보건소에 근무하는 의사·치과의사 또는 한의사는 자신이 직접 진료하지 아니한 환자의 과거 진료 내용의 확인 요청을 받은 경우에는 진료기록을 근거로 하여 사실을 확인하여 줄 수 있다. <신설 2009.1.30.>
⑤ 의료인은 응급환자를 다른 의료기관에 이송하는 경우에는 지체 없이 내원 당시 작성된 진료기록의 사본 등을 이송하여야 한다. <신설 2009.1.30.>

제2절 권리와 의무

제22조(진료기록부 등) ① 의료인은 각각 진료기록부, 조산기록부, 간호기록부, 그

밖의 진료에 관한 기록(이하 "진료기록부등"이라 한다)을 갖추어 두고 환자의 주된 증상, 진단 및 치료 내용 등 보건복지부령으로 정하는 의료행위에 관한 사항과 의견을 상세히 기록하고 서명하여야 한다. <개정 2013.4.5.>

②의료인이나 의료기관 개설자는 진료기록부등[제23조제1항에 따른 전자의무기록(電子醫務記錄)을 포함한다. 이하 제40조제2항에서 같다]을 보건복지부령으로 정하는 바에 따라 보존하여야 한다. <개정 2008.2.29., 2010.1.18.>

③ 의료인은 진료기록부등을 거짓으로 작성하거나 고의로 사실과 다르게 추가기재·수정하여서는 아니 된다. <신설 2011.4.7.>

제23조(전자의무기록) ①의료인이나 의료기관 개설자는 제22조의 규정에도 불구하고 진료기록부등을 「전자서명법」에 따른 전자서명이 기재된 전자문서(이하 "전자의무기록"이라 한다)로 작성·보관할 수 있다.

②의료인이나 의료기관 개설자는 보건복지부령으로 정하는 바에 따라 전자의무기록을 안전하게 관리·보존하는 데에 필요한 시설과 장비를 갖추어야 한다. <개정 2008.2.29., 2010.1.18.>

③누구든지 정당한 사유 없이 전자의무기록에 저장된 개인정보를 탐지하거나 누출·변조 또는 훼손하여서는 아니 된다.

의료법 위반·업무상 과실치사
[대법원 2013.12.12. 선고, 2011도9538, 판결]

【판시사항】
[1] 의료법 제23조 제3항의 적용 대상이 되는 전자의무기록에 저장된 '개인정보'의 범위
[2] 전자의무기록을 작성한 당해 의료인이 그 전자의무기록에 기재된 의료내용에 관하여 의료법 제23조 제3항에서 정한 개인정보 변조행위의 주체가 될 수 있는지 여부(소극)

【판결요지】
[1] 법령 자체에 법령에서 사용하는 용어의 정의나 포섭의 구체적인 범위가 명확히 규정되어 있지 아니한 경우, 그 용어가 사용된 법령 조항의 해석은 그 법령의 전반적인 체계와 취지·목적, 당해 조항의 규정 형식과 내용 및 관련 법령을 종합적으로 고려하여 해석하여야 한다. 이러한 법리를 의료법의 개정 연혁, 내용 및 취지, 의료법 제22조 제1항, 제3항, 제23조 제1항, 제3항, 구 의료법(2011. 4. 7. 법률 제10565호로 개정되기 전의 것) 제66조 제1항 제3호, 의료법 시행규칙 제14조 제1항 제1호, 제3호의 규정, 의무기록에 기재된 정보와 사생활의 비밀 및 자유와의 관계 등에 비추어 보면, 의료법 제23조 제3항의 적용 대상이 되는 전자의무기록에 저장된 '개인정보'에는 환자의 이름·주소·주민등록번호 등과 같은 '개인식별정보'뿐만 아니라 환자에 대한 진단·치료·처방과 같이 공개로 인하여 개인의 건강과 관련된 내밀한 사항 등이 알려지게 되고, 그 결과 인격적·정신적 내면생활에 지장을 초래하거나 자유로운 사생활을 영위할 수 없게 될 위험성이 있는 의료내용에 관한 정보도 포함된다고 새기는 것이 타당하다.
[2] 환자를 진료한 당해 의료인은 의무기록 작성권자로서 보다 정확하고 상세한 기재를 위하여 사후에 자신이 작성한 의무기록을 가필·정정할 권한이 있다고 보이는 점, 2011. 4. 7. 법률 제10565호로 의료법을 개정하면서 허위작성 금지규정(제22조 제3항)을 신설함에 따라 의료인이 고의로 사실과 다르게 자신이 작성한 진료기록부 등을 추가기재·수정하는 행위가 금지되었는데, 이때의 진료기록부 등은 의무기록을 가리키는 것으로 봄이 타당한 점, 문서변조죄에 있어서 통상적인 변조의 개념 등을 종합하여 보면, 전자의무기록을 작성한 당해 의료인이 그 전자의무기록에 기재된 의료내용 중 일부를 추가·수정하였다 하더라도 그 의료인은 의료법 제23조 제3항에서 정한 변조행위의 주체가 될 수 없다고 보아야 한다.

제23조의2(부당한 경제적 이익등의 취득 금지) ① 의료인, 의료기관 개설자(법인의 대표자, 이사, 그 밖에 이에 종사하는 자를 포함한다. 이하 이 조에서 같다) 및 의료기관 종사자는 「약사법」 제47조제2항에 따른 의약품공급자로부터 의약품 채택·처방유도·거래유지 등 판매촉진을 목적으로 제공되는 금전, 물품, 편익, 노무, 향응, 그 밖의 경제적 이익(이하 "경제적 이익등"이라 한다)을 받거나 의료기관으로 하여금 받게 하여서는 아니 된다. 다만, 견본품 제공, 학술대회 지원, 임상시험 지원, 제품설명회, 대금결제조건에 따른 비용할인, 시판 후 조사 등의 행위(이하 "견본품 제공등의 행위"라 한다)로서 보건복지부령으로 정하는 범위 안의 경제적 이익등인 경우에는 그러하지 아니하다. <개정 2015.12.29.>
② 의료인, 의료기관 개설자 및 의료기관 종사자는 「의료기기법」 제6조에 따른 제조업자, 같은 법 제15조에 따른 의료기기 수입업자, 같은 법 제17조에 따른 의료기기 판매업자 또는 임대업자로부터 의료기기 채택·사용유도·거래유지 등 판매촉진을 목적으로 제공되는 경제적 이익등을 받거나 의료기관으로 하여금 받게 하여서는 아니 된다. 다만, 견본품 제공등의 행위로서 보건복지부령으로 정하는 범위 안의 경제적 이익등인 경우에는 그러하지 아니하다.
<개정 2011.4.7., 2015.12.29.>
[본조신설 2010.5.27.]

제24조(요양방법 지도) 의료인은 환자나 환자의 보호자에게 요양방법이나 그 밖에 건강관리에 필요한 사항을 지도하여야 한다.

제25조(신고) ①의료인은 대통령령으로 정하는 바에 따라 최초로 면허를 받은 후부터 3년마다 그 실태와 취업상황 등을 보건복지부장관에게 신고하여야 한다. <개정 2008.2.29., 2010.1.18., 2011.4.28.>
② 보건복지부장관은 제30조제3항의 보수교육을 이수하지 아니한 의료인에 대하여 제1항에 따른 신고를 반려할 수 있다. <신설 2011.4.28.>
③ 보건복지부장관은 제1항에 따른 신고 수리 업무를 대통령령으로 정하는 바에 따라 관련 단체 등에 위탁할 수 있다. <신설 2011.4.28.>

제26조(변사체 신고) 의사·치과의사·한의사 및 조산사는 사체를 검안하여 변사(變死)한 것으로 의심되는 때에는 사체의 소재지를 관할하는 경찰서장에게 신고하여야 한다.

제3절 의료행위의 제한

제27조(무면허 의료행위 등 금지) ①의료인이 아니면 누구든지 의료행위를 할 수 없으며 의료인도 면허된 것 이외의 의료행위를 할 수 없다. 다만, 다음 각 호의 어느 하나에 해당하는 자는 보건복지부령으로 정하는 범위에서 의료행위를 할 수 있다. <개정 2008.2.29., 2009.1.30., 2010.1.18.>
1. 외국의 의료인 면허를 가진 자로서 일정 기간 국내에 체류하는 자
2. 의과대학, 치과대학, 한의과대학, 의학전문대학원, 치의학전문대학원, 한의학전문대학원, 종합병원 또는 외국 의료원조기관의 의료봉사 또는 연구 및 시범사업을 위하여 의료행위를 하는 자

3. 의학·치과의학·한방의학 또는 간호학을 전공하는 학교의 학생
②의료인이 아니면 의사·치과의사·한의사·조산사 또는 간호사 명칭이나 이와 비슷한 명칭을 사용하지 못한다.
③누구든지 「국민건강보험법」이나 「의료급여법」에 따른 본인부담금을 면제하거나 할인하는 행위, 금품 등을 제공하거나 불특정 다수인에게 교통편의를 제공하는 행위 등 영리를 목적으로 환자를 의료기관이나 의료인에게 소개·알선·유인하는 행위 및 이를 사주하는 행위를 하여서는 아니 된다. 다만, 다음 각 호의 어느 하나에 해당하는 행위는 할 수 있다.
<개정 2009.1.30., 2010.1.18., 2011.12.31.>
1. 환자의 경제적 사정 등을 이유로 개별적으로 관할 시장·군수·구청장의 사전승인을 받아 환자를 유치하는 행위
2. 「국민건강보험법」 제109조에 따른 가입자나 피부양자가 아닌 외국인(보건복지부령으로 정하는 바에 따라 국내에 거주하는 외국인은 제외한다)환자를 유치하기 위한 행위
④ 제3항제2호에도 불구하고 「보험업법」 제2조에 따른 보험회사, 상호회사, 보험설계사, 보험대리점 또는 보험중개사는 외국인환자를 유치하기 위한 행위를 하여서는 아니 된다. <신설 2009.1.30.>

제27조의2 삭제 <2015.12.22.>

제4절 의료인 단체

제28조(중앙회와 지부) ①의사·치과의사·한의사·조산사 및 간호사는 대통령령으로 정하는 바에 따라 각각 전국적 조직을 두는 의사회·치과의사회·한의사회·조산사회 및 간호사회(이하 "중앙회"라 한다)를 각각 설립하여야 한다.
②중앙회는 법인으로 한다.
③제1항에 따라 중앙회가 설립된 경우에는 의료인은 당연히 해당하는 중앙회의 회원이 되며, 중앙회의 정관을 지켜야 한다.
④중앙회에 관하여 이 법에 규정되지 아니한 사항에 대하여는 「민법」 중 사단법인에 관한 규정을 준용한다.
⑤중앙회는 대통령령으로 정하는 바에 따라 특별시·광역시·도와 특별자치도(이하 "시·도"라 한다)에 지부를 설치하여야 하며, 시·군·구(자치구만을 말한다. 이하 같다)에 분회를 설치할 수 있다. 다만, 그 외의 지부나 외국에 의사회 지부를 설치하려면 보건복지부장관의 승인을 받아야 한다.
<개정 2008.2.29., 2010.1.18.>
⑥중앙회가 지부나 분회를 설치한 때에는 그 지부나 분회의 책임자는 지체 없이 특별시장·광역시장·도지사·특별자치도지사(이하 "시·도지사"라 한다) 또는 시장·군수·구청장에게 신고하여야 한다.
⑦ 각 중앙회는 제66조의2에 따른 자격정지 처분 요구에 관한 사항 등을 심의·의결하기 위하여 윤리위원회를 둔다. <신설 2011.4.28.>
⑧ 윤리위원회의 구성, 운영 등에 관한 사항은 대통령령으로 정한다.
<신설 2011.4.28.>

제29조(설립 허가 등) ①중앙회를 설립하려면 대표자는 대통령령으로 정하는 바에 따라 정관과 그 밖에 필요한 서류를 보건복지부장관에게 제출하여 설립 허가를 받아야 한다. <개정 2008.2.29., 2010.1.18.>
②중앙회의 정관에 적을 사항은 대통령령으로 정한다.
③중앙회가 정관을 변경하려면 보건복지부장관의 허가를 받아야 한다.
<개정 2008.2.29., 2010.1.18.>

제30조(협조 의무) ①중앙회는 보건복지부장관으로부터 의료와 국민보건 향상에 관한 협조 요청을 받으면 협조하여야 한다. <개정 2008.2.29., 2010.1.18.>
②중앙회는 보건복지부령으로 정하는 바에 따라 회원의 자질 향상을 위하여 필요한 보수(補修)교육을 실시하여야 한다. <개정 2008.2.29., 2010.1.18.>
③의료인은 제2항에 따른 보수교육을 받아야 한다.

제31조 삭제 <2011.4.7.>

제32조(감독) 보건복지부장관은 중앙회나 그 지부가 정관으로 정한 사업 외의 사업을 하거나 국민보건 향상에 장애가 되는 행위를 한 때 또는 제30조제1항에 따른 요청을 받고 협조하지 아니한 경우에는 정관을 변경하거나 임원을 새로 뽑을 것을 명할 수 있다. <개정 2008.2.29., 2010.1.18.>

제3장 의료기관
제1절 의료기관의 개설

제33조(개설 등) ①의료인은 이 법에 따른 의료기관을 개설하지 아니하고는 의료업을 할 수 없으며, 다음 각 호의 어느 하나에 해당하는 경우 외에는 그 의료기관 내에서 의료업을 하여야 한다. <개정 2008.2.29., 2010.1.18.>
1. 「응급의료에 관한 법률」 제2조제1호에 따른 응급환자를 진료하는 경우
2. 환자나 환자 보호자의 요청에 따라 진료하는 경우
3. 국가나 지방자치단체의 장이 공익상 필요하다고 인정하여 요청하는 경우
4. 보건복지부령으로 정하는 바에 따라 가정간호를 하는 경우
5. 그 밖에 이 법 또는 다른 법령으로 특별히 정한 경우나 환자가 있는 현장에서 진료를 하여야 하는 부득이한 사유가 있는 경우
②다음 각 호의 어느 하나에 해당하는 자가 아니면 의료기관을 개설할 수 없다. 이 경우 의사는 종합병원·병원·요양병원 또는 의원을, 치과의사는 치과병원 또는 치과의원을, 한의사는 한방병원·요양병원 또는 한의원을, 조산사는 조산원만을 개설할 수 있다. <개정 2009.1.30.>
1. 의사, 치과의사, 한의사 또는 조산사
2. 국가나 지방자치단체
3. 의료업을 목적으로 설립된 법인(이하 "의료법인"이라 한다)
4. 「민법」이나 특별법에 따라 설립된 비영리법인
5. 「공공기관의 운영에 관한 법률」에 따른 준정부기관, 「지방의료원의 설립 및 운영에 관한 법률」에 따른 지방의료원, 「한국보훈복지의료공단법」에 따른 한국보훈복지의료공단

③제2항에 따라 의원·치과의원·한의원 또는 조산원을 개설하려는 자는 보건복지부령으로 정하는 바에 따라 시장·군수·구청장에게 신고하여야 한다. <개정 2008.2.29., 2010.1.18.>
④제2항에 따라 종합병원·병원·치과병원·한방병원 또는 요양병원을 개설하려면 보건복지부령으로 정하는 바에 따라 시·도지사의 허가를 받아야 한다. 이 경우 시·도지사는 개설하려는 의료기관이 제36조에 따른 시설기준에 맞지 아니하는 경우에는 개설허가를 할 수 없다. <개정 2008.2.29., 2010.1.18.>
⑤제3항과 제4항에 따라 개설된 의료기관이 개설 장소를 이전하거나 개설에 관한 신고 또는 허가사항 중 보건복지부령으로 정하는 중요사항을 변경하려는 때에도 제3항 또는 제4항과 같다. <개정 2008.2.29., 2010.1.18.>
⑥조산원을 개설하는 자는 반드시 지도의사(指導醫師)를 정하여야 한다.
⑦다음 각 호의 어느 하나에 해당하는 경우에는 의료기관을 개설할 수 없다.
1. 약국 시설 안이나 구내인 경우
2. 약국의 시설이나 부지 일부를 분할·변경 또는 개수하여 의료기관을 개설하는 경우
3. 약국과 전용 복도·계단·승강기 또는 구름다리 등의 통로가 설치되어 있거나 이런 것들을 설치하여 의료기관을 개설하는 경우
⑧ 제2항제1호의 의료인은 어떠한 명목으로도 둘 이상의 의료기관을 개설·운영할 수 없다. 다만, 2 이상의 의료인 면허를 소지한 자가 의원급 의료기관을 개설하려는 경우에는 하나의 장소에 한하여 면허 종별에 따른 의료기관을 함께 개설할 수 있다. <신설 2009.1.30., 2012.2.1.>
⑨ 의료법인 및 제2항제4호에 따른 비영리법인(이하 이 조에서 "의료법인등"이라 한다)이 의료기관을 개설하려면 그 법인의 정관에 개설하고자 하는 의료기관의 소재지를 기재하여 대통령령으로 정하는 바에 따라 정관의 변경허가를 얻어야 한다(의료법인등을 설립할 때에는 설립 허가를 말한다. 이하 이 항에서 같다). 이 경우 그 법인의 주무관청은 정관의 변경허가를 하기 전에 그 법인이 개설하고자 하는 의료기관이 소재하는 시·도지사 또는 시장·군수·구청장과 협의하여야 한다. <신설 2015.12.29.>
⑩ 의료기관을 개설·운영하는 의료법인등은 다른 자에게 그 법인의 명의를 빌려주어서는 아니 된다. <신설 2015.12.29.>
[제목개정 2012.2.1.]
[2007. 12. 27. 법률 제9386호에 의하여 2007.12.27. 헌법재판소에서 헌법불합치된 이 조 제2항을 개정함]

사기·의료법위반
[대법원 2015.7.9. 선고, 2014도11843, 판결]

【판시사항】
비의료인이 개설한 의료기관이 의료법에 의하여 적법하게 개설된 요양기관인 것처럼 국민건강보험공단에 요양급여비용의 지급을 청구하여 지급받은 경우, 사기죄가 성립하는지 여부(적극) / 이 경우 의료기관 개설인인 비의료인이 개설 명의를 빌려준 의료인으로 하여금 환자들에게 요양급여를 제공하게 하였더라도 마찬가지인지 여부(적극)

【판결요지】
국민건강보험법 제42조 제1항 제1호는 요양급여를 실시할 수 있는 요양기관 중 하나인 의료기관을 '의료법에 따라 개설된 의료기관'으로 한정하고 있다. 따라서 의료법 제

33조 제2항을 위반하여 적법하게 개설되지 아니한 의료기관에서 환자를 진료하는 등의 요양급여를 실시하였다면 해당 의료기관은 국민건강보험법상 요양급여비용을 청구할 수 있는 요양기관에 해당되지 아니하므로 요양급여비용을 적법하게 지급받을 자격이 없다. 따라서 비의료인이 개설한 의료기관이 마치 의료법에 의하여 적법하게 개설된 요양기관인 것처럼 국민건강보험공단에 요양급여비용의 지급을 청구하는 것은 국민건강보험공단으로 하여금 요양급여비용 지급에 관한 의사결정에 착오를 일으키게 하는 것으로서 사기죄의 기망행위에 해당하고, 이러한 기망행위에 의하여 국민건강보험공단에서 요양급여비용을 지급받을 경우에는 사기죄가 성립한다. 이 경우 의료기관의 개설인인 비의료인이 개설 명의를 빌려준 의료인으로 하여금 환자들에게 요양급여를 제공하게 하였다 하여도 마찬가지이다.

제34조(원격의료) ①의료인(의료업에 종사하는 의사·치과의사·한의사만 해당한다)은 제33조제1항에도 불구하고 컴퓨터·화상통신 등 정보통신기술을 활용하여 먼 곳에 있는 의료인에게 의료지식이나 기술을 지원하는 원격의료(이하 "원격의료"라 한다)를 할 수 있다.
②원격의료를 행하거나 받으려는 자는 보건복지부령으로 정하는 시설과 장비를 갖추어야 한다. <개정 2008.2.29., 2010.1.18.>
③원격의료를 하는 자(이하 "원격지의사"라 한다)는 환자를 직접 대면하여 진료하는 경우와 같은 책임을 진다.
④원격지의사의 원격의료에 따라 의료행위를 한 의료인이 의사·치과의사 또는 한의사(이하 "현지의사"라 한다)인 경우에는 그 의료행위에 대하여 원격지의사의 과실을 인정할 만한 명백한 근거가 없으면 환자에 대한 책임은 제3항에도 불구하고 현지의사에게 있는 것으로 본다.

제35조(의료기관 개설 특례) ①제33조제1항·제2항 및 제8항에 따른 자 외의 자가 그 소속 직원, 종업원, 그 밖의 구성원(수용자를 포함한다) 이나 그 가족의 건강관리를 위하여 부속 의료기관을 개설하려면 그 개설 장소를 관할하는 시장·군수·구청장에게 신고하여야 한다. 다만, 부속 의료기관으로 병원급 의료기관을 개설하려면 그 개설 장소를 관할하는 시·도지사의 허가를 받아야 한다. <개정 2009.1.30.>
②제1항에 따른 개설 신고 및 허가에 관한 절차·조건, 그 밖에 필요한 사항과 그 의료기관의 운영에 필요한 사항은 보건복지부령으로 정한다. <개정 2008.2.29., 2010.1.18.>

제36조(준수사항) 제33조제2항 및 제8항에 따라 의료기관을 개설하는 자는 보건복지부령으로 정하는 바에 따라 다음 각 호의 사항을 지켜야 한다. <개정 2008.2.29., 2009.1.30., 2010.1.18.>
1. 의료기관의 종류에 따른 시설기준 및 규격에 관한 사항
2. 의료기관의 안전관리시설 기준에 관한 사항
3. 의료기관 및 요양병원의 운영 기준에 관한 사항
4. 고가의료장비의 설치·운영 기준에 관한 사항
5. 의료기관의 종류에 따른 의료인 등의 정원 기준에 관한 사항
6. 급식관리 기준에 관한 사항

제36조의2(공중보건의사 고용금지) 의료기관 개설자는 「농어촌 등 보건의료를 위한 특별조치법」 제5조의2에 따른 배치기관 및 배치시설이나 같은 법 제6조의2에 따른 파견근무기관 및 시설이 아니면 같은 법 제2조제1호의 공중보건의사에게 의료행위를 하게 하거나, 제41조에 따른 당직의료인으로 두어서는 아니된다. [본조신설 2015.12.29.]

제37조(진단용 방사선 발생장치) ①진단용 방사선 발생장치를 설치·운영하려는 의료기관은 보건복지부령으로 정하는 바에 따라 시장·군수·구청장에게 신고하여야 하며, 보건복지부령으로 정하는 안전관리기준에 맞도록 설치·운영하여야 한다. <개정 2008.2.29., 2010.1.18.>
②의료기관 개설자나 관리자는 진단용 방사선 발생장치를 설치한 경우에는 보건복지부령으로 정하는 바에 따라 안전관리책임자를 선임하고, 정기적으로 검사와 측정을 받아야 하며, 방사선 관계 종사자에 대한 피폭관리(被曝管理)를 하여야 한다. <개정 2008.2.29., 2010.1.18.>
③제1항과 제2항에 따른 진단용 방사선 발생장치의 범위·신고·검사·설치 및 측정기준 등에 필요한 사항은 보건복지부령으로 정한다.
<개정 2008.2.29., 2010.1.18.>

제38조(특수의료장비의 설치·운영) ①의료기관은 보건의료 시책상 적정한 설치와 활용이 필요하여 보건복지부장관이 정하여 고시하는 의료장비(이하 "특수의료장비"라 한다)를 설치·운영하려면 보건복지부령으로 정하는 바에 따라 시장·군수·구청장에게 등록하여야 하며, 보건복지부령으로 정하는 설치인정기준에 맞게 설치·운영하여야 한다. <개정 2008.2.29., 2010.1.18., 2012.2.1.>
②의료기관의 개설자나 관리자는 제1항에 따라 특수의료장비를 설치하면 보건복지부령으로 정하는 바에 따라 보건복지부장관에게 정기적인 품질관리검사를 받아야 한다. <개정 2008.2.29., 2010.1.18.>
③의료기관의 개설자나 관리자는 제2항에 따른 품질관리검사에서 부적합하다고 판정받은 특수의료장비를 사용하여서는 아니 된다.
④보건복지부장관은 제2항에 따른 품질관리검사업무의 전부 또는 일부를 보건복지부령으로 정하는 바에 따라 관계 전문기관에 위탁할 수 있다.
<개정 2008.2.29., 2010.1.18.>

제39조(시설 등의 공동이용) ①의료인은 다른 의료기관의 장의 동의를 받아 그 의료기관의 시설·장비 및 인력 등을 이용하여 진료할 수 있다.
②의료기관의 장은 그 의료기관의 환자를 진료하는 데에 필요하면 해당 의료기관에 소속되지 아니한 의료인에게 진료하도록 할 수 있다.
③의료인이 다른 의료기관의 시설·장비 및 인력 등을 이용하여 진료하는 과정에서 발생한 의료사고에 대하여는 진료를 한 의료인의 과실 때문이면 그 의료인에게, 의료기관의 시설·장비 및 인력 등의 결함 때문이면 그것을 제공한 의료기관 개설자에게 각각 책임이 있는 것으로 본다.

제40조(폐업·휴업 신고와 진료기록부등의 이관) ①의료기관 개설자는 의료업을 폐업하거나 1개월 이상 휴업하려면 보건복지부령으로 정하는 바에 따라 관할

시장·군수·구청장에게 신고하여야 한다. <개정 2008.2.29., 2010.1.18.>

②의료기관 개설자는 제1항에 따라 폐업 또는 휴업 신고를 할 때 제22조나 제23조에 따라 기록·보존하고 있는 진료기록부등을 관할 보건소장에게 넘겨야 한다. 다만, 의료기관 개설자가 보건복지부령으로 정하는 바에 따라 진료기록부등의 보관계획서를 제출하여 관할 보건소장의 허가를 받은 경우에는 직접 보관할 수 있다. <개정 2008.2.29., 2010.1.18.>

제41조(당직의료인) 각종 병원에는 응급환자와 입원환자의 진료 등에 필요한 당직의료인을 두어야 한다.

제42조(의료기관의 명칭) ①의료기관은 제3조제2항에 따른 의료기관의 종류에 따르는 명칭 외의 명칭을 사용하지 못한다. 다만, 다음 각 호의 어느 하나에 해당하는 경우에는 그러하지 아니하다. <개정 2008.2.29., 2009.1.30., 2010.1.18.>
1. 종합병원이 그 명칭을 병원으로 표시하는 경우
2. 제3조의4제1항에 따라 상급종합병원으로 지정받거나 제3조의5제1항에 따라 전문병원으로 지정받은 의료기관이 지정받은 기간 동안 그 명칭을 사용하는 경우
3. 제33조제8항 단서에 따라 개설한 의원급 의료기관이 면허 종별에 따른 종별 명칭을 함께 사용하는 경우
4. 국가나 지방자치단체에서 개설하는 의료기관이 보건복지부장관이나 시·도지사와 협의하여 정한 명칭을 사용하는 경우
5. 다른 법령으로 따로 정한 명칭을 사용하는 경우
②의료기관의 명칭 표시에 관한 사항은 보건복지부령으로 정한다.
<개정 2008.2.29., 2010.1.18.>
③의료기관이 아니면 의료기관의 명칭이나 이와 비슷한 명칭을 사용하지 못한다.

제43조(진료과목 등) ① 병원·치과병원 또는 종합병원은 한의사를 두어 한의과 진료과목을 추가로 설치·운영할 수 있다.
② 한방병원 또는 치과병원은 의사를 두어 의과 진료과목을 추가로 설치·운영할 수 있다.
③ 병원·한방병원 또는 요양병원은 치과의사를 두어 치과 진료과목을 추가로 설치·운영할 수 있다.
④ 제1항부터 제3항까지의 규정에 따라 추가로 진료과목을 설치·운영하는 경우에는 보건복지부령으로 정하는 바에 따라 진료에 필요한 시설·장비를 갖추어야 한다. <개정 2010.1.18.>
⑤ 제1항부터 제3항까지의 규정에 따라 추가로 설치한 진료과목을 포함한 의료기관의 진료과목은 보건복지부령으로 정하는 바에 따라 표시하여야 한다. 다만, 치과의 진료과목은 종합병원과 제77조제2항에 따라 보건복지부령으로 정하는 치과병원에 한하여 표시할 수 있다. <개정 2010.1.18.>
[전문개정 2009.1.30.]
[법률 제9386호(2009.1.30.) 부칙 제2조의 규정에 의하여 이 조 제5항 단서의 개정규정 중 치과의사에 대한 부분은 2013년 12월 31일까지 유효함]

제44조 삭제 <2009.1.30.>

제45조(비급여 진료비용 등의 고지) ① 의료기관 개설자는 「국민건강보험법」 제41조제3항에 따라 요양급여의 대상에서 제외되는 사항 또는 「의료급여법」 제7조제3항에 따라 의료급여의 대상에서 제외되는 사항의 비용(이하 "비급여 진료비용"이라 한다)을 환자 또는 환자의 보호자가 쉽게 알 수 있도록 보건복지부령으로 정하는 바에 따라 고지하여야 한다. <개정 2010.1.18., 2011.12.31.>
② 의료기관 개설자는 보건복지부령으로 정하는 바에 따라 의료기관이 환자로부터 징수하는 제증명수수료의 비용을 게시하여야 한다. <개정 2010.1.18.>
③ 의료기관 개설자는 제1항 및 제2항에서 고지·게시한 금액을 초과하여 징수할 수 없다.
[전문개정 2009.1.30.]

제45조의2(비급여 진료비용 등의 현황조사 등) ① 보건복지부장관은 비급여 진료비용 및 제45조제2항에 따른 제증명수수료의 항목, 기준 및 금액 등에 관한 현황을 조사·분석하여 그 결과를 공개할 수 있다.
② 제1항에 따른 현황조사·분석 및 결과 공개의 범위·방법·절차 등에 필요한 사항은 보건복지부령으로 정한다.
[본조신설 2015.12.29.]

제46조(환자의 진료의사 선택 등) ①환자나 환자의 보호자는 보건복지부령으로 정하는 바에 따라 종합병원·병원·치과병원·한방병원 또는 요양병원의 특정한 의사·치과의사 또는 한의사를 선택하여 진료(이하 "선택진료"라 한다)를 요청할 수 있다. 이 경우 의료기관의 장은 특별한 사유가 없으면 환자나 환자의 보호자가 요청한 의사·치과의사 또는 한의사가 진료하도록 하여야 한다.
<개정 2008.2.29., 2010.1.18.>
②제1항에 따라 선택진료를 받는 환자나 환자의 보호자는 선택진료의 변경 또는 해지를 요청할 수 있다. 이 경우 의료기관의 장은 지체 없이 이에 응하여야 한다.
③의료기관의 장은 보건복지부령으로 정하는 바에 따라 환자 또는 환자의 보호자에게 선택진료의 내용·절차 및 방법 등에 관한 정보를 제공하여야 한다.
<개정 2008.2.29., 2010.1.18.>
④의료기관의 장은 제1항에 따라 선택진료를 하게 한 경우에도 환자나 환자의 보호자로부터 추가비용을 받을 수 없다.
⑤의료기관의 장은 제4항에도 불구하고 일정한 요건을 갖추고 선택진료를 하게 하는 경우에는 추가비용을 받을 수 있다.
⑥제5항에 따른 추가비용을 받을 수 있는 의료기관의 의사·치과의사 또는 한의사의 자격 요건과 범위, 진료 항목과 추가 비용의 산정 기준, 그 밖에 필요한 사항은 보건복지부령으로 정한다. <개정 2008.2.29., 2010.1.18.>

제47조(병원감염 예방) ①보건복지부령으로 정하는 일정 규모 이상의 병원급 의료기관의 장은 병원감염 예방을 위하여 감염관리위원회와 감염관리실을 설치·운영하고 보건복지부령으로 정하는 바에 따라 감염관리 업무를 수행하는 전담 인력을 두는 등 필요한 조치를 하여야 한다.
<개정 2008.2.29., 2010.1.18., 2011.8.4.>
② 의료기관의 장은 「감염병의 예방 및 관리에 관한 법률」 제2조제1호에 따

른 감염병이 유행하는 경우 환자, 환자의 보호자, 의료인, 의료기관 종사자 및 「경비업법」 제2조제3호에 따른 경비원 등 해당 의료기관 내에서 업무를 수행하는 사람에게 감염병의 예방을 위하여 보건복지부령으로 정하는 바에 따라 필요한 정보를 제공하거나 관련 교육을 실시하여야 한다. <신설 2015.12.29.>
③제1항에 따른 감염관리위원회의 구성과 운영, 감염관리실 운영 등에 필요한 사항은 보건복지부령으로 정한다.
<개정 2008.2.29., 2010.1.18., 2011.8.4., 2015.12.29.>

제2절 의료법인

제48조(설립 허가 등) ①제33조제2항에 따른 의료법인을 설립하려는 자는 대통령령으로 정하는 바에 따라 정관과 그 밖의 서류를 갖추어 그 법인의 주된 사무소의 소재지를 관할하는 시·도지사의 허가를 받아야 한다.
②의료법인은 그 법인이 개설하는 의료기관에 필요한 시설이나 시설을 갖추는 데에 필요한 자금을 보유하여야 한다.
③의료법인이 재산을 처분하거나 정관을 변경하려면 시·도지사의 허가를 받아야 한다.
④이 법에 따른 의료법인이 아니면 의료법인이나 이와 비슷한 명칭을 사용할 수 없다.

제49조(부대사업) ①의료법인은 그 법인이 개설하는 의료기관에서 의료업무 외에 다음의 부대사업을 할 수 있다. 이 경우 부대사업으로 얻은 수익에 관한 회계는 의료법인의 다른 회계와 구분하여 계산하여야 한다.
<개정 2008.2.29., 2010.1.18., 2015.1.28.>
1. 의료인과 의료관계자 양성이나 보수교육
2. 의료나 의학에 관한 조사 연구
3. 「노인복지법」 제31조제2호에 따른 노인의료복지시설의 설치·운영
4. 「장사 등에 관한 법률」 제29조제1항에 따른 장례식장의 설치·운영
5. 「주차장법」 제19조제1항에 따른 부설주차장의 설치·운영
6. 의료업 수행에 수반되는 의료정보시스템 개발·운영사업 중 대통령령으로 정하는 사업
7. 그 밖에 휴게음식점영업, 일반음식점영업, 이용업, 미용업 등 환자 또는 의료법인이 개설한 의료기관 종사자 등의 편의를 위하여 보건복지부령으로 정하는 사업
②제1항제4호·제5호 및 제7호의 부대사업을 하려는 의료법인은 타인에게 임대 또는 위탁하여 운영할 수 있다.
③제1항 및 제2항에 따라 부대사업을 하려는 의료법인은 보건복지부령으로 정하는 바에 따라 미리 의료기관의 소재지를 관할하는 시·도지사에게 신고하여야 한다. 신고사항을 변경하려는 경우에도 또한 같다.
<개정 2008.2.29., 2010.1.18.>

제50조(「민법」의 준용) 의료법인에 대하여 이 법에 규정된 것 외에는 「민법」 중 재단법인에 관한 규정을 준용한다.

제51조(설립 허가 취소) 보건복지부장관 또는 시·도지사는 의료법인이 다음 각 호의 어느 하나에 해당하면 그 설립 허가를 취소할 수 있다. <개정 2008.2.29., 2010.1.18.>
1. 정관으로 정하지 아니한 사업을 한 때
2. 설립된 날부터 2년 안에 의료기관을 개설하지 아니한 때
3. 의료법인이 개설한 의료기관이 제64조에 따라 개설허가를 취소당한 때
4. 보건복지부장관 또는 시·도지사가 감독을 위하여 내린 명령을 위반한 때
5. 제49조제1항에 따른 부대사업 외의 사업을 한 때

제3절 의료기관 단체

제52조(의료기관단체 설립) ①병원급 의료기관의 장은 의료기관의 건전한 발전과 국민보건 향상에 기여하기 위하여 전국 조직을 두는 단체를 설립할 수 있다. <개정 2009.1.30.>
②제1항에 따른 단체는 법인으로 한다.

제52조의2(대한민국의학한림원) ① 의료인에 관련되는 의학 및 관계 전문분야(이하 이 조에서 "의학등"이라 한다)의 연구·진흥기반을 조성하고 우수한 보건의료인을 발굴·활용하기 위하여 대한민국의학한림원(이하 이 조에서 "한림원"이라 한다)을 둔다.
② 한림원은 법인으로 한다.
③ 한림원은 다음 각 호의 사업을 한다.
1. 의학등의 연구진흥에 필요한 조사·연구 및 정책자문
2. 의학등의 분야별 중장기 연구 기획 및 건의
3. 의학등의 국내외 교류협력사업
4. 의학등 및 국민건강과 관련된 사회문제에 관한 정책자문 및 홍보
5. 보건의료인의 명예를 기리고 보전(保全)하는 사업
6. 보건복지부장관이 의학등의 발전을 위하여 지정 또는 위탁하는 사업
④ 보건복지부장관은 한림원의 사업수행에 필요한 경비의 전부 또는 일부를 예산의 범위에서 지원할 수 있다.
⑤ 한림원에 대하여 이 법에서 정하지 아니한 사항에 관하여는 「민법」 중 사단법인에 관한 규정을 준용한다.
⑥ 한림원이 아닌 자는 대한민국의학한림원 또는 이와 유사한 명칭을 사용하지 못한다.
⑦ 한림원의 운영 및 업무수행에 필요한 사항은 대통령령으로 정한다.
[본조신설 2015.12.29.]

제4장 신의료기술평가

제53조(신의료기술의 평가) ①보건복지부장관은 국민건강을 보호하고 의료기술의 발전을 촉진하기 위하여 대통령령으로 정하는 바에 따라 제54조에 따른 신의료기술평가위원회의 심의를 거쳐 신의료기술의 안전성·유효성 등에 관한 평가(이하 "신의료기술평가"라 한다)를 하여야 한다. <개정 2008.2.29., 2010.1.18.>

②제1항에 따른 신의료기술은 새로 개발된 의료기술로서 보건복지부장관이 안전성·유효성을 평가할 필요성이 있다고 인정하는 것을 말한다.
<개정 2008.2.29., 2010.1.18.>
③보건복지부장관은 신의료기술평가의 결과를 「국민건강보험법」 제64조에 따른 건강보험심사평가원의 장에게 알려야 한다. 이 경우 신의료기술평가의 결과를 보건복지부령으로 정하는 바에 따라 공표할 수 있다.
<개정 2008.2.29., 2010.1.18., 2011.12.31.>
④그 밖에 신의료기술평가의 대상 및 절차 등에 필요한 사항은 보건복지부령으로 정한다. <개정 2008.2.29., 2010.1.18.>

제54조(신의료기술평가위원회의 설치 등) ①보건복지부장관은 신의료기술평가에 관한 사항을 심의하기 위하여 보건복지부에 신의료기술평가위원회(이하 "위원회"라 한다)를 둔다. <개정 2008.2.29., 2010.1.18.>
②위원회는 위원장 1명을 포함하여 20명 이내의 위원으로 구성한다.
③위원은 다음 각 호의 자 중에서 보건복지부장관이 위촉하거나 임명한다. 다만, 위원장은 제1호 또는 제2호의 자 중에서 임명한다.
<개정 2008.2.29., 2010.1.18.>
1. 제28조제1항에 따른 의사회·치과의사회·한의사회에서 각각 추천하는 자
2. 보건의료에 관한 학식이 풍부한 자
3. 소비자단체에서 추천하는 자
4. 변호사의 자격을 가진 자로서 보건의료와 관련된 업무에 5년 이상 종사한 경력이 있는 자
5. 보건의료정책 관련 업무를 담당하고 있는 보건복지부 소속 5급 이상의 공무원
④위원장과 위원의 임기는 3년으로 하되, 연임할 수 있다. 다만, 제3항제5호에 따른 공무원의 경우에는 재임기간으로 한다.
⑤위원의 자리가 빈 때에는 새로 위원을 임명하고, 새로 임명된 위원의 임기는 임명된 날부터 기산한다.
⑥위원회의 심의사항을 전문적으로 검토하기 위하여 위원회에 분야별 전문평가위원회를 둔다.
⑦그 밖에 위원회·전문평가위원회의 구성 및 운영 등에 필요한 사항은 보건복지부령으로 정한다. <개정 2008.2.29., 2010.1.18.>

제55조(자료의 수집 업무 등의 위탁) 보건복지부장관은 신의료기술평가에 관한 업무를 수행하기 위하여 필요한 경우 보건복지부령으로 정하는 바에 따라 자료 수집·조사 등 평가에 수반되는 업무를 관계 전문기관 또는 단체에 위탁할 수 있다. <개정 2008.2.29., 2010.1.18.>

제5장 의료광고

제56조(의료광고의 금지 등) ①의료법인·의료기관 또는 의료인이 아닌 자는 의료에 관한 광고를 하지 못한다.
②의료법인·의료기관 또는 의료인은 다음 각 호의 어느 하나에 해당하는 의료광고를 하지 못한다. <개정 2009.1.30.>

1. 제53조에 따른 평가를 받지 아니한 신의료기술에 관한 광고
2. 치료효과를 보장하는 등 소비자를 현혹할 우려가 있는 내용의 광고
3. 다른 의료기관·의료인의 기능 또는 진료 방법과 비교하는 내용의 광고
4. 다른 의료법인·의료기관 또는 의료인을 비방하는 내용의 광고
5. 수술 장면 등 직접적인 시술행위를 노출하는 내용의 광고
6. 의료인의 기능, 진료 방법과 관련하여 심각한 부작용 등 중요한 정보를 누락하는 광고
7. 객관적으로 인정되지 아니하거나 근거가 없는 내용을 포함하는 광고
8. 신문, 방송, 잡지 등을 이용하여 기사(記事) 또는 전문가의 의견 형태로 표현되는 광고
9. 제57조에 따른 심의를 받지 아니하거나 심의받은 내용과 다른 내용의 광고
10. 제27조제3항에 따라 외국인환자를 유치하기 위한 국내광고
11. 그 밖에 의료광고의 내용이 국민건강에 중대한 위해를 발생하게 하거나 발생하게 할 우려가 있는 것으로서 대통령령으로 정하는 내용의 광고
③의료법인·의료기관 또는 의료인은 거짓이나 과장된 내용의 의료광고를 하지 못한다.
④의료광고는 다음 각 호의 방법으로는 하지 못한다.
1. 「방송법」 제2조제1호의 방송
2. 그 밖에 국민의 보건과 건전한 의료경쟁의 질서를 유지하기 위하여 제한할 필요가 있는 경우로서 대통령령으로 정하는 방법
⑤제1항이나 제2항에 따라 금지되는 의료광고의 구체적인 기준 등 의료광고에 관하여 필요한 사항은 대통령령으로 정한다.
[단순위헌, 2015헌바75, 2015.12.23. 의료법(2009. 1. 30. 법률 제9386호로 개정된 것) 제56조 제2항 제9호 중 '제57조에 따른 심의를 받지 아니한 광고' 부분은 헌법에 위반된다.]

제57조(광고의 심의) ①의료법인·의료기관·의료인이 다음 각 호의 어느 하나에 해당하는 매체를 이용하여 의료광고를 하려는 경우 미리 광고의 내용과 방법 등에 관하여 보건복지부장관의 심의를 받아야 한다. <개정 2008.2.29., 2010.1.18., 2011.8.4., 2016.1.6.>
1. 「신문 등의 진흥에 관한 법률」 제2조에 따른 신문·인터넷신문 또는 「잡지 등 정기간행물의 진흥에 관한 법률」 제2조에 따른 정기간행물
2. 「옥외광고물 등의 관리와 옥외광고산업 진흥에 관한 법률」 제2조제1호에 따른 옥외광고물 중 현수막(懸垂幕), 벽보, 전단(傳單) 및 교통시설·교통수단에 표시되는 것
3. 전광판
4. 대통령령으로 정하는 인터넷 매체
②제1항에 따른 심의를 받으려는 자는 보건복지부령으로 정하는 수수료를 내야 한다. <개정 2008.2.29., 2010.1.18.>
③보건복지부장관은 제1항에 따른 심의에 관한 업무를 제28조에 따라 설립된 단체에 위탁할 수 있다. <개정 2008.2.29., 2010.1.18.>
④제1항에 따른 심의 기준·절차 및 제3항에 따른 심의 업무의 위탁 등 의료광고의 심의에 관하여 필요한 사항은 대통령령으로 정한다. <개정 2011.8.4.>

제6장 감독

제58조(의료기관 인증) ① 보건복지부장관은 의료의 질과 환자 안전의 수준을 높이기 위하여 병원급 의료기관에 대한 인증(이하 "의료기관 인증"이라 한다)을 할 수 있다.
② 보건복지부장관은 대통령령으로 정하는 바에 따라 의료기관 인증에 관한 업무를 관계 전문기관(이하 "인증전담기관"이라 한다)에 위탁할 수 있다. 이 경우 인증전담기관에 대하여 필요한 예산을 지원할 수 있다.
③ 보건복지부장관은 다른 법률에 따라 의료기관을 대상으로 실시하는 평가를 통합하여 인증전담기관으로 하여금 시행하도록 할 수 있다.
[전문개정 2010.7.23.]

제58조의2(의료기관인증위원회) ① 보건복지부장관은 의료기관 인증에 관한 주요 정책을 심의하기 위하여 보건복지부장관 소속으로 의료기관인증위원회(이하 이 조에서 "위원회"라 한다)를 둔다.
② 위원회는 위원장 1명을 포함한 15인 이내의 위원으로 구성한다.
③ 위원회의 위원장은 보건복지부차관으로 하고, 위원회의 위원은 다음 각 호의 사람 중에서 보건복지부장관이 임명 또는 위촉한다.
1. 제28조에 따른 의료인 단체 및 제52조에 따른 의료기관단체에서 추천하는 자
2. 노동계, 시민단체(「비영리민간단체지원법」 제2조에 따른 비영리민간단체를 말한다), 소비자단체(「소비자기본법」 제29조에 따른 소비자단체를 말한다)에서 추천하는 자
3. 보건의료에 관한 학식과 경험이 풍부한 자
4. 보건복지부 소속 3급 이상 공무원 또는 고위공무원단에 속하는 공무원
④ 위원회는 다음 각 호의 사항을 심의한다.
1. 인증기준 및 인증의 공표를 포함한 의료기관 인증과 관련된 주요 정책에 관한 사항
2. 제58조제3항에 따른 의료기관 대상 평가제도 통합에 관한 사항
3. 제58조의7제2항에 따른 의료기관 인증 활용에 관한 사항
4. 그 밖에 위원장이 심의에 부치는 사항
⑤ 위원회의 구성 및 운영, 그 밖에 필요한 사항은 대통령령으로 정한다.
[본조신설 2010.7.23.]

제58조의3(의료기관 인증기준 및 방법 등) ① 의료기관 인증기준은 다음 각 호의 사항을 포함하여야 한다.
1. 환자의 권리와 안전
2. 의료기관의 의료서비스 질 향상 활동
3. 의료서비스의 제공과정 및 성과
4. 의료기관의 조직·인력관리 및 운영
5. 환자 만족도
② 보건복지부장관은 인증을 신청한 의료기관에 대하여 제1항에 따른 인증기준의 충족 여부를 평가하여야 한다.
③ 보건복지부장관은 제2항에 따라 평가한 결과와 인증등급을 지체 없이 해당

의료기관의 장에게 통보하여야 한다.

④ 인증등급은 인증, 조건부인증 및 불인증으로 구분한다.

⑤ 인증의 유효기간은 4년으로 한다. 다만, 조건부인증의 경우에는 유효기간을 1년으로 한다.

⑥ 조건부인증을 받은 의료기관의 장은 유효기간 내에 보건복지부령으로 정하는 바에 따라 재인증을 받아야 한다.

⑦ 제1항에 따른 인증기준의 세부 내용은 보건복지부장관이 정한다.

[본조신설 2010.7.23.]

제58조의4(의료기관 인증의 신청) ① 의료기관 인증을 받고자 하는 의료기관의 장은 보건복지부령으로 정하는 바에 따라 보건복지부장관에게 신청할 수 있다.

② 제1항에도 불구하고 제3조제2항제3호에 따른 요양병원(「장애인복지법」 제58조제1항제2호에 따른 의료재활시설로서 제3조의2에 따른 요건을 갖춘 의료기관은 제외한다)의 장은 보건복지부령으로 정하는 바에 따라 보건복지부장관에게 인증을 신청하여야 한다.

③ 인증전담기관은 보건복지부장관의 승인을 받아 의료기관 인증을 신청한 의료기관의 장으로부터 인증에 소요되는 비용을 징수할 수 있다.

[본조신설 2010.7.23.]

제58조의5(이의신청) ① 의료기관 인증을 신청한 의료기관의 장은 평가결과 또는 인증등급에 관하여 보건복지부장관에게 이의신청을 할 수 있다.

② 제1항에 따른 이의신청은 평가결과 또는 인증등급을 통보받은 날부터 30일 이내에 하여야 한다. 다만, 책임질 수 없는 사유로 그 기간을 지킬 수 없었던 경우에는 그 사유가 없어진 날부터 기산한다.

③ 제1항에 따른 이의신청의 방법 및 처리 결과의 통보 등에 필요한 사항은 보건복지부령으로 정한다.

[본조신설 2010.7.23.]

제58조의6(인증서와 인증마크) ① 보건복지부장관은 인증을 받은 의료기관에 인증서를 교부하고 인증을 나타내는 표시(이하 "인증마크"라 한다)를 제작하여 인증을 받은 의료기관이 사용하도록 할 수 있다.

② 누구든지 제58조제1항에 따른 인증을 받지 아니하고 인증서나 인증마크를 제작·사용하거나 그 밖의 방법으로 인증을 사칭하여서는 아니 된다.

③ 인증마크의 도안 및 표시방법 등에 필요한 사항은 보건복지부령으로 정한다.

[본조신설 2010.7.23.]

제58조의7(인증의 공표 및 활용) ① 보건복지부장관은 인증을 받은 의료기관에 관하여 인증기준, 인증 유효기간 및 제58조의3제2항에 따라 평가한 결과 등 보건복지부령으로 정하는 사항을 인터넷 홈페이지 등에 공표하여야 한다.

② 보건복지부장관은 제58조의3제3항에 따른 평가 결과와 인증등급을 활용하여 의료기관에 대하여 다음 각 호에 해당하는 행정적·재정적 지원 등 필요한 조치를 할 수 있다.

1. 제3조의4에 따른 상급종합병원 지정

2. 제3조의5에 따른 전문병원 지정
3. 그 밖에 다른 법률에서 정하거나 보건복지부장관이 필요하다고 인정한 사항
③ 제1항에 따른 공표 등에 필요한 사항은 보건복지부령으로 정한다.
[본조신설 2010.7.23.]

제58조의8(자료의 제공요청) ① 보건복지부장관은 인증과 관련하여 필요한 경우에는 관계 행정기관, 의료기관, 그 밖의 공공단체 등에 대하여 자료의 제공 및 협조를 요청할 수 있다.
② 제1항에 따른 자료의 제공과 협조를 요청받은 자는 정당한 사유가 없는 한 요청에 따라야 한다.
[본조신설 2010.7.23.]

제58조의9(의료기관 인증의 취소) ① 보건복지부장관은 다음 각 호의 어느 하나에 해당하는 경우에는 의료기관 인증 또는 조건부인증을 취소할 수 있다. 다만, 제1호 및 제2호에 해당하는 경우에는 인증 또는 조건부인증을 취소하여야 한다.
1. 거짓이나 그 밖의 부정한 방법으로 인증 또는 조건부인증을 받은 경우
2. 제64조제1항에 따라 의료기관 개설 허가가 취소되거나 폐쇄명령을 받은 경우
3. 의료기관의 종별 변경 등 인증 또는 조건부인증의 전제나 근거가 되는 중대한 사실이 변경된 경우
② 제1항제1호에 따라 인증이 취소된 의료기관은 인증 또는 조건부인증이 취소된 날부터 1년 이내에 인증 신청을 할 수 없다.
[본조신설 2010.7.23.]

제59조(지도와 명령) ①보건복지부장관 또는 시·도지사는 보건의료정책을 위하여 필요하거나 국민보건에 중대한 위해(危害)가 발생하거나 발생할 우려가 있으면 의료기관이나 의료인에게 필요한 지도와 명령을 할 수 있다.
<개정 2008.2.29., 2010.1.18.>
②보건복지부장관, 시·도지사 또는 시장·군수·구청장은 의료인이 정당한 사유 없이 진료를 중단하거나 의료기관 개설자가 집단으로 휴업하거나 폐업하여 환자 진료에 막대한 지장을 초래하거나 초래할 우려가 있다고 인정할 만한 상당한 이유가 있으면 그 의료인이나 의료기관 개설자에게 업무개시 명령을 할 수 있다. <개정 2008.2.29., 2010.1.18.>
③의료인과 의료기관 개설자는 정당한 사유 없이 제2항의 명령을 거부할 수 없다.

제60조(병상 수급계획의 수립 등) ①보건복지부장관은 병상의 합리적인 공급과 배치에 관한 기본시책을 수립하여야 한다. <개정 2008.2.29., 2010.1.18.>
②시·도지사는 제1항에 따른 기본시책에 따라 지역 실정을 고려하여 특별시·광역시 또는 도 단위의 병상 수급계획을 수립한 후 보건복지부장관에게 제출하여야 한다. <개정 2008.2.29., 2010.1.18.>
③보건복지부장관은 제2항에 따라 제출된 병상 수급계획이 제1항에 따른 기본시책에 맞지 아니하는 등 보건복지부령으로 정하는 사유가 있으면 시·도지사에게 보건복지부령으로 정하는 바에 따라 그 조정을 권고할 수 있다.
<개정 2008.2.29., 2010.1.18.>

제60조의2(의료인 수급계획 등) ① 보건복지부장관은 우수한 의료인의 확보와 적절한 공급을 위한 기본시책을 수립하여야 한다.
② 제1항에 따른 기본시책은 「보건의료기본법」 제15조에 따른 보건의료발전계획과 연계하여 수립한다.
[본조신설 2015.12.29.]

제60조의3(간호인력 취업교육센터 설치 및 운영) ① 보건복지부장관은 간호ㆍ간병통합서비스 제공ㆍ확대 및 간호인력의 원활한 수급을 위하여 다음 각 호의 업무를 수행하는 간호인력 취업교육센터를 지역별로 설치ㆍ운영할 수 있다.
1. 지역별, 의료기관별 간호인력 확보에 관한 현황 조사
2. 제7조제1항제1호에 따른 간호학을 전공하는 대학이나 전문대학[구제(舊制) 전문학교와 간호학교를 포함한다] 졸업예정자와 신규 간호인력에 대한 취업교육 지원
3. 간호인력의 지속적인 근무를 위한 경력개발 지원
4. 유휴 및 이직 간호인력의 취업교육 지원
5. 그 밖에 간호인력의 취업교육 지원을 위하여 보건복지부령으로 정하는 사항
② 보건복지부장관은 간호인력 취업교육센터를 효율적으로 운영하기 위하여 그 운영에 관한 업무를 대통령령으로 정하는 절차ㆍ방식에 따라 관계 전문기관 또는 단체에 위탁할 수 있다.
③ 국가 및 지방자치단체는 제2항에 따라 간호인력 취업교육센터의 운영에 관한 업무를 위탁한 경우에는 그 운영에 드는 비용을 지원할 수 있다.
④ 그 밖에 간호인력 취업교육센터의 운영 등에 필요한 사항은 보건복지부령으로 정한다.
[본조신설 2015.12.29.]

제61조(보고와 업무 검사 등) ①보건복지부장관 또는 시장ㆍ군수ㆍ구청장은 의료기관이나 의료인에게 필요한 사항을 보고하도록 명할 수 있고, 관계 공무원을 시켜 그 업무 상황, 시설 또는 진료기록부ㆍ조산기록부ㆍ간호기록부 등 관계 서류를 검사하게 하거나 관계인에게서 진술을 들어 사실을 확인받게 할 수 있다. 이 경우 의료인이나 의료기관은 정당한 사유 없이 이를 거부하지 못한다.
<개정 2008.2.29., 2010.1.18., 2011.8.4.>
②제1항의 경우에 관계 공무원은 권한을 증명하는 증표 및 조사기간, 조사범위, 조사담당자, 관계 법령 등이 기재된 조사명령서를 지니고 이를 관계인에게 내보여야 한다. <개정 2011.8.4.>
③제1항의 보고 및 제2항의 조사명령서에 관한 사항은 보건복지부령으로 정한다. <개정 2008.2.29., 2010.1.18., 2011.8.4.>

제62조(의료기관 회계기준) ①의료기관 개설자는 의료기관 회계를 투명하게 하도록 노력하여야 한다.
②보건복지부령으로 정하는 일정 규모 이상의 종합병원 개설자는 회계를 투명하게 하기 위하여 의료기관 회계기준을 지켜야 한다. <개정 2008.2.29., 2010.1.18.>
③제2항에 따른 의료기관 회계기준은 보건복지부령으로 정한다.
<개정 2008.2.29., 2010.1.18.>

제63조(시정 명령 등) 보건복지부장관 또는 시장·군수·구청장은 의료기관이 제 16조제2항, 제23조제2항, 제34조제2항, 제35조제2항, 제36조, 제36조의2, 제 37조제1항·제2항, 제38조제1항·제2항, 제41조부터 제43조까지, 제45조, 제 46조, 제47조제1항, 제56조제2항부터 제4항까지, 제57조제1항, 제58조의4제2 항, 제62조제2항, 제77조제3항을 위반한 때 또는 종합병원·상급종합병원·전 문병원이 각각 제3조의3제1항·제3조의4제1항·제3조의5제2항에 따른 요건에 해당하지 아니하게 된 때에는 일정한 기간을 정하여 그 시설·장비 등의 전부 또는 일부의 사용을 제한 또는 금지하거나 위반한 사항을 시정하도록 명할 수 있다. <개정 2008.2.29., 2009.1.30., 2010.1.18., 2010.7.23., 2011.4.28., 2015.12.22., 2015.12.29.>

제64조(개설 허가 취소 등) ①보건복지부장관 또는 시장·군수·구청장은 의료기 관이 다음 각 호의 어느 하나에 해당하면 그 의료업을 1년의 범위에서 정지시 키거나 개설 허가를 취소하거나 의료기관 폐쇄를 명할 수 있다. 다만, 제8호에 해당하는 경우에는 의료기관 개설 허가를 취소하거나 의료기관 폐쇄를 명하여야 하며, 의료기관 폐쇄는 제33조제3항과 제35조제1항 본문에 따라 신고한 의료기 관에만 명할 수 있다. <개정 2007.7.27., 2008.2.29., 2009.1.30., 2010.1.18., 2011.8.4., 2013.8.13., 2015.12.22., 2015.12.29.>
1. 개설 신고나 개설 허가를 한 날부터 3개월 이내에 정당한 사유 없이 업무를 시작하지 아니한 때
2. 의료인이나 의료기관 종사자가 무자격자에게 의료행위를 하게 하거나 의료인 에게 면허 사항 외의 의료행위를 하게 한 때
3. 제61조에 따른 관계 공무원의 직무 수행을 기피 또는 방해하거나 제59조 또 는 제63조에 따른 명령을 위반한 때
4. 제33조제2항제3호부터 제5호까지의 규정에 따른 의료법인·비영리법인, 준 정부기관·지방의료원 또는 한국보훈복지의료공단의 설립허가가 취소되거나 해산된 때
4의2. 제33조제2항을 위반하여 의료기관을 개설한 때
5. 제33조제5항·제9항·제10항, 제40조 또는 제56조를 위반한 때
6. 제63조에 따른 시정명령을 이행하지 아니한 때
7. 「약사법」 제24조제2항을 위반하여 담합행위를 한 때
8. 의료기관 개설자가 거짓으로 진료비를 청구하여 금고 이상의 형을 선고받고 그 형이 확정된 때
②제1항에 따라 개설 허가를 취소당하거나 폐쇄 명령을 받은 자는 그 취소된 날 이나 폐쇄 명령을 받은 날부터 6개월 이내에, 의료업 정지처분을 받은 자는 그 업무 정지기간 중에 각각 의료기관을 개설·운영하지 못한다. 다만, 제1항제8호 에 따라 의료기관 개설 허가를 취소당하거나 폐쇄 명령을 받은 자는 취소당한 날 이나 폐쇄 명령을 받은 날부터 3년 안에는 의료기관을 개설·운영하지 못한다.

제65조(면허 취소와 재교부) ①보건복지부장관은 의료인이 다음 각 호의 어느 하나 에 해당할 경우에는 그 면허를 취소할 수 있다. 다만, 제1호의 경우에는 면허를 취소하여야 한다. <개정 2008.2.29., 2009.1.30., 2010.1.18., 2015.12.29.>
1. 제8조 각 호의 어느 하나에 해당하게 된 경우

2. 제66조에 따른 자격 정지 처분 기간 중에 의료행위를 하거나 3회 이상 자격 정지 처분을 받은 경우
3. 제11조제1항에 따른 면허 조건을 이행하지 아니한 경우
4. 제4조제4항을 위반하여 면허증을 빌려준 경우
5. 면허증을 빌려준 경우

②보건복지부장관은 제1항에 따라 면허가 취소된 자라도 취소의 원인이 된 사유가 없어지거나 개전(改悛)의 정이 뚜렷하다고 인정되면 면허를 재교부할 수 있다. 다만, 제1항제3호에 따라 면허가 취소된 경우에는 취소된 날부터 1년 이내, 제1항제2호·제4호 또는 제5호에 따라 면허가 취소된 경우에는 취소된 날부터 2년 이내, 제8조제4호에 따른 사유로 면허가 취소된 경우에는 취소된 날부터 3년 이내에는 재교부하지 못한다. <개정 2007.7.27., 2008.2.29., 2010.1.18.>

제66조(자격정지 등) ①보건복지부장관은 의료인이 다음 각 호의 어느 하나에 해당하면 1년의 범위에서 면허자격을 정지시킬 수 있다. 이 경우 의료기술과 관련한 판단이 필요한 사항에 관하여는 관계 전문가의 의견을 들어 결정할 수 있다. <개정 2008.2.29., 2009.12.31., 2010.1.18., 2010.5.27., 2011.4.7., 2011.8.4.>
1. 의료인의 품위를 심하게 손상시키는 행위를 한 때
2. 의료기관 개설자가 될 수 없는 자에게 고용되어 의료행위를 한 때
3. 제17조제1항 및 제2항에 따른 진단서·검안서 또는 증명서를 거짓으로 작성하여 내주거나 제22조제1항에 따른 진료기록부등을 거짓으로 작성하거나 고의로 사실과 다르게 추가기재·수정한 때
4. 제20조를 위반한 경우
5. 제27조제1항을 위반하여 의료인이 아닌 자로 하여금 의료행위를 하게 한 때
6. 의료기사가 아닌 자에게 의료기사의 업무를 하게 하거나 의료기사에게 그 업무 범위를 벗어나게 한 때
7. 관련 서류를 위조·변조하거나 속임수 등 부정한 방법으로 진료비를 거짓 청구한 때
8. 삭제 <2011.8.4.>
9. 제23조의2를 위반하여 경제적 이익등을 제공받은 때
10. 그 밖에 이 법 또는 이 법에 따른 명령을 위반한 때
②제1항제1호에 따른 행위의 범위는 대통령령으로 정한다.
③의료기관은 그 의료기관 개설자가 제1항제7호에 따라 자격정지 처분을 받은 경우에는 그 자격정지 기간 중 의료업을 할 수 없다. <개정 2010.7.23.>
④ 보건복지부장관은 의료인이 제25조에 따른 신고를 하지 아니한 때에는 신고할 때까지 면허의 효력을 정지할 수 있다. <신설 2011.4.28.>
⑤ 제1항제2호를 위반한 의료인이 자진하여 그 사실을 신고한 경우에는 제1항에도 불구하고 보건복지부령으로 정하는 바에 따라 그 처분을 감경하거나 면제할 수 있다. <신설 2012.2.1.>

의사면허자격정지처분취소
[대법원 2012.7.26. 선고, 2011두4794, 판결]

【판시사항】
의료법 제66조 제1항 제3호에서 정한 '의료인이 제17조 제1항의 규정에 따른 진단서를 거짓으로 작성하여 내주는 행위'에 진단자인 의사의 성명·면허자격과 같은 '작성 명의'

를 허위로 기재하는 경우도 포함되는지 여부(적극)

【판결요지】
의료법 제66조 제1항은 "보건복지부장관은 의료인이 다음 각 호의 어느 하나에 해당하면 1년의 범위에서 면허자격을 정지시킬 수 있다."고 규정하고 있고, 같은 항 제3호에서 '제17조 제1항에 따른 진단서를 거짓으로 작성하여 내준 때'를 들고 있으며, 의료법 제17조 제1항은 '의료업에 종사하고 직접 진찰한 의사가 아니면 진단서를 작성하여 환자에게 교부하지 못한다'고 규정하고 있다. 의료법 제66조 제1항 제3호에서 정한 '의료인이 제17조 제1항의 규정에 따른 진단서를 거짓으로 작성하여 내주는 행위'에는 환자에 대한 병명이나 의학적 소견 외에도 진단자인 의사의 성명·면허자격과 같은 '작성명의'를 허위로 기재하는 경우도 포함된다고 해석하는 것이 타당하다.

제66조의2(중앙회의 자격정지 처분 요구 등) 각 중앙회의 장은 의료인이 제66조 제1항제1호에 해당하는 경우에는 각 중앙회의 윤리위원회의 심의·의결을 거쳐 보건복지부장관에게 자격정지 처분을 요구할 수 있다. [본조신설 2011.4.28.]

제67조(과징금 처분) ①보건복지부장관이나 시장·군수·구청장은 의료기관이 제64조제1항 각 호의 어느 하나에 해당할 때에는 대통령령으로 정하는 바에 따라 의료업 정지 처분을 갈음하여 5천만원 이하의 과징금을 부과할 수 있다. 이 경우 과징금은 3회까지만 부과할 수 있다. <개정 2008.2.29., 2010.1.18.>
②제1항에 따른 과징금을 부과하는 위반 행위의 종류와 정도 등에 따른 과징금의 액수와 그 밖에 필요한 사항은 대통령령으로 정한다.
③보건복지부장관이나 시장·군수·구청장은 제1항에 따른 과징금을 기한 안에 내지 아니한 때에는 지방세 체납처분의 예에 따라 징수한다.
<개정 2008.2.29., 2010.1.18.>

제68조(행정처분의 기준) 제63조, 제64조제1항, 제65조제1항, 제66조제1항에 따른 행정처분의 세부적인 기준은 보건복지부령으로 정한다.
<개정 2008.2.29., 2010.1.18.>

제69조(의료지도원) ①제61조에 따른 관계 공무원의 직무를 행하게 하기 위하여 보건복지부, 시·도 및 시·군·구에 의료지도원을 둔다.
<개정 2008.2.29., 2010.1.18.>
②의료지도원은 보건복지부장관, 시·도지사 또는 시장·군수·구청장이 그 소속 공무원 중에서 임명하되, 자격과 임명 등에 필요한 사항은 보건복지부령으로 정한다. <개정 2008.2.29., 2010.1.18.>
③의료지도원 및 그 밖의 공무원은 직무를 통하여 알게 된 의료기관, 의료인, 환자의 비밀을 누설하지 못한다.

제7장 삭제

제70조 삭제 <2011.4.7.>
제71조 삭제 <2011.4.7.>
제72조 삭제 <2011.4.7.>

제73조 삭제 <2011.4.7.>
제74조 삭제 <2011.4.7.>
제75조 삭제 <2011.4.7.>
제76조 삭제 <2011.4.7.>

제8장 보칙

제77조(전문의) ①의사·치과의사 또는 한의사로서 전문의가 되려는 자는 대통령령으로 정하는 수련을 거쳐 보건복지부장관에게 자격 인정을 받아야 한다. <개정 2008.2.29., 2010.1.18.>
②제1항에 따라 전문의 자격을 인정받은 자가 아니면 전문과목을 표시하지 못한다. 다만, 보건복지부장관은 의료체계를 효율적으로 운영하기 위하여 전문의 자격을 인정받은 치과의사와 한의사에 대하여 종합병원·치과병원·한방병원 중 보건복지부령으로 정하는 의료기관에 한하여 전문과목을 표시하도록 할 수 있다. <개정 2008.2.29., 2009.1.30., 2010.1.18.>
③ 제2항에 따라 전문과목을 표시한 치과의원은 제15조제1항에도 불구하고 표시한 전문과목에 해당하는 환자만을 진료하여야 한다. 다만, 응급환자인 경우에는 그러하지 아니하다. <신설 2011.4.28.>
④전문의 자격 인정과 전문과목에 관한 사항은 대통령령으로 정한다.
<개정 2011.4.28.>
[법률 제9386호(2009.1.30.) 부칙 제2조의 규정에 의하여 이 조 제2항 단서의 개정규정 중 치과의사에 대한 부분은 2013년 12월 31일까지, 한의사에 대한 부분은 2009년 12월 31일까지 유효함]
[단순위헌, 2013헌마799, 2015.5.28. 의료법(2011. 4. 28. 법률 제10609호로 개정된 것) 제77조 제3항은 헌법에 위반된다.]

제78조(전문간호사) ①보건복지부장관은 간호사에게 간호사 면허 외에 전문간호사 자격을 인정할 수 있다. <개정 2008.2.29., 2010.1.18.>
②제1항에 따른 전문간호사의 자격 구분, 자격 기준, 자격증, 그 밖에 필요한 사항은 보건복지부령으로 정한다. <개정 2008.2.29., 2010.1.18.>

제79조(한지 의료인) ①이 법이 시행되기 전의 규정에 따라 면허를 받은 한지 의사(限地 醫師), 한지 치과의사 및 한지 한의사는 허가받은 지역에서 의료업무에 종사하는 경우 의료인으로 본다.
②보건복지부장관은 제1항에 따른 의료인이 허가받은 지역 밖에서 의료행위를 하는 경우에는 그 면허를 취소할 수 있다. <개정 2008.2.29., 2010.1.18.>
③제1항에 따른 의료인의 허가지역 변경, 그 밖에 필요한 사항은 보건복지부령으로 정한다. <개정 2008.2.29., 2010.1.18.>
④한지 의사, 한지 치과의사, 한지 한의사로서 허가받은 지역에서 10년 이상 의료업무에 종사한 경력이 있는 자 또는 이 법 시행 당시 의료업무에 종사하고 있는 자 중 경력이 5년 이상인 자에게는 제5조에도 불구하고 보건복지부령으로 정하는 바에 따라 의사, 치과의사 또는 한의사의 면허를 줄 수 있다.
<개정 2008.2.29., 2010.1.18.>

제80조(간호조무사) ①간호조무사가 되려는 사람은 간호조무사 자격시험에 합격하고 시·도지사의 자격인정을 받아야 한다. 이 경우 자격시험의 제한에 관하여는 제10조를 준용한다. <개정 2015.1.28.>

②간호조무사는 제27조에도 불구하고 간호보조 업무에 종사할 수 있다. 이 경우에는 이 법을 적용할 때 간호사에 관한 규정을 준용하며, "면허"는 "자격"으로, "면허증"은 "자격증"으로 한다.

③간호조무사의 자격시험·자격인정과 그 업무 한계 등에 필요한 사항은 보건복지부령으로 정한다. <개정 2008.2.29., 2010.1.18., 2015.1.28.>

제80조(간호조무사 자격) ① 간호조무사가 되려는 사람은 다음 각 호의 어느 하나에 해당하는 사람으로서 보건복지부령으로 정하는 교육과정을 이수하고 간호조무사 국가시험에 합격한 후 보건복지부장관의 자격인정을 받아야 한다. 이 경우 자격시험의 제한에 관하여는 제10조를 준용한다.

1. 초·중등교육법령에 따른 특성화고등학교의 간호 관련 학과를 졸업한 사람(간호조무사 국가시험 응시일로부터 6개월 이내에 졸업이 예정된 사람을 포함한다)
2. 「초·중등교육법」 제2조에 따른 고등학교 졸업자(간호조무사 국가시험 응시일로부터 6개월 이내에 졸업이 예정된 사람을 포함한다) 또는 초·중등교육법령에 따라 같은 수준의 학력이 있다고 인정되는 사람(이하 이 조에서 "고등학교 졸업학력 인정자"라 한다)으로서 보건복지부령으로 정하는 국·공립 간호조무사양성소의 교육을 이수한 사람
3. 고등학교 졸업학력 인정자로서 평생교육법령에 따른 평생교육시설에서 고등학교 교과 과정에 상응하는 교육과정 중 간호 관련 학과를 졸업한 사람(간호조무사 국가시험 응시일로부터 6개월 이내에 졸업이 예정된 사람을 포함한다)
4. 고등학교 졸업학력 인정자로서 「학원의 설립·운영 및 과외교습에 관한 법률」 제2조의2제2항에 따른 학원의 간호조무사 교습과정을 이수한 사람
5. 고등학교 졸업학력 인정자로서 보건복지부장관이 인정하는 외국의 간호조무사 교육과정을 이수하고 해당 국가의 간호조무사 자격을 취득한 사람
6. 제7조제1항제1호 또는 제2호에 해당하는 사람

② 제1항제1호부터 제4호까지에 따른 간호조무사 교육훈련기관은 보건복지부장관의 지정·평가를 받아야 한다. 이 경우 보건복지부장관은 간호조무사 교육훈련기관의 지정을 위한 평가업무를 대통령령으로 정하는 절차·방식에 따라 관계 전문기관에 위탁할 수 있다.

③ 보건복지부장관은 제2항에 따른 간호조무사 교육훈련기관이 거짓이나 그 밖의 부정한 방법으로 지정받는 등 대통령령으로 정하는 사유에 해당하는 경우에는 그 지정을 취소할 수 있다.

④ 간호조무사는 최초로 자격을 받은 후부터 3년마다 그 실태와 취업상황 등을 보건복지부장관에게 신고하여야 한다.

⑤ 제1항에 따른 간호조무사의 국가시험·자격인정, 제2항에 따른 간호조무사 교육훈련기관의 지정·평가, 제4항에 따른 자격신고 및 간호조무사의 보수교육 등에 관하여 필요한 사항은 보건복지부령으로 정한다.

[전문개정 2015.12.29.]

[시행일 : 2017.1.1.] 제80조

제80조의2(간호조무사 업무) ① 간호조무사는 제27조에도 불구하고 간호사를 보조하여 제2조제2항제5호가목부터 다목까지의 업무를 수행할 수 있다.

② 제1항에도 불구하고 간호조무사는 제3조제2항에 따른 의원급 의료기관에 한하여 의사, 치과의사, 한의사의 지도하에 환자의 요양을 위한 간호 및 진료의 보조를 수행할 수 있다.

③ 제1항 및 제2항에 따른 구체적인 업무의 범위와 한계에 대하여 필요한 사항은 보건복지부령으로 정한다.

[본조신설 2015.12.29.]

[시행일 : 2017.1.1.] 제80조의2

제80조의3(준용규정) 간호조무사에 대하여는 제8조, 제9조, 제12조, 제16조, 제19조, 제20조, 제22조, 제23조, 제59조제1항, 제61조, 제65조, 제66조, 제68조, 제83조제1항, 제84조, 제85조, 제87조, 제88조, 제88조의2, 제88조의3 및 제91조를 준용하며, 이 경우 "면허"는 "자격"으로, "면허증"은 "자격증"으로 본다.

[본조신설 2015.12.29.]

[시행일 : 2017.1.1.] 제80조의3

제81조(의료유사업자) ①이 법이 시행되기 전의 규정에 따라 자격을 받은 접골사(接骨士), 침사(鍼士), 구사(灸士)(이하 "의료유사업자"라 한다)는 제27조에도 불구하고 각 해당 시술소에서 시술(施術)을 업(業)으로 할 수 있다.

②의료유사업자에 대하여는 이 법 중 의료인과 의료기관에 관한 규정을 준용한다. 이 경우 "의료인"은 "의료유사업자"로, "면허"는 "자격"으로, "면허증"은 "자격증"으로, "의료기관"은 "시술소"로 한다.

③의료유사업자의 시술행위, 시술업무의 한계 및 시술소의 기준 등에 관한 사항은 보건복지부령으로 정한다. <개정 2008.2.29., 2010.1.18.>

제82조(안마사) ①안마사는 「장애인복지법」에 따른 시각장애인 중 다음 각 호의 어느 하나에 해당하는 자로서 시·도지사에게 자격인정을 받아야 한다. <개정 2008.2.29., 2010.1.18.>

1. 「초·중등교육법」 제2조제5호에 따른 특수학교 중 고등학교에 준한 교육을 하는 학교에서 제4항에 따른 안마사의 업무한계에 따라 물리적 시술에 관한 교육과정을 마친 자

2. 중학교 과정 이상의 교육을 받고 보건복지부장관이 지정하는 안마수련기관에서 2년 이상의 안마수련과정을 마친 자

②제1항의 안마사는 제27조에도 불구하고 안마업무를 할 수 있다.

③안마사에 대하여는 이 법 중 제8조, 제25조, 제28조부터 제32조까지, 제33조제2항제1호·제3항·제5항·제8항 본문, 제36조, 제40조, 제59조제1항, 제61조, 제63조(제36조를 위반한 경우만을 말한다), 제64조부터 제66조까지, 제68조, 제83조, 제84조를 준용한다. 이 경우 "의료인"은 "안마사"로, "면허"는 "자격"으로, "면허증"은 "자격증"으로, "의료기관"은 "안마시술소 또는 안마원"으로, "해당 의료관계단체의 장"은 "안마사회장"으로 한다. <개정 2009.1.30.>

④안마사의 업무한계, 안마시술소나 안마원의 시설 기준 등에 관한 사항은 보건복지부령으로 정한다. <개정 2008.2.29., 2010.1.18.>

제83조(경비 보조 등) ①보건복지부장관 또는 시·도지사는 국민보건 향상을 위하여 필요하다고 인정될 때에는 의료인·의료기관·중앙회 또는 의료 관련 단체에 대하여 시설, 운영 경비, 조사·연구 비용의 전부 또는 일부를 보조할 수 있다. <개정 2008.2.29., 2010.1.18., 2010.7.23.>
② 보건복지부장관은 다음 각 호의 의료기관이 인증을 신청할 때 예산의 범위에서 인증에 소요되는 비용의 전부 또는 일부를 보조할 수 있다. <신설 2010.7.23.>
1. 제58조의4제2항에 따라 인증을 신청하여야 하는 의료기관
2. 300병상 미만인 의료기관(종합병원은 제외한다) 중 보건복지부장관이 정하는 기준에 해당하는 의료기관

제84조(청문) 보건복지부장관, 시·도지사 또는 시장·군수·구청장은 다음 각 호의 어느 하나에 해당하는 처분을 하려면 청문을 실시하여야 한다. <개정 2008.2.29., 2010.1.18., 2010.7.23.>
1. 제51조에 따른 설립 허가의 취소
2. 제58조의9에 따른 의료기관 인증 또는 조건부인증의 취소
3. 제63조에 따른 시설·장비 등의 사용금지 명령
4. 제64조제1항에 따른 개설허가 취소나 의료기관 폐쇄 명령
5. 제65조제1항에 따른 면허의 취소

제85조(수수료) ①이 법에 따른 의료인의 면허나 면허증을 재교부 받으려는 자, 국가시험등에 응시하려는 자, 진단용 방사선 발생 장치의 검사를 받으려는 자는 보건복지부령으로 정하는 바에 따라 수수료를 내야 한다. <개정 2008.2.29., 2010.1.18.>
②제9조제2항에 따른 한국보건의료인국가시험원은 제1항에 따라 납부받은 국가시험등의 응시수수료를 보건복지부장관의 승인을 받아 시험 관리에 필요한 경비에 직접 충당할 수 있다. <개정 2008.2.29., 2010.1.18., 2015.6.22.>

제86조(권한의 위임 및 위탁) ①이 법에 따른 보건복지부장관 또는 시·도지사의 권한은 그 일부를 대통령령으로 정하는 바에 따라 시·도지사, 질병관리본부장 또는 시장·군수·구청장이나 보건소장에게 위임할 수 있다. <개정 2008.2.29., 2010.1.18.>
②보건복지부장관은 이 법에 따른 업무의 일부를 대통령령으로 정하는 바에 따라 관계 전문기관에 위탁할 수 있다. <개정 2008.2.29., 2010.1.18.>

제9장 벌칙

제87조(벌칙) ①다음 각 호의 어느 하나에 해당하는 자는 5년 이하의 징역이나 2천만원 이하의 벌금에 처한다. <개정 2009.1.30., 2015.12.29.>
1. 제4조제4항을 위반하여 면허증을 빌려준 사람
2. 제12조제2항, 제18조제3항, 제23조제3항, 제27조제1항, 제33조제2항·제8항(제82조제3항에서 준용하는 경우를 포함한다)·제10항을 위반한 자
②제38조제3항을 위반한 자는 3년 이하의 징역 또는 3천만원 이하의 벌금에 처한다.

제88조(벌칙) 제19조, 제21조제1항, 제22조제3항, 제27조제3항·제4항, 제33조
제4항, 제35조제1항 단서, 제59조제3항, 제64조제2항(제82조제3항에서 준용하
는 경우를 포함한다), 제69조제3항을 위반한 자 또는 제82조제1항에 따른 안마
사의 자격인정을 받지 아니하고 영리를 목적으로 안마를 한 자는 3년 이하의
징역이나 1천만원 이하의 벌금에 처한다. 다만, 제19조, 제21조제1항 또는 제
69조제3항을 위반한 자에 대한 공소는 고소가 있어야 한다.
<개정 2009.1.30., 2009.12.31., 2011.4.7., 2015.12.22.>

제88조의2(벌칙) 제23조의2를 위반한 자는 2년 이하의 징역이나 3천만원 이하의
벌금에 처한다. 이 경우 취득한 경제적 이익등은 몰수하고, 몰수할 수 없을 때에
는 그 가액을 추징한다.
[본조신설 2010.5.27.]
[종전 제88조의2는 제88조의3으로 이동 <2010.5.27.>]

제88조의3(벌칙) 제20조를 위반한 자는 2년 이하의 징역이나 1천만원 이하의 벌
금에 처한다.
[본조신설 2009.12.31.]
[제88조의2에서 이동 <2010.5.27.>]

제89조(벌칙) 제15조제1항, 제17조제1항·제2항(제1항 단서 후단과 제2항 단서
는 제외한다), 제33조제9항, 제56조제1항부터 제4항까지, 제57조제1항, 제58
조의6제2항을 위반한 자는 1년 이하의 징역이나 500만원 이하의 벌금에 처한
다. <개정 2010.7.23., 2015.12.29.>
[단순위헌, 2015헌바75, 2015.12.23. 의료법(2010. 7. 23. 법률 제10387호로
개정된 것) 제89조 가운데 제56조 제2항 제9호 중 '제57조에 따른 심의를 받
지 아니한 광고'에 관한 부분은 헌법에 위반된다.]

제90조(벌칙) 제16조제1항·제2항, 제17조제3항·제4항, 제18조제4항, 제21조제
3항·제5항, 제22조제1항·제2항, 제26조, 제27조제2항, 제33조제1항·제3항
(제82조제3항에서 준용하는 경우를 포함한다)·제5항(허가의 경우만을 말한
다), 제35조제1항 본문, 제41조, 제42조제1항, 제48조제3항·제4항, 제77조제
2항을 위반한 자나 제63조에 따른 명령을 위반한 자와 의료기관 개설자가 될
수 없는 자에게 고용되어 의료행위를 한 자는 300만원 이하의 벌금에 처한다.
<개정 2007.7.27., 2009.1.30., 2011.4.7.>

제91조(양벌규정) 법인의 대표자나 법인 또는 개인의 대리인, 사용인, 그 밖의 종
업원이 그 법인 또는 개인의 업무에 관하여 제87조, 제88조, 제88조의3, 제89
조 또는 제90조의 위반행위를 하면 그 행위자를 벌하는 외에 그 법인 또는 개
인에게도 해당 조문의 벌금형을 과(科)한다. 다만, 법인 또는 개인이 그 위반행
위를 방지하기 위하여 해당 업무에 관하여 상당한 주의와 감독을 게을리하지 아
니한 경우에는 그러하지 아니하다. <개정 2010.5.27.>
[전문개정 2009.12.31.]

제92조(과태료) ①다음 각 호의 어느 하나에 해당하는 자에게는 300만원 이하의 과태료를 부과한다. <개정 2015.1.28.>

1. 제16조제3항에 따른 교육을 실시하지 아니한 자
2. 제37조제1항에 따른 신고를 하지 아니하고 진단용 방사선 발생장치를 설치·운영한 자
3. 제37조제2항에 따른 안전관리책임자를 선임하지 아니하거나 정기검사와 측정 또는 방사선 관계 종사자에 대한 피폭관리를 실시하지 아니한 자
4. 제46조제3항을 위반하여 선택진료에 관한 정보를 제공하지 아니한 자
5. 제49조제3항을 위반하여 신고하지 아니한 자

②제61조제1항에 따른 보고를 하지 아니하거나 검사를 거부·방해 또는 기피한 자에게는 200만원 이하의 과태료를 부과한다.

③다음 각 호의 어느 하나에 해당하는 자에게는 100만원 이하의 과태료를 부과한다. <개정 2009.1.30., 2012.2.1., 2015.1.28., 2015.12.29.>

1. 제16조제3항에 따른 기록 및 유지를 하지 아니한 자
1의2. 제16조제4항에 따른 변경이나 휴업·폐업 또는 재개업을 신고하지 아니한 자
2. 제33조제5항(제82조제3항에서 준용하는 경우를 포함한다)에 따른 변경신고를 하지 아니한 자
3. 제40조제1항(제82조제3항에서 준용하는 경우를 포함한다)에 따른 휴업 또는 폐업 신고를 하지 아니하거나 제40조제2항을 위반하여 진료기록부등을 이관(移管)하지 아니한 자
4. 제42조제3항을 위반하여 의료기관의 명칭 또는 이와 비슷한 명칭을 사용한 자
5. 제43조제5항에 따른 진료과목 표시를 위반한 자
6. 제4조제3항에 따라 환자의 권리 등을 게시하지 아니한 자
7. 제52조의2제6항을 위반하여 대한민국의학한림원 또는 이와 유사한 명칭을 사용한 자

④ 제1항부터 제3항까지의 과태료는 대통령령으로 정하는 바에 따라 보건복지부장관 또는 시장·군수·구청장이 부과·징수한다.
<신설 2009.1.30., 2010.1.18.>

제93조 삭제 <2009.1.30.>

부칙
<제13658호, 2015.12.29.>

제1조(시행일) 이 법은 공포 후 9개월이 경과한 날부터 시행한다. 다만, 제4조제4항, 제21조제2항제13호, 제33조제10항, 제36조의2, 제63조, 제64조의 개정규정은 공포한 날부터 시행하고, 제18조의2의 개정규정은 공포 후 1년이 경과한 날부터 시행하며, 제21조제2항제15호의 개정규정은 공포 후 6개월이 경과한 날부터 시행하고, 제23조의2의 개정규정은 공포 후 3개월이 경과한 날부터 시행하며, 제2조제2항제5호, 제80조, 제80조의2, 제80조의3의 개정규정은 2017년 1월 1일부터 시행하고, 제80조제2항의 개정규정(이 법 시행 당시 설치·운영 중인 간호조무사 교육훈련기관에 한한다)은 2019년 1월 1일부터 시행한다.

제2조(대한민국의학한림원에 관한 경과조치) 이 법 시행 당시 보건복지부장관의 설립 허가를 받아 설립한 대한민국의학한림원은 제52조의2의 개정규정에 따른 대한민국의학한림원으로 본다.

제3조(간호조무사 자격에 관한 경과조치) 이 법 시행 당시 종전의 규정에 따라 간호조무사 자격인정을 받은 사람은 이 법에 따라 간호조무사 자격인정을 받은 것으로 본다.

제4조(간호조무사 신고에 관한 경과조치) ① 이 법 시행 당시 종전의 규정에 따라 간호조무사 자격인정을 받은 사람은 이 법 시행 후 1년 이내에 보건복지부령으로 정하는 바에 따라 실태와 취업상황 등을 신고하여야 한다.
② 보건복지부장관은 간호조무사 자격인정을 받은 사람이 제1항에 따른 신고를 하지 아니한 경우 신고기간이 종료하는 시점부터 신고할 때까지 자격의 효력을 정지할 수 있다.

제5조(법률 제11252호 의료법 일부개정법률 시행 예정에 따른 경과조치) 제60조의3제1항제2호 및 제80조제1항제6호의 개정규정에 따른 "제7조제1항제1호" 및 "제7조제1항제1호 또는 제2호"는 2017년 2월 1일까지는 각각 "제7조제1호" 및 "제7조제1호 또는 제2호"로 본다.

交通事故와 關聯된 重要한 醫療法 違反

1. 제19조 [비밀누설의 금지]

의료인은 이 법 또는 다른 법령에서 특히 규정된 경우를 제외하고는 그 의료, 조산 또는 간호에 있어서 지득한 타인의 비밀을 누설하거나 발표하지 못한다.

(어기면 3년 이하의 징역 또는 1천만원 이하의 벌금...친고죄)

2. 제20조 [기록 열람 등]

① 의료인 또는 의료기관 종사자는 이 법 또는 다른 법령에서 특히 규정된 경우를 제외하고는 환자에 관한 기록의 열람, 사본교부 등 그 내용확인에 응하여서는 아니된다.

다만, 환자, 그 배우자, 그 직계존비속 또는 배우자의 직계존속(배우자, 직계존비속 및 배우자의 직계존속이 없는 경우에는 환자가 지정하는 대리인)이 환자에 관한 기록의 열람, 사본교부 등 그 내용확인을 요구한 때에는 환자의 치료목적상 불가피한 경우를 제외하고는 이에 응하여야 한다.

(어기면 3년 이하의 징역 또는 1천만원 이하의 벌금형...친고죄)

3. 제21조 [진료기록부 등]

① 의료인은 각각 진료기록부, 조산기록부 또는 간호기록부를 비치하여 그 의료행위에 관한 사항과 소견을 상세히 기록하고 서명하여야 한다.

② 제1항의 규정에 의한 진료기록부, 조산기록부 또는 간호기록부는 보건복지부령이 정하는 바에 의하여 이를 보존하여야 한다.

* 진료기록은 몇년간 보관해야 할까?

　각 서류나 필름 별로 보존기간을 살펴보면 다음과 같습니다.

　　1. 환자의 명부 5년

　　2. 진료기록부 10년

　　3. 처방전 2년

　　4. 수술기록 10년

　　5. 검사소견기록 5년

　　6. 방사선사진 및 그 소견서 5년

　　7. 간호기록부 5년

　　8. 조산기록부 5년

　　9. 진단서부본 3년

　　(어기면 300만원 이하의 벌금)

4. 제18조 [진단서 등]

　① 의료업에 종사하고 자신이 진찰 또는 검안한 의사, 치과의사 또는 한의사가 아니면 진단서, 검안서 또는 증명서를 교부하지 못한다.

　(어기면 1년 이하의 징역 또는 300만원 이하의 벌금)

5. 제16조 [진료의 거부금지 등]

　① 의료인은 진료 또는 조산의 요구를 받은 때에는 정당한 이유없이 이를 거부하지 못한다

　(어기면 1년 이하의 징역 또는 300만원 이하의 벌금)

하나씩 요약해 보겠습니다.

----

1. 제19조 [비밀누설의 금지]
1) 함부로 환자에 대한 자료를 보험회사에 제공하면 처벌됩니다.

이번 사고와 관련된 치료를 하면서
알게된 그 환자의 개인적 비밀을 외부에 누설하면 안된다는 것입니다.

2) 예를 들어
외부에 알려지면 그 환자가 부끄러워할 만한 내용들
예컨대 혈액이나 소변검사를 통해 그 환자가 성병에 걸려 있다는 알게 된 경우 처녀를 치료하면서 그 환자가 전에 임신중절 수술을 한 적이 있다는 사실을 알게된 경우

이런 내용들을 보험회사에 알리면 처벌대상이 됩니다.

그런 사실을 알려주면
보험회사 직원이
"선생님은 언제 성병에 걸리셨나요? 사모님도 아시나요?"
"아가씨는 아직 미혼이신데 어떻게 임신중절 수술을 하셨나요? 지금의 애인도 알고 계신가요?"
라고 하면서 은근히 보험회사가 주겠다는 돈에 합의해주지 않으면 주변에 그런 사실을 알릴 듯한 태도를 취한다면 환자는 챙피하여 불리한 합의를 할 수 밖에 없는경우가 생길 수 있기 때문입니다.

3) 한편 환자의 동의 없이

보험회사에 진단서를 발급해주는 것은 처벌대상이 아니라고 여겨집니다.

보험회사가 지급보증해주려면

어떤 진단이 나왔는지 정도는 알아야 할 것이기 때문이고

결국 나중에 진단서를 보험회사와 경찰서에 제출하면 다 알게 될 것이기 때문입니다.

2. 제20조 [기록 열람 등]

1) 환자의 동의 없이 함부로 보험회사 직원에게 진료기록을 보여주거나 복사해주면 안된다는 내용입니다. 말로 해줘도 안된다고 되어 있습니다.

2) 하지만 자배법 (자동차손해배상보장법) 제 12조에서는

① 보험사업자등은 의료기관으로부터 제11조제2항의 규정에 의한 자동차보험 진료수가의 청구를 받은 경우에는 당해 의료기관에 대하여 관계진료기록의 열람을 청구할 수 있다. 이 경우 의료기관은 정당한 사유가 없는 한 이에 응하여야 한다.

② 보험사업등에 종사하거나 종사한 자는 제1항의 규정에 의하여 진료기록의 열람으로 인하여 알게 된 다른 사람의 비밀을 누설하여서는 아니된다.

(12조 2항을 어겨 보험회사 직원이 환자의 비밀을 외부에 누설하면 ...

3년 이하의 징역 또는 1천만원 이하의 벌금 ..... 친고죄)

라고 되어 있기에 위 범위 내에서는 진료기록을 열람할 수는 있습니다.

3) 여기서 문제되는 것이 "진료기록의 열람"이라고만 되어 있다는 점입니다.

자배법에는 열람이라고만 되어 있는데 보험회사에서는 열람은 물론이고 기록과 필름 대출 및 복사도 다 포함된 개념이라고 주장하는 듯 합니다.

하지만 법은 함부로 확대해석하면 절대 안됩니다

의료법 20조에서는 열람, 사본 교부라고 되어 있습니다.
법조항의 내용에 차이가 있지요?

진료비청구가 제대로 되었느냐 아니냐에 대한 심사를 하는데 국한시키기 위해 열람으로 한정시킨 것이라고 해석해야 할 것입니다.

자칫 잘못하면 기록이 유출되어 환자에 대한 비밀이 이리저리 누설되고 의료법 20조의 취지가 퇴색될 우려가 있기에 "열람"만 할 수 있다고 한 것이 아닌가 여겨집니다.

따라서 진료비 청구에 대한 적정성 여부를 판단하기 위한 경우에는 진료기록의 열람은 가능하지만 거기서 더 나가 대출 및 복사는 안된다고 생각됩니다.
(물론 이 점에 대하여는 나중에 문제가 되었을 때 갑론을박의 여지가 있겠지만....)

4) 그러나 대부분의 경우는 어떤가요?

진료비청구에 대한 심사를 위한 것이 아니라 치료비와 무관하게 보험회사 자문의사에게 보여주기 위해 기록과 필름을 가져가는 경우가 허다합니다.

그건 안됩니다.
보험회사 자문의사에게 필름이 넘겨지면 대부분 기왕증 내지 한시장해로 둔갑하는 경우가 많습니다. 그런 것을 막기 위해 자배법 12조에 진료비 심사하는 직원만 보고 가라고 정한 것일 것입니다.

이점에서 보더라도 장해여부에 대한 자문을 받기 위해 CT나 MRI필름을 환자 동의 없이 보험회사가 병원에서 대출받아가면 그때는 병원 관계자와 보험회사 직원 둘 다 의료법 20조 1항에 해당되어 환자가 고소하면 3년 이하의 징역형이거나 1천만원 이하의 벌금형에 처해지게 됩니다.

5) 한편....

환자가 병원에 가서 진료기록이나 필름을 보여달라고 하거나 복사해달라고 하면 병원에서는 대부분 안된다고 합니다.

그러면 이것도 역시 3년 이하의 징역이나 1천만원 이하의 벌금형에 처해집니다.

이미 **퇴원한** 환자가 자기의 진료기록이나 필름을 복사해달라고 하는데 "환자의 치료목적상 불가피한 경우에 해당되어 못해준다"고 할 수는 없는겁니다.

6) 결국 진료기록이나 필름은 환자의 동의가 없으면 절대로 보험회사 직원에게 줄 수 없습니다. 그것은 범죄입니다.
병원관계자와 보험회사 직원 모두 다 의료법위반의 공범이 되는 것입니다.

그와 아울러 환자나 가족, 환자가 지정한 대리인이 진료기록이나 필름을 보여달라거나 복사해달라고 하는데 병원에서 거부하면 그것도 역시 똑같이 범죄입니다.

3년 이하의 징역 또는 1천만원 이하의 벌금형에 해당되는 무거운 범죄입니다.
다만 이 경우에는 환자의 고소가 있어야 처벌할 수 있는 친고죄입니다.

3. 제21조 [진료기록부 등]

1) 병원에서는 환자에 대한 진료기록부를 일정기간 동안 보존해야 합니다.

2) 각 서류나 필름 별로 보존기간을 살펴보면 다음과 같습니다.

　　1. 환자의 명부 5년
　　2. 진료기록부 10년
　　3. 처방전 2년
　　4. 수술기록 10년

5. 검사소견기록 5년

6. 방사선사진 및 그 소견서 5년

7. 간호기록부 5년

8. 조산기록부 5년

9. 진단서부본 3년

3) 한편 병원을 문닫게 될 경우에는 위의 기록들을 관할 보건소에 인계해 주어야만 합니다.

4) 만일 병원에서 진료기록이 없어졌다면서 그 기록에 대한 복사를 해주지 않을 경우

기록이 있는데도 복사를 해주지 않으면 의료법 20조에 해당되어 3년 이하의 징역이나 1천만원 이하의 벌금형에 해당되고 정말 없어서(즉, 보존시키지 않아서) 못해주면 300만원 이하의 벌금형에 해당되며 의사는 1년 이내의 기간동안 면허정지 당할 수 있습니다.

4. 제18조 [진단서 등]

1) 의사가 직접 환자를 진찰하지 않았으면 함부로 진단서나 증명서를 써줄 수 없습니다.

2) 그런데 주변을 살펴보면 어떠한가요?

보험회사 자문의사들은 환자를 제대로 보지도 않은 상태에서 멋들어진 장해소견서 또는 장해에 대한 자문의뢰회신을 써 줍니다.

그리고 그 소견서나 자문의뢰회신은 곧바로 그 환자에 대한 보상문제에 있어 결정적인 자료가 되고 나중에 소송으로 가더라도 신체감정에서 감정의에게 큰 부담을 주

는 아주 힘있는 자료로 쓰여지게 됩니다.

3) 보험회사나 보험회사 자문의사들은 의료법에서 금지한 것은 진단서나 기타 증명
서일 뿐 소견서나 자문의뢰회신은 이에 해당되지 않는다고 주장하겠지요.

그러나 한번 살펴볼까요?

병원에서 치료한 의사가 발행한 진단서와 보험회사 자문의사가 끄적끄적 해준 소견
서를 비교할 때 어느 것이 더 신뢰도가 클까요...

제목이 진단서가 아니라 소견서나 자문의뢰회신이기에 의료법 위반에 해당되지 않
는다는 말이 과연 맞을지 의문스럽습니다.

4) 대법원 판례를 살펴보면

"형법 제233조의 허위진단서작성죄에 있어서 진단서라 함은 의사가 진찰의 결과에
관한 판단을 표시하여 사람의 건강상태를 증명하기 위하여 작성하는 문서를 말하는
것이므로, 비록 그 문서의 명칭이 소견서로 되어 있더라도 그 내용이 의사가 진찰한
결과 알게 된 병명이나 상처의 부위, 정도 또는 치료기간 등의 건강상태를 증명하기
위하여 작성된 것이라면 위 진단서에 해당되는 것이다." (대법원 1990.3.27. 선고 89
도2083 판결)

"의료법 제18조 제1항은 의료업에 종사하고 자신이 진찰 또는 검안한 의사 · 치과의
사 또는 한의사가 아니면 진단서 · 검안서 또는 증명서를 교부하지 못한다. 다만, 진료
중이던 환자가 최종진료시부터 48시간 이내에 사망한 경우에는 다시 진찰하지 아니
하더라도 진단서 또는 증명서를 교부할 수 있다"라고 규정하고 같은 법 제67조는 위
제18조 제1항의 규정에 위반한 자에 대한 형벌을 규정하고 있는 바,

이는 진단서 등은 의사 등이 진단한 결과에 관한 판단을 표시하는 것으로서 사람의 건강상태를 증명하고 민·형사책임을 판단하는 증거가 되는 등 중요한 기능을 담당하고 있으므로 그 정확성과 객관성을 담보하기 위하여 직접 진찰한 의사 등만이 이를 교부할 수 있도록 하는 데 그 취지가 있다." (대법원 1996. 6. 28. 선고 96도1013 판결)

라고 판시하고 있습니다.

5) 어떤가요?

환자를 보지 않고 함부로 보험회사 직원들이 가져다 주는 필름만 보고 장해에 대한 소견을 써주는 행위는 의료법 18조1항 위반에 해당됨을 알 수 있습니다.

6) 왜 진단서나 증명서를 발급할 때는 환자를 직접 본 의사가 써야 할까요...

맞선을 보기위해 우선 사진부터 보기는 하나 그것만으로 그 사람의 됨됨이나 평생의 반려자로서 적합한지를 판단하기 어렵듯이 이와 마찬가지로 사진만 보고서는 환자의 상태를 제대로 알 수가 없습니다.

또 어떤 경우에는 자기 보다 더 예쁜 언니나 동생 사진을 보여주고 결혼하는 경우도 있다지요? 노총각은 나이를 속이기 위해 10년 전 사진을 보내주기도 한다지요?

마찬가지입니다.
보험회사 직원이 일부러 필름을 바꿔치기 할 수도 있고 실수로 다른 필름과 바뀔 수도 있습니다.

그래서 환자를 직접 보고 필름의 상태를 확인하면서 의문나는 점은 물어보고 판단해야 정확한 진단이 나오게 됩니다.

7) 보험회사 자문의사의 소견서나 자문의뢰회신에는 아주 조그맣게 "상기 피해자에 대한 의료심사결과를 첨부되었던 진단서와 경요추부 MRI 검사 결과에 의거 아래와 같이 회신함.(본 심사결과는 첨부되었던 서류만을 근거한 것임) " 이라고 대부분 적혀 있습니다.

그러고서는 나중에 문제되면 나는 보험회사에서 제시한 자료에 근거한 의학적 견해를 밝혔을 뿐이지 장해진단서를 발급해준 것이 아니다... 라고 모른척 합니다.

하지만 보험회사 자문의사가 작성해준 소견서나 의료심사의뢰결과 등이 단지 자기네 회사 내부적인 참고자료로서만 쓰여진다면 별문제 없겠지만 그것이 외부로 나왔을 때는 즉, 신체감정병원에 참고자료로 제출되거나 법원에 증거로 제출되었을 때는 단순한 장해진단서보다 훨씬 더 큰 영향력을 발휘할 수 있습니다.

그런데도 "단순히 보험회사에서 제시한 필름만 근거로 한 것이었기에 난 책임 없음" 이라고 할 수 있을까요?

좋습니다.
다행스럽게 의료법 18조 1항 위반에 대하여 고의가 없다고 해보십시다.
그러나 만일 나중에 법원에서 지정한 대학병원에서 신체감정한 결과 나온 것과 보험회사 자문의사가 얘기한 것이 다를 경우에는 그 보험회사 자문의사는 스스로가 실력부족임을 인정해야 할 것입니다.

의료법 위반으로 처벌받든지 아니면 실력부족임을 인정하든지 둘중의 하나를 선택해야 할 것입니다.

5. 제16조 [진료의 거부금지 등]

1) 의사는 환자로부터 진료 요구를 받은 때에는 함부로 이를 거부하지 못합니다.

정당한 이유가 있을 때는 거부할 수 있지만 그렇지 못할 때는 거부할 수 없습니다.

2) 환자는 더 치료받아야 하는데도 보험회사에서 내보내라고 한다는 이유로 강제퇴원시키는 경우

의사는 괜찮다고 하는데도 환자는 통증이 너무 심해 재발 정밀검사 (CT나 MRI)를 받아보고 싶다고 하는데도 괜한 엄살 떨지 말라고 윽박지르는 경우

이럴 때 만일 다른 의료기관에서 확인 결과 더 치료가 필요한 상황이었고 정밀검사 결과 이상이 있는 것으로 밝혀졌다면 환자의 요구를 묵살한 그 의사는 진료거부에 해당될 것입니다. 정당한 이유가 있으려면 다른 병원에서 확인했을 때도 아무 이상도 없고 치료의 필요성이 인정되지 않아야 할 것입니다.

3) 따라서 함부로 강제퇴원시키거나 정밀검사를 해달라는데 거부 또는 소견서를 써주지 않는 경우에는 의료법 16조의 진료거부에 해당되어 1년 이하의 징역이나 300만원 이하의 벌금에 처해집니다.

4) 그런데 만일 그 의사가 판단할 때는 정말로 더 치료가 필요치 않고 정밀검사를 해봐도 아무 이상 없을 것이라고 믿었다면 그 의사의 실력을 의심할 수밖에 없을 것입니다.

◈ 편저 김 만 기 ◈

- 전(前) 서울지방법원민사과장
- 전(前) 고등법원종합민원실장
- 저서 : 자동차사고의 법률적 해법과 지식(공저)
  법인등기실무
  의료사고의료분쟁속시원하게해결해드립니다(공저)

나홀로 의료소송, 의료분쟁 해결하는 방법	定價 18,000원

2016年 10月 10日 인쇄
2016年 10月 15日 발행
편 저 : 김 만 기
발행인 : 김 현 호
발행처 : 법문 북스
공급처 : 법률미디어

152-050
서울 구로구 경인로 54길4(구로동 636-62)
TEL : 2636-2911~3, FAX : 2636~3012
등록 : 1979년 8월 27일 제5-22호
Home : www.lawb.co.kr

▋ISBN 978-89-7535-361-1 13360
▋이 도서의 국립중앙도서관 출판예정도서목록(CIP)은 서지정보유통지원시스템 홈페이지(http://seoji.nl.go.kr)와 국가자료공동목록시스템(http://www.nl.go.kr/kolisnet)에서 이용하실 수 있습니다.(CIP제어번호: CIP2016022966)
▋파본은 교환해 드립니다.

다양한 의료사고에 대하여 제1편에는 의료소송 준비절차를,
제2편은 의료소송 서류 작성사례를 분야별로 자세히 설명하였고,
제3편에는 한국의료분쟁조정원을 통한
조정 및 중재 절차를 서식과 함께 수록하였으며,
제4편에는 의료소송에 대한 대법원 판례를
진료과목별로 진단 및 검사단계에서 일어난 사고에 대한 판례,
치료 및 처치단계에서 일어난 사고에 대한 판례,
간호 및 관리단계에서 일어난 사고에 대한 판례를
정리하여 수록하였습니다.

13360

9 788975 353611
ISBN 978-89-7535-361-1

18,000원